商 务 谈 判

何伟祥　编著

浙江大學出版社

FOREWORD 前言

十余年的专业教学与实务操作经历使自己深深地理解了荷伯·科恩先生“世界是张谈判桌，万事均可谈判”的真正含义。谈判是一项合作的事业，合则双赢，分则两伤；谈判更是解决冲突的重要手段，合作并非意味着不要冲突，而冲突的解决则需要谈判各方把握好“施”与“受”的基本原则，通过交锋与妥协，在谈判力的较量中寻求各方利益平衡的最佳结合点，这也是谈判的真谛之所在。推荐给各位美国前总统肯尼迪的一句话：“让我们永远不要惧怕谈判，但永远不要因为惧怕而谈判。”

本书的结构由三部分组成。1～3章为原理部分，主要介绍商务谈判的基本理论、基本原则及基本准备工作；4～7章为实务部分，即按商务谈判活动过程中的不同环节顺序展开，重点介绍谈判实务工作的具体方式方法及战略战术；8～10章为专题部分，分别就谈判实务中的口头语言、动作语言及礼仪三个方面展开详细阐述。全书摒弃了部分与其他学科相重复的内容，并充实了大量个案，还在每章设置了小思考、演习题、案例分析题，力求突出本书理论性与实用性相结合的特点。

本书编写过程对笔者而言是一个学习的过程。我们参考并部分引用了许多国内外专家、学者的著作与文章，他们的观点和独到的思维方法给了我们许多启迪，在此深表谢意；同时这是一个回顾与总结的过程，可以帮助自己更系统地把握商务谈判的理论体系，也对以往在谈判实务工作中的成败得失进行反思。感谢浙江大学出版社给了我们这个难得的机会。

最后还要感谢参与本书编写的其他几位老师，他们是张理剑老师（编写第3章）、沈黎嫣老师（编写第10章）、陈建红、杨芳、赵旭丹老师（编写第8、9两章），也感谢浙江工商职业技术学院的熊荣生副编审，主动承担起了书稿修饰与最后润色工作，此外还要感谢所有关心、支持此书编写的我的同事和朋友们。

仓促成书，差错在所难免，诚盼广大读者朋友不吝赐教。

编著者

二〇〇四年仲夏于宁波

目录

Contents

第 1 章　商务谈判的基本概念

学习目标

通过本章教学，你应该达到以下目标：

了解谈判的基本概念，重点是了解商务谈判的概念及其特征；知晓谈判产生的原因和构成谈判的基本要素；充分认识谈判在社会经济生活中的重要作用，把握谈判的基本功能，能按照谈判的基本原则，灵活掌握谈判的基本模式；初步具备正确的谈判理念，在谈判过程中具有正确运用谈判理念的能力。

美国前总统肯尼迪在处理古巴导弹问题的“猪湾事件”后，曾这样说：“让我们永远不要惧怕谈判，但永远不要因为惧怕而谈判。”谈判作为一种人类社会最常用的交往活动、一个需要有充分准备且各种策略灵活应用的行为过程、一项需通过与他人合作满足各自利益需求的事业，不仅有计划性、实用性和利他性，还似乎有着某种“魔法”。

1.1　谈判的概念与特征

1.1.1　谈判的基本概念

什么是谈判？其基本含义到底是什么？它真的有那么神秘吗？

我们不妨先从谈判成因上分析。首先，产生需求并希望得到满足，而且这种需求无法自我满足，这是谈判的前提；其次，知道并愿意为需求的满足支付一定的代价，这是谈判能否进行的关键；再次，对方也同样存在着上述两个问题，则进行谈判的条件就已经具备了。也可以说，任何一种谈判都是因这三个条件的形成而产生，谈判成功与否的标志从某种程度上说，也以上述条件的满足为标准。

当然,上述三个条件存在着许多甚至是无穷的变数,如自我需求的现实性与预期性,为满足需求所支付的“代价”的显性与隐性,需求满足与代价付出之间性价比的不确定性,以及对方对性价比的不同理解标准等等。所有这些都构成了谈判的复杂性、多变性与不确定性,从中也就不难得出谈判外延的广泛性。

于是,我们可以这样来理解:谈判绝不仅仅是人们想像中的那种需要规范的场所,参与者严格按某种规程进行交涉、磋商,直到达成一致意见,双方在合同(协议)文本上签字的那种“严肃的活动”。恰恰相反,谈判是一个人们无法回避的生活现实,它广泛存在于人类社会的每个角落,正如美国谈判专家荷伯·科恩所言:“世界是张谈判桌,万事均可谈判。”大到国家间政治、军事谈判(如我国“入世”谈判),小到两个人商议去哪里度假,一家人打算到哪里就餐,生活中人们无时无刻不在谈判。“朋友之间为了决定去哪里就餐而谈判;孩子们为了决定看哪个电视节目而谈判;警察为了解救出人质而与恐怖分子谈判;国家间为了开放边境和发展自由贸易而谈判……谈判是每个人每天都要做的事。”①

在给谈判下一个准确而完整的定义之前,我们首先来看看谈判的几个基本特征。

1. 谈判必须有两个或两个以上的参与方

参与方可以是个人也可以是团队,前者是个体间谈判,后者则是团队谈判,参与方为两个以上时,则称为三方谈判、四方谈判或多边谈判。如2004年在我国举行的关于朝鲜问题的“六方会谈”就是由朝、韩、中、美、俄、日六国参与的。

也有人提出,自己和自己谈算不算谈判呢?如罗伊·列维奇等就在其《谈判实务》中提出:“个体(自我)谈判并不是不可能的事情,人们甚至完全可以和‘自己’谈判,比如当某人为下午是学习、打网球还是去踢足球而犹豫不决时,就是在与自己谈判。”这显然是在牵强谈判的含义了,因为在自我决策时是无所谓利益取舍标准的,也就谈不上如何衡量谈判成功与否了。所以,有两个或两个以上的参与方是谈判的第一特征。

2. 谈判是一种目的性很强的活动

正如本章一开始就指出的,谈判的产生是因为有需求出现,且需要通过他

① [美]罗伊·列维奇等:《谈判实务》(第二版)人民邮电出版社2004年版。

人的“给予”才能满足，因此谈判的最终目标是为了获取某种利益以满足自身需求。这正如尼尔伦伯格所言：“谈判的目的在于得到我们需要的，并寻求对方的许可，就是这么简单。”

当然在对“利益”的理解上，不同的谈判者会有不同的理解方法，有的是为了直接的眼前利益，有的是为了以后的潜在利益；有的是纯经济性的，也有的是纯政治性的，等等。

明确谈判是一种目的性很强的活动，有助于我们区分谈判与一般性会晤、讨论、协商、谈话等概念本质上的不同。

3. 谈判是一种交流，是一个双方或多方互动的过程，它既是一个说服与被说服、争取与妥协的过程，也是一个“给”与“取”、“施”与“受”兼而有之的过程

所谓交流是指参与各方信息的相互传递与影响，即一方面通过谈判将己方需求目标、需求理由及需求代价通过信息载体（口头语言、书面语言、网络语言、通讯语言或体态语言）向对方作完整传达，另一方面通过获取对方信息，了解对方实质性需求目标，并逐步调整自身预期目标和具体谈判对策，通过直接交锋，最终双方达成共同目标。要注意的是当你身处谈判过程中，你的言行、举止乃至装扮都有可能成为一种影响对方抉择的信息，切不可大意。比如有一天，你和太太一起在一个商场里看到一款非常中意的戒指，你喜出望外地对太太说：“太好了，你看，我们终于找到它了。”你太太也显得非常高兴，这时你问服务员多少价格，服务员很可能会冷冷地指着排列齐整的标价牌说就是这个价，设想你此时能赢得价格谈判的主动权吗？显然不能，因为你已告诉了对方，你非常喜欢这款戒指（“终于找到了”），既然非它不可，你就得准备为此付出更高的代价。

所谓“给”与“取”、“施”与“受”兼而有之，这也是谈判的基本要求，纯粹的“给”或“取”都不是谈判的研究范畴，前者是慈善行为（当然慈善在某种角度上讲也是一种有目的的行为），后者要么是掠夺，要么是乞讨。真正的谈判“有得必有失，谈判双方都期望对方会对其公开陈述的要求或需求作出某种程度的修改或让步，尽管谈判初期双方都会尽力为自己的利益与对方争议，每一方都希望对方先作出让步，但通常到最后双方都会改变立场，每一方都会向对方作出让步。”①

在这里需指出的是，许多人都会对这条特征产生误会：有得必有失，那就

① [美]罗伊·列维奇等：《谈判实务》（第二版），人民邮电出版社 2004 年版。

是我在得到的同时必然忍痛放弃一些我难以割舍的其他利益。这里显然误解了得与失的利益概念，换句话说，谈判绝不能理解成像分比萨饼那样是对既得利益的简单分割，就像做 1+1=2 的数学题那么简单。至少，这里有两层重要含义：其一，处于不同环境中的不同谈判方对利益的理解是不一致的。如我国改革开放初期，引进外资、先进生产技术和管理经验，同时获取适当利润，这是我国企业的重要利益目标；而对发达国家而言，拓展海外市场、提高品牌的国际性、建成跨国性集团企业则是他们所注重的利益目标。两者合作的结果是皆大欢喜，我们以空间换取发展的时间，对方则赢得了市场空间。其二，通过谈判，互相依存的双方在满足预期需求的同时，往往会产生更大的利益空间。如在上例中，我国通过引进外资及先进管理经验与先进生产技术，迅速缩短了与发达国家之间距离，使产品更有竞争力，并能与之相抗衡，有实力抢占国内外同类市场；而另一方面，发达国家通过市场拓展，使其拥有更充裕的资金研发更先进技术、制造更先进产品、拓展更大的市场空间。因此，真正意义上的谈判应该都是“双赢”的谈判。

【小思考】

“拿中国大蒜开刀，真不值”

2000 年上半年，韩国政府宣布对进口的中国大蒜征收 315% 的高额关税，其理由是：“进口大蒜增加，导致韩国大蒜市场价格下跌，产业受损。”由于此举突然，我国山东等省蒜农损失惨重，仅山东苍山地区就有 6 人为此事自杀，后果十分严重。对此，我国政府宣布暂停进口韩国手机和聚乙烯。有外资专家测算，仅从经济利益上分析，1999 年韩国手机和聚乙烯两项向中国出口 5 亿美元，全年韩国从中国进口的大蒜还不到 1500 万美元；而从其他方面分析，韩国的损失就更惨重了：中国市场的无限潜力、手机市场方兴未艾、韩国贸易顺差的一半来自中国……有韩国媒体指出：“拿中国大蒜开刀，真不值。”

提示：在国际贸易中，适当保护本国产业是理所当然的，但光“受”不“施”，就会违反谈判的基本原理，双方一旦不能坐在一起，受伤的就不仅仅是某一方了。

不过在一些小型商务谈判中，或者我们称为讨价还价式谈判中，双方的直接利益冲突与妥协还是显而易见的。为了成交价格上升或下降几个百分点，双方往往要进行多轮谈判过程，这时就需要参与方学会对利益含义的更多理解，以争取“堤内损失堤外补”了。

4. 谈判双方同时具有“合作”与“冲突”成分

谈判双方各自需求的实现都离不开对方的合作，这是谈判的必要性所在，也是为什么谈判各方能坐下来协商的惟一理由，这就是谈判的合作性，它又被称为相互依存性，而这种相互依存关系又是十分复杂的。“谈判双方都知道他们可以影响对方的谈判结果，同样，对方也可以影响他们的谈判结果，当双方都在设法影响对方时，整个谈判就是在双方对计划达成方案的不断协调中进行的。”① 这里的相互影响就是指谈判的“合作”与“冲突”。“为了让谈判能达成协议，参与谈判之各方均须具备一定程度之合作性，但是，为了各自利益需要能获得较大满足，参与谈判之各方势必处于利害冲突之对抗状态，尽管在不同的谈判场合下，合作程度与冲突程度各不相同，但可以肯定的是，任何一种谈判均含某一程度的合作与某一程度的冲突。”②

这种“合作”与“冲突”共存的局面正是谈判的实质所在，纯粹的合作无需谈判，单一的冲突更无谈判的必要，直接用战争解决会更简单。严格意义上说，导致谈判的大多数机会都是由合作中的冲突成分所引起并促成的。曾有专家指出，影响谈判的四个最重要因素是某些感受到的矛盾冲突、相互之间的依赖性、潜在的机会及达成协议的可能性。这中间冲突与合作（依赖）并存是关键。

冲突有很多含义，《韦伯斯特新大学字典》将冲突定义为“敌对状态或（在不同的意见、兴趣、人员方面的）相反的行为”。也有人将冲突理解为“兴趣理解上的分歧或各方目标与期望的不同步”。确定冲突的产生是因为有某种问题出现，这种问题往往会影响到双方利益目标的实现，而且冲突的结果往往具有破坏性，因此有许多人认为冲突是有害的或不利的。但我们同时应发现：首先，冲突是一种正常社会现象，它存在于社会的各个方面，小到家庭成员冲突、组织内部员工冲突、管理者与被管理者冲突，大到财团间冲突、国家间利益冲突，因此可以说冲突是正常的，没有冲突才是不正常的。在谈判过程中，当你发现对方什么都能依你、什么条件都能接受时，你更应当小心行事，切忌盲目乐观（世上没有无缘无故的爱）。其次，冲突具有破坏性，但同时也具有进步性，它至少能让你思考新问题、调整新思路。正如台湾著名武侠小说家古龙先生所说的，从某种角度说，敌人才是你真正的朋友，因为他能使你随时保持警惕与清醒，提醒自己要小心行事。实际上谈判便是一种对冲突实施有效管理的战略。

了解了冲突的基本含义及在谈判中的重要性，回头再看，谈判的实质在于

---

① ［美］罗伊·列维奇等：《谈判实务》（第二版），人民邮电出版社 2004 年版。

② 邓东滨：《陷阱与对策》，海峡文化出版社 1989 年版。

双方(或多方)在利益上是既离不得又让不得,他们都试图通过谈判互相交换利益和切割利益,因为谈判双方都有自己的需求。一方面,满足一方的需求才会满足另一方的需求,因而任何一方都不能无视对方需求的满足;另一方面,对一方需求的满足程度又会反过来影响另一方需求满足的程度,这就迫使任何一方都要努力为自己争取较多的利益。前一条使谈判双方具有各得其所、荣辱与共的协作关系,而后一条则又使谈判双方形成你争我夺互不相让的关系。两个互为矛盾的条件并存使谈判具有了更多的不可测性,其结果往往是或者双方寻找到了一条利益兼顾的新途径取得双赢结果,或者两败俱伤,甚至中止谈判。如美国2000赛季的NBA球员与资方票房分成谈判,其结果是球员分成上升了1个百分点,但赛季却因谈判延误而缩短了两个月,双方都损失巨大。

5. 谈判是"互惠"的但却是"不平等"的

正因为谈判具有合作成分,通过谈判双方都能达成一定利益目标,都能通过协议实现预期收益(至少是部分实现),但其结果则可以肯定地说是"不平等"的——即有的谈判者获得好处多,有的获得好处少,原因就在于谈判的参与方所拥有的实力(包括政府背景、市场背景、企业背景及技术背景)和技巧(包括谈判者的能力、水平,谈判的策略运用)各不相同。记得我国"入世"首席谈判代表龙永图先生曾说过,我国"入世"谈判历时数年,能获得成功,国家经济实力的迅速增强是关键。

就谈判技巧而言,在遵循谈判基本原则前提下,谈判技巧对谈判结果的影响是巨大的,具体内容我们将在以后各章详细展开,在这里仅引入一个有关孩子与谈判技巧的思考。

英国著名谈判专家盖温·肯尼迪在其《谈判的真理》一书中介绍了这样一个故事:

安娜莉丝和她那3岁的女儿桑曼塔正在进行一场艰苦的谈判,桑曼塔不肯吃盘子里的卷心菜,她说自己已经吃饱了。而安娜莉丝则认为吃卷心菜对平衡营养有好处,可是孩子又太小,听不懂营养学,她只好求助于谈判。孩子最爱吃冰淇淋,于是便对孩子说,不吃完卷心菜就不给冰淇淋。

孩子尽管眼里含着泪水,但还是坚持不吃卷心菜而只要冰淇淋。她说,肚子里只剩下了能装冰淇淋的地方。这种说法当然自相矛盾,但孩子却说得理直气壮,任凭妈妈又哄又劝,她只是不理不睬。妈妈被迫让步,说道:"好吧,你要是好孩子的话,就再吃四勺菜,妈妈给你盛冰淇淋。"然而小桑曼塔把头摇得像拨浪鼓,干脆连面前的盘子也推开了。

安娜莉丝想,要是把冰淇淋摆到桌上,也许能刺激孩子吃菜,可是她这么做了,孩子却仍然不屈服。她只好再次让步:“好吧,只要你再吃两勺!”孩子还是不吃。安娜莉丝把盘子推回桑曼塔跟前,简直在求孩子了:“吃一勺总行吧,冰淇淋一点也不少你的。”

孩子以行动作出回答,用手遮住双眼,连正眼也不瞧一下面前的盘子。妈妈没辙了,叹了口气说:“真拿你没办法,你哪怕看上一眼也不行吗!”

类似的谈判,你经历过或是看到过吗?对妈妈和孩子你同情谁?照你看,这次谈判谁是赢家?最后,盖温·肯尼迪得出结论:与孩子对阵决无胜算。

孩子:

——明白自己的要求,且能持之以恒

——知道如何去得到它(还没上学时早就摸透了爹妈的脾气)

——为一己之欲可以冷酷无情,也从不感到窘迫

——不怕羞、不后悔,也没有负疚感

——对妨碍他如愿以偿的人从不讲温情

——没有长远打算

——他们不知道“不”字的含义,但他们知道,如果我们说“不”通常是指有可能

父母:

——无尽无休的给予(也有不给予子女的)

——对每个人都给予

——有责任感

——爱面子

——总吃后悔药

——有负疚感(总觉得于心难安)

——温情脉脉

——并非什么都拿得出来的“聚宝盆”

——爱作长远打算

总结:双方谈判时以孩子的胜算居多

上述例子也许能让我们每一个成人在笑声中得到某种启迪,谈判的技巧也许就是这些。

6. 谈判是一项公平的活动

“只要参与谈判之各方对谈判结果均具否决权,则不论谈判结果是多么的

不平等，这样的谈判都是公平的。"①

首先，对每一位参与谈判的人而言，这是一项自愿的活动，谈判是一个互动过程，是一种自愿选择的行为，不管双方实力多么悬殊，水平相差如何，只要你认为不愿再从事某项事情，你可以随时中止它，因为你拥有与他人同等的否决权。

其次，记住你的谈判目标是达成(或部分达成)预期利益目标，而不是几张书面协议，一旦发现那几张书面协议无法保护你的预期利益目标，你可以放弃它，就如同那是几张废纸一般，虽然你没达到预期利益目标，但至少也没因此而损失什么。

盖温·肯尼迪在《谈判的真理》中这样表述道："公平交易就是不打劫。"这句话不能说不对，但是公平交易绝不是交换的东西必须对等。事实上，世上的交易从来就没有完全对等的。

某人从小摊上花 35 便士买了根冰棍。这人和摊贩之间就根本不存在对等交易问题。冰棍不等于 35 便士。如果说是等于，那这人何不干脆去吃硬币。

你出钱交换了对方的冰棍，这是公平交易。如果不公平就不会买了。在自由社会里，没有人强迫你吃冰棍。在做此交易时，你需要的是冰棍而不是那 35 便士。你手中有钱但没有冰棍。摊贩也一样，他需要的是钱而不是冰棍。冰棍他有的是。

交易发生的主要驱动力是利润。摊贩希望的是把钱柜装满，把冰棍卖光。所以，虽不完全对等，但交易却绝对公平。

至此，我们可以给谈判下一个简单、直观的定义：

谈判是指参与各方为满足自身利益需求，而在充分的信息沟通基础上，通过"施"与"受"的合理把握，寻求各方利益平衡的一个公平的互动过程。

1.1.2 谈判成功的基本标志与要素

1. 谈判成功的基本标志

一场成功的谈判，每一方都应该是胜利者。道理很简单，只有谈判各方都对结果表示满意，才会自愿在协议文本上签字，也才会信守协议的有关条款规定。谈判成功与否的标志至少有以下三方面。

(1)达成预期利益目标

① 邓东滨：《陷阱与对策》，海峡文化出版社 1989 年版。

任何一种谈判在没达成预期利益目标之前都不能算作成功。合约文本更算不了什么，只有在合约文书中体现了你所预期的利益目标，它才算是谈判成功的标志，所以在这里首先要明确的是：一纸合约绝不能作为你谈判成功的标志。此外还要正确认识自己的预期利益目标，它应该是一个目标体系，而不是某一项单一指标，更不能用一个单一数字来表示，在谈判之前的计划中，你就应准备一个谈判利益目标评估体系，以便在实际谈判过程中灵活运用，做到失之东隅得之桑榆。

(2)建立并改善了人际关系

谈判也属人际交往活动之列，人际关系建设自然也应是谈判的主要目标之一，特别是在现代社会，市场环境瞬息万变，加之不同谈判对象社会背景、国家背景、经济背景各不相同，往往很难就某项议题达成一致意见，这点在非经济谈判中表现得尤为明显。但你不能因此而认为这就是一场不成功的谈判，尤其是当参与各方已作了最大的努力与妥协(在坚持原则基础上)，确因客观因素的制约而无法达成协议时，这也应算是一场成功的谈判。

在商务谈判中，也时常会遇到类似情况：双方经过协商确因客观条件所限无法达成协议，但双方经过较量都由衷地向对方表示敬意，并因此而建立了友谊。双方在对本次谈判感到惋惜的同时，都会派生出“买卖不成仁义在”的感叹，这就是一种成功。谁都知道朋友是人间最宝贵的财富，广交朋友也是公共关系所追求的组织目标啊！

反过来，有人采用不正当手段甚至利用欺诈与对方签订了一份“满意”的协议，并因此得意洋洋，殊不知，一旦对方发觉上当又会是一种什么样的心情呢，他会想方设法争取“捞”回来，要么钻循议的空子，要么也设局把你“请进去”，这种没有未来的一锤子买卖难道能算成功吗？20世纪80年代改革开放初期，俄罗斯日用品短缺，我国北方地区的一批“倒爷”乘机将大量日用百货、服装倒向俄罗斯各地，大发洋财。他们甚至从各地收购低价、劣质商品冒充品牌高价出售，如此一来，中国货在俄罗斯市场的良好信誉毁于一旦。在20世纪后期，俄罗斯一些地方还发起了抵制中国货，抵制中国商人进入其国内市场的示威活动。

(3)谈判富有效率

谈判活动本身也应讲究经济核算，尤其是商务谈判，在市场机会稍纵即逝的今天，你不可能为了一个有限的预期利益投入过多的时间与精力，否则尽管你得到了一份有限收益，但你已为此耗费了太多谈判成本，这显然也是得不偿失的。我国“入世”谈判历时8年，期间投入人力、物力更是无数，但这事关我国今后国际贸易大局，更影响到国内产业发展与转型，再大的投入也是必要的。但如果把这8年的时间套到一个企业间的某项普通贸易协议上，相信谁都会觉得不可想像，因此让谈判富有效率是谈判成功的又一评价标准。

2. 成功谈判的三个基本要素

构成谈判的基本要素不外乎主体、客体（内容）及目的几方面。主体指参与谈判的各方；客体即为谈判的内容，这也是谈判分类的一般依据。如商务谈判其客体一定是商品或劳务、金融、项目等；目的则是指双方希望通过谈判达成的目标指向，如一般性谈判，其指向可能是一种双方合作意向，正规谈判的指向则往往是达成某种能实现其预期利益的协议。

在这里，我们重点探讨影响谈判成功的三个基本要素，这就是荷伯·科恩的时间、信息、权力理论。

(1)时间

任何一场谈判都是在某一时段进行的，换句话说，谈判的任何一个参与方都会有时间压力，这是一个常识。

但时间压力在谈判参与方的感觉中，其大小是不一的，即有人感受到的时间压力大，而有的人则会小许多，这也是个常识。

在不同的时间压力下，谈判参与方会有不同的情绪和心理变化，一旦时间压力让其感到不能承受时，让步和妥协会成为他惟一的选择，这又是一个常识，但也是所有谈判人最常犯的错误！在谈判中，时间的魔法就在于能让人从中获益，也能让人为此付出代价。

【小案例】

荷伯·科恩的“伟业”①

20年前，荷伯在分支机构遍布全国的大公司工作，担任着重要高级主管的职务。基于新进人员需要实际的经验，每个星期五荷伯都会要求他的老板，一次又一次的央求他：“我请求您派我出去，让我成为实际参与者，我希望实际参与谈判。”经过多次的要求之后，老板终于说道：“好吧！荷伯，就让你去东京与日本人谈判吧！”

荷伯高兴异常，他对自己说道：“我的时刻终于来临，上帝终于赐福于我，我要轻易地摆平日本人，然后继续向国际市场进军。”

一星期后，荷伯坐在飞往东京的飞机上，准备参加一次为期14天的会议。他带了一大堆分析日本文化背景和心理的书籍，并且告诉自己：“我要好好地

① ［美］荷伯·科恩：《人生与谈判》，旅游教育出版社1989年版。

大干一场。"

飞机在东京着陆后,荷伯第一个冲出机场大厦。出关前,两位彬彬有礼的日本绅士鞠着躬欢迎他,荷伯很满意他们的态度。两位日本人协助他通过海关,然后引荷伯坐入一辆豪华的礼车。荷伯舒服地靠在轿车后面的丝绒椅背上,他们则僵硬地坐在两张折叠凳子上。他对坐在拥挤的前座中的日本人说道:"后面宽敞得很,你们为什么不一块儿坐在后面?"

他们答道:"噢不,像你这么有地位的人,来参加这种重要的会议,显然你必须好好休息。"他对他们的回答感到非常满意。

车子在行驶当中,一位接待者说:"你懂不懂这儿的语言?"

"是指日文?"

他们答道:"是啊,就是我们在日本所用的语言。"

"噢不,不过我希望能学些日常用语,我带了字典。"

他们继续道:"你回去的时间确定了吗?是否已经订好了回程机票?我们可以先将汽车准备好,送你到机场。"

荷伯心想,他们真是善解人意。他伸手到口袋中拿出机票并交给接待员,如此他们可以安排汽车到时来接他。但他却没有想到,他们因而设定了荷伯截止时间,而荷伯却不知道他们的截止时间。

他们没有立刻开始谈判,先安排荷伯参观并经历了日本礼仪及文化。一个多星期的时间里,他忙碌地参观各地,从天皇的皇宫到京都的神社全都看遍了,甚至还安排了一项英文讲授的课程来说明日本人的信仰。

每天晚上有四个半小时,他们让荷伯坐在硬地板的软垫上,享受着传统的晚宴款待。你想像得出在硬地板上坐四个半小时是什么滋味吗?若不是得了痔疮,他们还不会那么轻易地放过荷伯。每当他提到何时开始谈判时,日本人总是答道:"噢,还早嘛,有的是时间啊!"

会议终于在第12天开始。但是必须提早结束才不会耽误十八洞的高尔夫球。第13天,会议也必须提早结束以便参加为荷伯举办的欢送会。最后,第14天的早上,终于渐渐谈到重点。正当荷伯要提出意见之时,接他去机场的汽车已经到达。大家挤在车内一路继续谈判,就在汽车行抵终点的刹车之时,他们完成了这笔交易。

回国之后许多年,当荷伯的老板提起这件事时总是说:"这是日本人自偷袭珍珠港事件后,最大的一次收获。"

看看美越和谈时双方的态度也不难发现时间魅力的作用所在。

越南在刚经历完抗法战争,创伤尚未得到医治,就迎来了抗美战争,一场耗时数十年的战争，一场让双方都精疲力竭，迫切需要停下来休息的战争。可在和谈前，越南人说话了："我们要把这场战争打627年，如果我们再打128年的话，那有什么要紧呢，打32年的战争对我们来说只是一场快速战。"这是一种典型的心理战术，一个向美方施加时间压力与谈判压力的"魔法"，它抓住了美国人的弱点：再也不愿战争继续了！那么你就得准备在谈判桌上"让步"。双方同意和谈在巴黎进行，美方以哈里曼为谈判代表，他们在巴黎市文化中心文达姆区里兹宾馆租了一间按周付款的房间；越南代表团呢，他们在巴黎市郊租了一座租期为两年半的别墅！双方的时间压力显然出现了不均衡，谈判的结果也就可想而知了。

既然各方对谈判都有个截止期压力，那么学会如何承受是成功谈判的一个重要条件，对付的方法不外乎两点：其一，不要给自己设计一个截止期，记住你参与谈判的目的是为了达成预期目标；其二，截止期压力对方也在承受，也许他的压力更大，只不过没有表露出来而已。比如，在约定的谈判时间，你因故迟到了，这当然是不礼貌的，但你大可不必因此而满怀歉意，甚至为表示善意以谈判条件的退让作补偿，也许对方等你等得更焦急：快来吧，怎么还不到呢？是不是前面报价太狠把对方吓住了，要不要后面谈判时把条件下降一些呢？

在对时间要素的分析和运用中，以下几方面值得思考：

• 大多数让步行为和决定都是在最后时限甚至超过最后时限才发生的，所以谈判者一定要有耐心。真正的力量通常来自能够忍受紧张和不逃避，或有对抗的能力。学着控制你自己对不安的反应，保持镇静却维持警觉，等待最有利的时刻再行动。最重要的是：当你不知道该怎么办时，就什么也不要做。这是谈判的基本法则之一。

• 在一个高冲突性谈判中，最佳策略就是对他方绝不泄露你真正的最后期限。牢牢记住，既然期限是谈判的产物，所以它比大多数人所意识的更具弹性，它的弹性远超出人们的意料之外，绝不要盲目遵从一个期限，应该先评估当你遵循或超过期限时的利弊。

• 对手不管表现得如何沉着冷静，也是有期限制约的，甚至他们所表现在外的平静常常只是掩盖着内心极大的紧张和压力。

• 只有在保证你必定会得到利益时，缓慢而不屈不挠，才能使你获利。往往在你快面临最后期限时，便会发生权力的转变，因而得到一个创造性的结果，有时甚至是对方急转之，才会尝到甜美的果实。人也许不会变，但是由于时间的变迁，情况却会改变。

(2)信息

荷伯·科恩认为,在实际谈判期间,隐瞒真正利益、需要和优先事项是谈判各方的共同策略,采取这一策略的理论基础是因为信息就是权力,就是财富。

谁都清楚一旦了解了对方的真实意图,谈判就会成为一项非常轻松主动的事情。有这么一个故事,一位收购古玩的商人,在乡下看到一农家门口地上的一只喂鸡的碗是件古董,他想买这只碗,可又担心一旦暴露自己真实意图就会付出很高代价,于是就装作对鸡很感兴趣的样子,与农妇讨价还价买鸡,在成交后他装作漫不经心的样子对农妇说:"你卖了鸡那只碗也没什么用了,能不能送给我,让我回家也用这个喂鸡。"谁知农妇机敏地说:"不行啊,我就靠着这只碗卖我养的许多鸡呢。"原来农妇早发觉了那些买鸡者的真实意图,将计就计,轻松的以高价售出她那许多鸡了。

促成成功谈判的信息要素运用有个两方面,即信息的收集分析与发出。

信息的收集分析是成功谈判的基本保证,正所谓"知己知彼,百战不殆"。

首先,收集信息工作应长期进行,记住谈判的开始时间并非我们所以为的是与对方开始接触的那个时段,而是更早,甚至包括"当你在阅读本书时,你正处在许多短期内不会发生的谈判的准备阶段"。[①]

其次,收集的面要广,除了对手的针对性信息收集外,还要更多地注意市场信息、竞争者信息、技术信息及政策性信息。

第三,收集的途径要多,从公共信息到行业信息,从大众传媒途径到人际途径,以获取更全面的信息资料,甚至对方的商业机密。金庸武侠名著《笑傲江湖》中,华山派掌门岳不群为获取"辟邪剑谱",早早就派大徒弟和女儿化妆成父女俩在对方门前开起了茶馆。

信息的发出则是信息要素运用的又一方面。

及时、主动、有意识的发出信息,一来可以影响甚至改变对方的既定方案,二来也能为自己营造一个有利的"信息环境",政治家们不是常说:谎言百遍就会成真理吗?荷伯·科恩曾举了这么一个例子,美国前总统尼克松因水门事件被国会要求弹阂时,民众的普遍反应是反对弹阂,理由就是"从没听说过","这种先例不能有"!但几个月的舆论宣传引导后同意弹阂的民众占了60%以上,这就是舆论导向的力量,就是信息发出后的影响力。

信息发出的方式更多,除了一般性的如提供有关资料,回答对方咨询,告诉最新市场行情等内容外,更重要的还是在谈判过程中运用口头语言、肢体语

---

① [美]荷伯·科恩:《人生与谈判》,旅游教育出版社1989年版。

言及情感语言，向对方施加信息影响力（详细内容在后面章节详述），如在拒绝对方提议时不仅仅简单答复“不行”了事，还可辅以音量变化、身体动作变化、表情变化等其他语言加重否定的力度。

总之，掌握了信息的有效收集与发出，谈判也就成功了一半。

(3)权力

所谓权力，简单讲就是控制、操纵对方的能力，这种能力更多地来自于某种社会秩序或规范定律的赋予，但也同时来自于对方的感受，或者说是对方的服从感与屈从感使权力的作用得以发挥。

但谈判本身是一项公平的活动，谈判参与方不管背景如何，既然坐到了一起，也就意味着平等的地位，这显然与权力的基本含义相矛盾了。当然，谁都希望在谈判中能拥有支配对手的某种权力，但这是不可能的，显然这需要我们从另一角度来理解权力的特别含义了。

首先，权力来自于人们对权力概念的自我认识，即当你认为你有权时，你就有权（如当教师讲课索然无味时，坐在课堂下的你是否觉得你有权提请老师注意讲课的内容呢：“对不起，老师这部分内容太枯燥了，能否插入些例证呢？”）。或许许多人会对此感到漠然，那是因为他们认为在此时此刻，他们是没有权力的。同样，当你认为你没权时，你即使拥有了权力也不会使用，从而变成无权者，这点相信许多人都能理解。你在商场购物，营业员怠慢了你，你为什么要忍气吞声呢，你完全有权向商场的主管甚至消协乃至法庭提出投诉（诉讼），要求保护你作为消费者的合法权益。

其次，权力就是他人对你的一种认识，即人们认为你能够或可以给他们造成某种结果，这种结果会帮助或损害他们，这时你就已经拥有了他人赋予你的某项权力。

认识了权力的特别含义后，你就“不必装作你有权力，因为你会发现你拥有着比你自己知道的要多得多的权力”①。具体在谈判过程中，你会拥有哪些权力呢？

• 竞争的权力

为什么现代社会里有许多物品（包括贸易）交易是通过拍卖进行的，那是因为竞争，因为拍卖使买者从原来的一个人变成了更多的人，当别人为你的某项物品竞争时，你就可以提高其价格。以现今消费者心理分析，也不难发现，消费中买涨不买跌的消费习惯很浓，当某种商品越是紧俏时买的人就越多，反

① ［美］荷伯·科恩：《人生与判谈》，旅游教育出版社 1989 年版。

过来一旦某种商品的跌价了，购买的人反而少了，近一两年我国的股市也显示出了这个特征。

荷伯·科恩在《人生与谈判》一书中曾讲到这么一件事情，伯特·兰斯时任卡特总统的联邦预算局局长，为了筹集到更多的贷款，他采用了竞争的权力，即以无所谓的姿态与各银行谈贷款事宜，并不急于求成，让众多银行以为他是真的不急于用钱，由此造成竞相贷款局面，使兰斯在 41 家银行取得 381 笔贷款，借贷总额超过 2000 万美元。

所以说，在谈判中，你无论身处买方或是卖方都要设法给对方营造出一个竞争环境，切不可在没有选择余地的条件下参与谈判，否则会使你付出高昂的代价。

• 习惯性权力

一般情况下，人们总是按照处事习惯对待各种所面临的现象，前面路上树了一块牌子，上写“此路不通”！看到的人就自然会绕回去，而很少有人会去问个究竟：谁写的？为什么不通？我去就一定通不过吗？走到菜市场会懂得讨价还价；进入高档超市，看到印刷精美、挂放齐整的标价牌，就好像中了魔法，不再问价，乖乖地按标价付款，这就是习惯使然，但这正是谈判中可以利用的权力。将自己打扮得漂漂亮亮，对方对你的敬意也许会更重一些；把报价表样品册印刷得精美一些，对方就会更重视你的“报价”；事先准备好印刷的协议文本，对方很可能以你文本为主形成最后合同……

对付习惯性权力的惟一办法，就是咬住自己既定的预期目标，不言放弃，对习惯提出疑问和挑战，记住：我只要求我该拥有的那一份，所有针对此目标的障碍都不是我应考虑的，习惯只说明过去，它代表不了现在，更代表不了你的预期目标。

• 冒险的权力

俗话说“风险与机会均等，高风险才有高回报”，这话用在谈判中是再恰当不过了，当然冒险就会存在成功与失败两种可能，所以，当你希望通过冒险在谈判中获取更多利益时，首先应该问自己，万一失败了，又会怎么样？

记住：当你觉得你务必要得到某个物品时，你就只好承受冒险的代价。例如，某人今年高考考得不错，想填报某名牌大学，却又担心万一没录取怎么办？这时，他就该问问自己，今年非上那所大学不可吗？非得今年上大学不可吗？如肯定前一个就否定后一个，填了再说，不行明年再来。反之则老老实实填一个有把握些的地方名牌大学，这就是对冒险代价的承受力。

在谈判中，我们更主张适度的冒险，即成功了能带来更多收益，万一失败也不会因此走上绝路。比如你抓住对方急于求成的心理,适当提高要价(如附加运费、保险、人力成本等),看一下对方的反应,在供货时间上作些拖延,也许对方就会因此而在价格上作出一定程度的妥协呢！适度冒险的另一个含义是要降低风险底线,即不宜冒那种成功了发财,失败了破产的险。

• 专业知识权力

你是否注意到,任何人在专家(某方面的)面前,他就再也不敢就专家擅长的领域大发议论了,这就是专业知识权力。“当某人认为或相信你有较丰富的专业知识、熟练的技巧或较多的经验时,他们就会尊敬你,甚至以畏惧的态度对待你。”① 这类例子实在很多,在同学中有的人因有一定的美术基础而在你面前得意洋洋,但面对专业美术老师他肯定会是另外一种态度。

在谈判中运用专业知识权力也非常奏效,如在谈判中可以适当透露你的专长,这样很可能会让对方放弃这方面争论,因为他们感到了专业知识的压力。当你不具备这方面专长时,不妨事先熟悉一些专业知识,至少保证你的话是“内行人的话”,而当发现对方是这方面的专家时,在一些特定的谈判场合,你不妨请一位更有名气的专家做你的谈判顾问,这样既帮助了你不犯专业方面错误,又能打击对方专业人员的自信心,可谓一举两得。

也许有人会问,如果对方也请了专家呢,其实对待专家的最好办法不是装懂,而是装不懂,在专家面前你虚心求教,不失面子,而且你不懂了他就得解释,得用你能“听得懂”的语言来说明,对专家而言这实在是一件很累人的事。但在我没完全明白之前,谁也不能强迫我签约吧,这就是权力。

1.2 谈判的基本原则

1.2.1 诚实守信原则

美国谈判学会会长、著名谈判大师尼尔伦伯格在其《谈判的艺术》一书中明确指出:“从本质上讲,谈判是一项诚实的活动。”确实,要达成一项双赢的协议,谈判的诚实原则是首先必须遵守的,那种只图眼前利益,不惜损害组织主体社会形象,甚至视谈判对手为蠢货的谈判,无异是一种饮鸩止渴行为,他们根本不懂得诚实在谈判、乃至在人际交往中的重要性,最后吃亏的往往还是自

① [美]荷伯·科恩:《人生与谈判》,旅游教育出版社 1989 年版。

己。

犹太人以善于经商理财、精于谈判而闻名于世，但他们的诚实、他们对协议的尊重与信守也同样举世皆知，在签约前他们会运用各种策略与你周旋，争取目标利益最大化，一旦签约则就会充分信守合同，决不反悔。再看一下我国被誉为一代骄子的大学生们是如何面对诚信的。据北京某报报道，大学生助学贷款到期不还贷的比例高达10%，而普通居民的贷款逾期率还不到1‰，面对这样一种诚信状况，"骄子"们又有什么资格"数风流人物"呢！

浙江省温州市，一个曾经以制假贩假闻名全国的地区，在进入21世纪后，发生了这么两件"小"事。一件是在2002年10月，一个安徽桐城的小业主，在给温州一些鞋厂供货，回来路上丢失了30余张共计13.1万元的欠条，由于供货厂众多，他已记不清具体厂家及数额了，抱着试试看的心情，他返回温州一家家地问询、核查，完全出乎他意料的是那30余张欠条被全部兑现，货款一分不少，他激动地说："我这回真的想哭，是被温州人诚信所感动的哭。"另一件是，温州各银行向个体业主发放的信誉贷款已占贷款总额的1/10，有些个体企业家的授信额度在亿元以上。为什么能走到今天，温州的企业家们说得好："过去追求眼前利益的急功近利行为给温州经济的发展带来了极大的负面影响，而今我们要倡导诚信，重塑温州人形象。"

实际上，诚实守信也是市场经济体系渐趋完善的一种标志，当每个市场参与者都能遵守市场经济的"游戏规则"时，诚信才会成为一个人人都能遵守的基本守则。

当然，诚信并不是老实，更不能理解成脱离现实的乌托邦，我们主张在谈判中以诚实守信为前提，最大限度地维护自身根本利益，运用各种策略与技巧追求预期收益目标的最大化。

1.2.2 "双赢"原则

首先，谈判不是"零"和游戏，"成功的谈判每一方都是胜利者"，通过谈判追求双方利益的更大化而不是简单意义上的眼前利益分割，任何一场成功的谈判都会产生$1+1>2$的利益效应。

其次，谈判不是竞赛，不是对弈，视谈判为竞赛游戏的一种，则只会让你陷入反复讨价还价、彼此竞争的状态中，这种尽力压制对手求胜的行为，往往会导致即使赢了竞赛自己也是输家的结局。尼尔伦伯格曾举了这么一个例子说明：20世纪70年代初期，纽约发生了大规模的报业风波，纽约市印刷工会主席柏纯·鲍尔发起了几次报业工人罢工，为工人争得了非常好的一份工作合约，同时也限制了报家的许多权力，但报社却因此财务紧缩、经营困难，不得已只好三家合并成一家，最终纽约市只剩下两份早报及一份晚报，以及成千上万名失业的印刷工人，“谈判是成功了，但病人却死了”。就对弈作分析，对弈总有输赢，输家自然不会因此感到开心。他要么想方设法再来一次对弈，以求赢回来，这也就意味着你并非“赢定了”；要么感到水平不行就不再与你对弈，失去了对手的你又从何而赢呢？因此说视谈判为对弈也是违背了谈判的基本原则。

“双赢”决非摒弃竞争。恰恰相反，正因为通过竞争，通过谈判参与各方的较量，通过对各方共同兴趣目标的不懈追求，寻找到一个能满足各自利益目标的最佳契合点，谈判也就真正成功了。可以说，成功的谈判是建立在充分竞争基础之上，没有了竞争，谈判的预期利益目标也就无法实现。当然竞争不是无限度的拼杀，更不是你死我活式的搏斗，而是如何把握好实质的利益和关系的利益之间的平衡，尤其要注意“当止即止，过犹不及”。记得一位谈判专家曾忠告说：无论你的谈判艺术有多高，都不可能把整块蛋糕都拿走。所以我们说：“谈判并不是一项充满火药味的竞争活动。但这并不意味着我们与他人始终不存在竞争，这种竞争也不意味着我们确信最终压倒了对方，而是我们尽了最大的努力，使谈判的各方都达到可能的最好结果。”①

“双赢”原则的另一个含义是指参与谈判各方应本着合作互惠的原则，以互惠为目标寻求最佳合作点，正如史蒂夫·科恩所言：“一个好的谈判过程就是将各方紧紧地联系在一起，其驱动力来自各方的共同努力，目的是达成共识。”如图 1-1 所示。

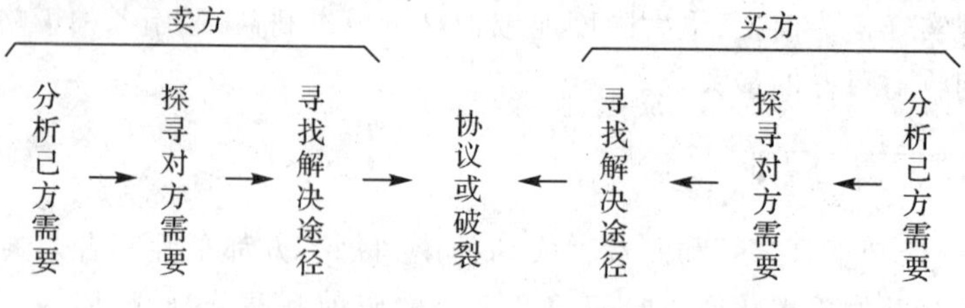

图 1-1　合作互惠的谈判模式

在互惠的谈判模式下孕育出来的谈判者与传统的谈判模式下孕育出来的谈判者颇不相同，具体见表 1-1。

① ［美］史蒂夫·科恩：《谈判技巧》，海南出版社 2003 年版。

表 1-1　不同模式谈判者的需求差异

传统的谈判模式下的谈判者	互惠的谈判模式下的谈判者
• 视谈判对手为敌人 • 追求的目标：获取谈判之胜利 • 不信任谈判对手 • 对谈判对手及谈判主题均采取强硬态度 • 借底牌以误导谈判对手 • 对谈判对手施加压力 • 坚持立场 • 以自身受益作为达成协议之条件	• 视谈判对手为问题解决者 • 追求的目标：在顾及效率及人际关系之下达成需要之满足 • 对对手提供之资料采取审慎的态度 • 对对手温和，但对谈判主题采取强硬态度 • 不掀底牌 • 讲理，但不屈服于压力 • 眼光摆在利益上，而非立场上 • 探寻共同利益

1.2.3　最低目标利益原则

在谈判开始前，任何一方参与者都会制订一个目标利益指标，并在谈判中围绕此指标与对方交锋、妥协，而这个目标利益往往是一个区间值，不是点值，它具体包括以下几个点值：如图 1-2 所示。

1. 最优期望目标

最优期望目标是指对己方最有利的理想目标，即在满足己方实际需求利益之外，还有额外收益。然而，在实践中最优期望目标一般是可望而不可及的理想值，很少有实现的可能性。因为谈判过程是各方利益重新分配的过程，任何一方谈判者都不会愿意把利益（甚至成本）全部让给他方。同样，任何一方谈判者也不可能指望在每次谈判中都独占鳌头。但是，这些并不意味着最优期望目标在谈判中没有作用。最优期望目标是谈判进程开始的话题。如果谈判者一开始就推出其实际希望达到的目标，那么，由于谈判心理作用和对方的预期目标，他将没有回旋的余地，最终反而达不到实际需求目标。

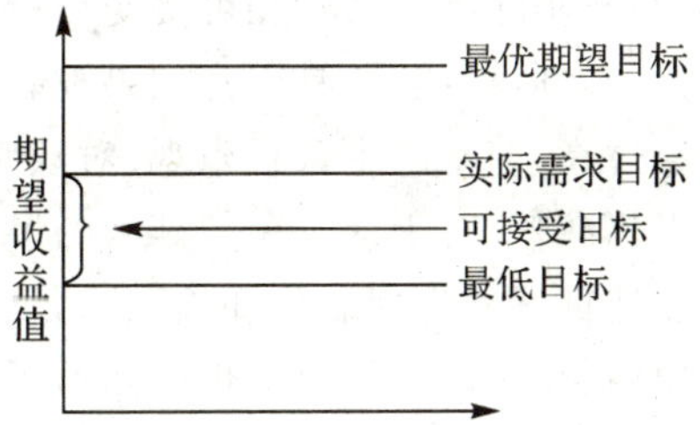

图 1-2　目标利益指标体系图

2. 实际需求目标

实际需求目标是谈判各方根据主客观因素，考虑到各方面的情况，经过科学论证、预测及核算后，纳入谈判计划的正式谈判目标。这是谈判者要调动各种积极因素、使用各种谈判策略,力争努力达到的利益目标。它具有以下几个特点:①它是谈判者秘而不宣的内部机密,一般只在谈判过程中的某个微妙阶段才提出;②它是谈判者坚守的第二条防线,如果达不到这一目标,谈判可能会陷入僵局或暂停;③这一目标一般由谈判对方先挑明,而己方注意把握分寸;④该目标关系到己方主要经济利益。这一目标是否达到,将直接影响其全局的经济活动。

3. 可接受目标

能满足谈判己方部分需求,实现部分经济利益的目标就是可接受目标。如在资金供求谈判中,需方的实际需求目标是100万元,但资金供应方由于资金筹措能力有限或对方的偿还能力有限等多种原因,只能提供部分资金,没有能满足需方的全部实际需求,这种情况是经常发生的。因此,谈判者在制定谈判计划时,应事先充分预测发生这种情况的各种可能,并制定相应的调整目标。

4. 最低目标

最低目标是最终必须达到的目标,也是谈判者必须死守的“最后防线”。它与最优期望目标有着必然的内在联系。在实际经济谈判中,表面上一开始要求很高,往往提出最优期望目标,其实这是一种策略,目的在于保护最低目标,乃至实际需求目标和可接受目标,最终可能达到一个超过最低目标的实际目标。之所以如此,是因为如果没有最低目标作为心理底线,谈判当事人的期望值过高,容易产生盲目乐观,对谈判过程中出现的千变万化的情况缺乏充分的思想准备,对于众多突如其来的事情不知所措。而最低目标的确定,不仅可以创造良好的应变心理环境,还为谈判各方提供了可供选择的契机。从另一个角度看,明确最低目标也就知道了谈判有无继续进行下去的“底线”。

1.2.4 合法原则

如果说诚信原则是要求谈判参与方信守社会公德、遵守社会行为规范的话,合法原则则是要求参与者的所有谈判行为必须符合政府有关法律规范要求。合法原则的含义是指在谈判及合同签订的过程中,要遵守国家的法律、政策,国际商务谈判还应遵守国际法则和对方国家有关法规、贸易惯例。具体体现在以下三个方面:一是谈判主体合法,即谈判参与各方组织及其谈判人员具有合法资格。二是谈判议题合法,即谈判的内容、交易项目具有合法性。与法律、政策有抵触的,即使出于谈判各方自愿并且意见一致,也是不允许的,如贩卖人口、走私货物、买卖毒品等。三是谈判手段合法,即应通过公正、公平、公开的手段达到谈判目的，而不能采用行贿受贿、暴力威胁等不正当手段。总之，只有在商务谈判中遵守合法原则，谈判及其协议才具有法律效力，当事各方的权益才能受到法律保护。随着商品经济的发展，各方的交易活动将会在越来越广的范围内受到法律的保护和约束。离开经济法规，任何交易谈判都将寸步难行。

1.3 谈判的基本模式

在浩瀚的谈判海洋中，任谁都不可能找出两个程序与手段、策略与结果完全一致的谈判模式来，但这并不意味着谈判就没有规律可循。我们可以通过参与者在谈判中对自我需求及他人需求的认知程度，对需求满足的期望值高低，以及对合作与冲突的把握等几方面将谈判的一般模式分为硬式谈判模式、软式谈判模式和原则式(互惠式)谈判模式三种。

1.3.1 硬式谈判模式

所谓硬式谈判是指以意志力的较量为手段，坚守己方的强硬立场，并以要求对方牺牲其利益取得自己胜利为目的的谈判方法。

持硬式谈判法的谈判者是一个顽强的斗士。为了达到自己的目的，丝毫不考虑别人的需要和利益，也不顾及自己的形象以及对以后合作的影响。在他们看来，参加谈判就是为了满足自己的需求，就是从对方那儿取得自己想要的东西，利益高于一切，而无视双方合作的要求。由此可见，硬式谈判法的指导思想不是“双方都是赢家”，而是“不谈则罢，要谈必胜”的强权哲学。它充分体现出硬式谈判者急功近利的思想；同时也充分反映出硬式谈判者“谈判关系近视”，谈判行为短期化即“一锤子买卖”的缺陷。一般而言硬式谈判模式的指向往往是利益目标较明确(固定化)，甚至是简单定义上的利益分割的那种条件下的谈判。由于指向明确往往就会出现不是你赢就是我输的谈判格局(如图1-3所示)。

图1-3 硬式谈判模式下，谈判成果之分配方式

1. 硬式谈判模式的缺陷

应该说硬式谈判是人们最为常见的一种谈判模式,例如你在菜场里与菜贩讨价还价,为一个暑期短工的工资与雇用者争执不休,都属于硬式谈判模式。当然,硬式谈判模式的缺陷也是明显的。

(1)难以达成谈判目标

硬式谈判者的目标就是赢,所以在谈判伊始便会坚持澄清己方的立场,从而使对方产生反抗心理,并持同样的强硬态度回应。因而在立场问题上的强硬,使双方拼命维持自己的立场,进而在原有目标之上又增加了一个有待于达成的目标——维持面子。当谈判双方的注意力集中于维护立场时,他们会极少有余力去关心原有的目标,这样,原有的目标便难以达成。

(2)不具效率

按照这种方式进行谈判,每一方为保证取得有利的谈判结果,一开始都摆出神圣不可侵犯的姿态,提出极端的要求,并且拼命地维护这种要求,以致让步成为一种极难采取的行动,即使谈判不破裂,要达到目的也费时、费力,效率低下。

(3)人际关系难以维护

硬式谈判者放弃了合作,试图在坚持自己立场的同时迫使对方改变立场,一旦对方不迁就让步,就会感到己方受到屈辱而丢尽了面子。经过这样的谈判之后,双方之间的个人关系可能会变得恶劣无比。

2. 硬式谈判模式的一般操作方式

(1) 强硬的开场姿态

谈判开始时,要求很强硬,提议很极端,目的是给对方泼冷水,降低其期望程度。以报价为例,作为买方,最初开价总是十分吝啬,通常是关起门来秘密报价,以免别的买主出价,目的在于使卖主相信,除他之外别无其他买主可选,使自己处于绝对优势地位;作为卖主则相反,起先总是"漫天要价",然后敞开大门,鼓励众多买主竞争报价,让他们互相厮杀,以求最后得到最高的售价。

(2)借"权力有限"而迫使对方让步

硬式谈判使参加谈判的人几乎没有任何作决定的权力。这样就可以此为借口取得商量的余地,同时在时间上给对方以压力。对方则有权报价和作出任何让步,在此情况下,为使谈判有所进展,往往是有权利的一方不断妥协;而另一方就可"守株待兔",静候对自己有利的结果。

(3)感情战术

利用自身感情的爆发来控制对方,或利用对方的同情心和善良的性格来达到自己的目的。有时情绪激动脸色变红，嗓门提高，怒不可遏；有时拂袖而去，怒气冲冲地退出会场；有时保持沉静，含蓄地威胁。凡此种种均能激发对方的心理活动，消磨和软化对方的意志力。

(4)视对方的让步为软弱

如果对方让步，硬式谈判者不会作出相应的让步或回报，反而把对方的让步视为软弱，从而步步紧逼，得寸进尺。

(5)吝啬的让步

对任何让步都是一拖再拖，力争使对方首先让步而自己不作相应的让步。一旦表示让步，一般也是对方已作了重大的让步后才相应作出的一点表示。

(6)不管截止期

时间是谈判的重要因素，硬式谈判者根本不顾及谈判的截止日期，总是不着急，好像时间对他们来说没有任何意义。如果对方要求速战速决，则对方便处于被动地位。

3. 硬式谈判法的适用性

硬式谈判有明显的局限性或者说高风险性，因此，其应用只能在下列几种情况下进行。

(1)一次性交往

这种谈判必然是"一锤子买卖"。所以如果以后还想往来，或是老关系，则切不可为一次胜利拿未来的合作当赌注。

(2)谈判对手不了解情况

谈判对手对本次谈判交易商品的供求行情不了解，否则他们不会接受于己不利的条件。

(3)实力相差悬殊

在所谈判的范围内，己方处于绝对优势，完全可以持强硬态度。

(4)对手是一名软式的谈判者

面对气势逼人的谈判对手，软式谈判者一味委曲求全，就会提供给硬式谈判者成功的机会。

1.3.2 软式谈判模式

软式谈判法是指以妥协、让步为手段，希望避免冲突，为此随时准备以牺牲己方利益换取协议与合作的谈判方法。

软式谈判所强调的是建立和维持双方的关系，这种谈判过程较有效率，尤其是在产生谈判结果上效率突出。但是软式谈判法所产生的协议不会是平等和明智的。更严重的是如果在谈判内容上确实处于不利地位而又急于求成，对方又是硬式谈判者，则己方易受伤害，有时甚至一败涂地。因此，软式谈判者的出发点尽管是达成协议与合作，但往往事与愿违。

一般来讲，软式谈判模式更多的是一些谈判新手或没有企业产品品牌背景的谈判者，他们有着业绩的压力，为了达成协议，提高业绩，不得已作出退让和妥协，在授权范围内给对手最大的满足。但反过来看，软式谈判模式也往往被一些谈判高手所采用，他们往往视谈判为合作的事业（在利益保证基础上），视达成协议为"双赢"的结果，所以有人评说：看高手间谈判是一件很享受的事，没有剑拔弩张的紧张气氛，往往在寒暄后单刀直入互求异同，最终寻找到一个双方都能接受的结合点。从根源上分析，主要是双方在谈判前的充分准备，对自己及对方的情况有了非常清楚的认识和把握，也就无所谓施展任何手段与对策了。

1. 软式谈判模式的一般操作方式

（1）祥和开局

为了达成协议与合作，软式谈判者非常注重开局形成的气氛。因为它关系到谈判全局的基调，所以，开局阶段，就充分体现出宽容大度、相容随和的谈判风格。

（2）开诚布公，襟怀坦白

与硬式谈判法不同，软式谈判者不会运用"有限权力"招数欺骗对手，给对手施加时间上的压力，而是在谈判过程中亮出底牌，说明自己的观点，相信对手也会同样坦诚，双方会坐下来共同解决所面临的问题。

（3）主动退让

在谈判中，软式谈判者遇到争执、分歧时，会主动作出让步，以自己的高姿态取得协议的达成。

（4）以善良的愿望谈判，注重礼仪

软式谈判者参加谈判的目的在于达成协议与合作。因而其主观愿望是善良的，从开始就没有压倒对方、取得胜利的动机，谈判过程中注重礼仪，也从不利用感情战术。

2. 软式谈判法的适用性

软式谈判法是一种极特殊的谈判方法。任何谈判都存在一定的分歧与争端，一般而言，利益上的分歧和争端是形成谈判的主要原因。可以说，谈判就是解决分歧和争端的斗争过程。然而，软式谈判法回避斗争，强调统一，以让步、牺牲为代价换取协议与合作。所以，软式谈判法不是普遍运用的方法。它的特殊性在于:总体利益和长远利益大于一次具体谈判所涉及的局部近期利益。也就是说,合作高于局部近期利益;目前最大的利益在于交朋友,建立关系;今天的妥协让步是为明天更大利益奠定基础。否则,若没有长远的、总体的利益作为总目标,软式谈判法就无任何意义。单纯为合作而合作的谈判是不存在的。因此,软式谈判法采用的哲学指导思想是:今天的"失"是为明天的"得","失"是暂时的,是感情的投资,通过它,将对方维系在自己的"蛛网"上,以便实现未来更大的利益。

1.3.3 原则式(互惠式)谈判模式

以罗杰·费希尔和威廉·尤里为首的美国哈佛大学与麻省理工学院的一些知名学者在经过对硬式和软式谈判模式研究分析的基础上,提出了这种新的谈判模式,即原则式谈判理论(也称费希尔模式)。其核心点是根据理性来取得协议,而不是通过双方讨价还价的过程来作最后的决定,当双方的利益发生冲突时,则坚持公平的标准来做决定,而不是双方背景与意志力的较量。

费希尔他们把硬式和软式谈判均视为一种阵地式谈判,即双方都站在自己立场上,为自己争辩,并在退一步进两步的拉锯中寻找双方合作点,这其实就是占领和放弃一系列阵地的连续过程,阵地式谈判对照成功谈判的三个标志都存在着不足。

- 阵地式谈判的结果不够理想。当谈判者占据阵地开始谈判时,他们总是希望死守阵地不放。你越是声明你的原则,保护你的阵地,你为之投入也越多。由于更多的精力被投入到阵地上,而使双方真正关心的问题被忽略了,达成协议的可能也变小了。最后得到的谈判结果也许是机械地削减双方与最后阵地间的差距,而不是真正恰当地考虑双方的利益,因而不会令双方都满意。

- 阵地式谈判没有效率。阵地式谈判会刺激谈判者使谈判寸步难行,为了使最终结果有利于自己,双方的起步都很极端,而且死守不放,你要说服对方以你的观点看问题,直到迫不得已才作一小点让步,因此谈判所需的时间较长。

- 阵地式谈判给友谊带来危险。阵地式谈判完全是一种意志的较量,每个谈判者都坚持站在自己的一方,希望通过自己的力量使对方退却。当一方看到自己的利益由于对方的强力压迫而得不到重视时,愤怒和憎恨往往由此而生。

费希尔提出,原则式谈判法就是以公平价值为标准,以谈判目的为核心,在相互信任和尊重的基础上寻求双方各有所获的谈判方法。它能综合上述两种谈判方法的长处而避免其走极端的弊病，从而形成一种应用更广泛、更便于操作的方法。

1. 原则式谈判法的优点

(1) 原则式谈判法是根据公平价值原则来取得协议。

这里的公平价值是指双方均自愿接受的具有客观公正性的价值标准，而不是通过双方讨价还价的过程来作最后的决定。尤其在双方利益发生冲突时，则坚持按照公平标准来做决定，而不是双方意志的比赛，也不是哪方的宽容、牺牲的结果。

(2)谈判的核心是谈判所涉及的标的物，即谈判所涉及的有关双方利益的事物，如价格、成本等，而不是谈判者。也就是说，原则式谈判法对事是强硬的，当仁不让；而对人则是友好温和的，坚持人和事分开的原则。

(3)原则式谈判法的基础是双方相互信任和尊重，绝不采用阴谋诡计，也不故作姿态。在正常合理的情况下，能使你得到想要的东西，又不失风度。

(4)原则式谈判法的目的在于寻求双方均有所获的方案。双方都努力寻求共同愿意接受的谈判结果，双方都认为冲突能够解决，并能找到一个妥善处理的方法，其出发点是在绝不损害别人利益的基础上取得我方利益。因此，这种谈判法也可称为双方获胜法或皆大欢喜法。

在许多情况下，斗争双方的利益不一定都是对立的，如果把斗争的焦点由相互击败对方转向共同解决问题，那么，最后双方都会得到好处。这种谈判，双方的注意力都集中在解决问题上，双方都把冲突看作是能够解决的，因而就一定能找到一个创造性的解决方法，从而加强了双方互利互惠的地位，甚至会增进双方的关系。因此，原则式谈判法是一种广泛适用的谈判方法。前两种谈判方法一旦被对方识破就很难继续下去；原则式谈判法则完全相反，如果对方也懂得此法，则更容易进行谈判，并能顺利达到预期目的。

周恩来总理在国际间外交事务谈判上提出的“求同存异，和平共处五项原则”就是原则式谈判法的典范。

2. 原则式谈判法的特征

原则式谈判法和硬式、软式谈判法有很大的区别，其特征如下：

(1)视参加谈判的人都是问题的解决者。人们为了解决问题而坐到一起来，没有将其视为朋友而一味退让；也没有将其视为敌人而设法击败对方。这样，双方就可以在平等原则上切实围绕问题而展开磋商，为达成协议奠定了基础。

(2)有效而圆满地达到目标是明智谈判的结果。这样的结果不是一方取胜,也不完全是取得协议,而是双方的一种认可和默契,是发自内心的赞同。

(3)把人与事分开,对人温和礼让,对事坚持原则。谈判的核心问题是事,而不是人。参加谈判的人只是事物的载体,谈判桌上的冲突与碰撞是事物,因而人与人之间的关系应是温和的、融洽的,而对事则不能软弱。

(4)重点在于注重实际利益,而非"地位"、"面子"、"态度"。

(5)坚持客观标准,据以达成协议。尤其在发生分歧和冲突时,不像硬式谈判者那样,坚持自己的立场,设法赢得意志力的竞赛;也不像软式谈判者那样,坚持达成协议以让步来维系关系;而是以客观公正的标准来谋求双方重视的结果。

(6)开诚布公,服从原则,而非压力。

(7)探寻双方共同的利益。原则谈判法认为,谈判能否成功,关键在于能否找到双方共同的利益结合点。因此,谈判中双方反复探讨,发现具有共同利益的各种可能的选择,在此基础上作出决定。

原则谈判是一种极有效的谈判方法,它一改传统谈判方法的指导思想和谈判策略,真正贯彻了谈判"双方都是赢家"的指导思想。这一方法可使双方均能满足需求,同时还提高了谈判的效率,且能增进合作。实际上在具体的谈判中,即使只有一方采取原则谈判法,其结果仍然优于双方都采用传统谈判方法的结果。

比较三种模式的异同,也许能更直观地发现问题所在,如表 1-2 所示。

表 1-2　三种谈判模式的特点

项目	硬式谈判 (对立型谈判)	软式谈判	原则式谈判 (互惠型谈判)
收益结构	分享数目固定的资源	分享数目固定的资源	分享数目可变的资源
目标	一方目标的实现以他方的损失为基础	为迎合他方而将己方的目标置于次要位置	双方有着共同的目标
关系	关注短期:双方并不期望将来会有长久的合作	也许是短期(让他方占据上风以求得和平局势),也许是长期(让他方占优势,以便为将来的互惠关系打下基础)	关注长期:双方希望将来长期合作
动机	最大化单方收益	最大化对方收益,或者甘愿让对方占上风,以加强和巩固双方的关系	最大化联合收益

续表

项目	硬式谈判（对立型谈判）	软式谈判	原则式谈判（互惠型谈判）
信任度与开放性	保密与防御性强；对己方信任度高，对他方信任度低	一方完全公开，把自己的弱点完全暴露给对方	信任的，公开的，共享信息与利益
所需的知识	各方都悉知自己的需求，但却秘而不宣；任何一方都不想让对方知道自己真正的需求	一方对另一方的需求过于响应，反而忽略了自己的需求	双方都知道对方的需求，共同寻求与响应对方的需求
可预测性	各方都竭力表现出不可预测性，以期迷惑对方	一方的行动是可预测的，总是在迎合另一方的需要	各方都是可预测的，灵活但却适当的，都努力不使对方迷惑
积极性	各方采取威胁、要挟等手段，谋取占上风	一方主动妥协，以求息事宁人	各方共享信息，理解和尊重对方
寻求解决方案的途径	各方努力通过驳斥和操纵对方以占领上风	一方努力寻求能满足另一方的方案	各方都进行创造性与建设性的努力，寻求令大家都满意的解决方案
成功的衡量标准	以对方形象或利益的受损为己方的胜利；助长了敌意和小集团现象	最小化或完全避免冲突是成功的标志；为取得和谐的关系，一方会完全忽略自己的感觉	成功是以摒弃对方形象的损害和肯定各方的价值为标志的
缺陷与弊端	弊端在零和游戏中表现得很明显：各方都以击败对方为自己的目标	当对对方的完全妥协是以牺牲个人或谈判者所代表的集体的利益或目标为代价时，弊端就很明显了	当一方完全把自己的利益带入共同目标时，会失去自我识别能力与自我责任感
关键态度	关键态度是“我赢，你输”	关键态度是“你赢，我输”	关键态度是“使双方利益均最大化”
挽救措施	当谈判破裂时需要协调或仲裁	当谈判陷入僵局时，结果多半是关系的完全破裂	当出现困境时，需要一个动态的协调员

1.4 商务谈判的概念与特点

1.4.1 商务谈判的概念

所谓商务谈判也称“谈生意”，即是指参与谈判各方以某一具体商务目标为谈判客体，以经济利益为谈判目标指向，通过信息沟通与磋商，寻求达成双方共同利益目标的行为互动过程。

这里须明确一个问题，即商务的含义。

商务或称商事，是指一切有形与无形资产的交换或买卖事宜。然而，不是任何一种买卖行为都可以成为商务行为。商务行为具有特定的内涵，它是指经法律认可，以社会分工为基础，以提供商品或劳务为内容的盈利性的经济活动。按照国际习惯的划分，商务行为可以分为四种：

第一，直接的商品的交易活动，如批发、零售商业，直接从事商品的收购与销售活动，称为"买卖商"。

第二，为"买卖商"直接服务的商业活动，如运输、仓储、居间行为、加工整理等，称为"辅助商务"。

第三，间接为商业活动服务的，如金融、保险、信托、租赁等，称为"第三商"。

第四，具有劳务性质的活动，如饭店、理发、浴池、影剧院以及商品信息、咨询、广告等劳务，称为"第四商"。

此外，按照商务行为所发生的地域概念，商务还有国内商务与国际商务之分。

商务谈判所要解决或已经解决的事例，虽不如国内外政治、军事谈判那样具有显赫影响和广泛传播，但它却是最常见的，既平凡又频繁。如日常生活中的购物还价，虽数额小而简单，但却包含了商务谈判的一切必备要素条件和基本环节，并且选择并实施着各种谈判技巧。可以说，商务谈判的外延是很广泛的，企业法人的每一次交换活动都包含有商务谈判行为的发生。除了双方谈判者面对面正襟危坐于谈判桌前的正式谈判外，函电通讯谈判、推销访问等活动都包含有谈判活动的存在，只不过简单隐蔽一些罢了。

1.4.2 商务谈判的基本特点

1. 以获得经济利益为目的

不同的谈判者参加谈判的目的是不同的。外交谈判涉及的是国家利益；政治谈判关心的是政党、团体的根本利益；军事谈判主要是关系敌我双方的安全利益。虽然这些谈判都不可避免地涉及经济利益，但是常常是围绕着某一种基本利益进行的，其重点不一定是经济利益。而商务谈判则十分明确，谈判者以获取经济利益为首要目的，在满足经济利益的前提下才涉及其他非经济利益。虽然，在商务谈判过程中，谈判者可以调动和运用各种因素，而各种非经济利益的因素也会影响谈判的结果，但其最终目标仍是经济利益。与其他谈判相比，商务谈判更加重视谈判的经济效益，也更注重谈判所涉及的技术、成本、效率和效益。所以，人们通常以获取经济效益的大小来评价一项商务谈判的成功与否。不讲求经济效益的商务谈判就失去了价值和意义，这是商务谈判的显著特征。

2. 以价值谈判为核心

商务谈判涉及的因素很多，谈判者的需求和利益表现在众多方面，但价值则几乎是所有商务谈判的核心内容。这是因为在商务谈判中价值的表现形式——价格最直接地反映了谈判双方的利益。谈判双方在其他利益上的得与失，很多情况下或多或少都可以折算为一定的价格，并通过价格升降而得到体现。因此在许多场合，人们都把商务谈判称为价格谈判或讨价还价。当然，在商务谈判中，我们一方面要以价格为中心，坚持自己的利益，另一方面又不能仅仅局限于价格，应该拓宽思路，设法从其他利益因素上争取应得的利益。与其在价格上与对手争执不休，还不如在其他利益因素上（如运输、品质、保险、附加服务等）使对方在不知不觉中让步。这也是从事商务谈判的人需要注意的。

3. 注重合同条款的严密性与准确性

商务谈判的结果一般是由双方协商一致的协议或合同来体现的。合同条款实质上反映了各方的权利和义务，合同条款的严密性与准确性是保障谈判所获得的各种利益的重要前提。有些谈判者在商务谈判中花了很大气力，好不容易为自己获得了较有利的结果，对方为了得到合同，也迫不得已作了许多让步，这时谈判者似乎已经获得了这场谈判的胜利，但如果在拟订合同条款时，掉以轻心，不注意合同条款的完整、严密、准确、合理和合法，其结果会被谈判对手在条款措辞或表述技巧上，引你掉进表述的陷阱，这不仅会把到手的利益丧失殆尽，而且还要为此付出惨重的代价，这种例子在商务谈判中屡见不鲜。因此，在商务谈判中，谈判不仅要重视口头上的承诺，更要重视合同条款的准确和严密。

4. 更注重时效性

商场如战场，商机不等人。“寸金难买寸光阴”，市场变幻莫测，竞争者虎视眈眈，时间变化往往会使黄金变成粪土，正所谓“货到田头烂”，特别是零售商品购销，一旦过了销售旺季，就只有大打折扣一条路了。所以在商务谈判中，谈判者都非常注重谈判的自身效率和合同履行的时间保证。

1.4.3 商务谈判的一般分类

1. 以谈判主体所在的地区范围为标志分类

即将谈判分为国内商务谈判和国际商务谈判。

国内商务谈判。谈判是在两个或两个以上的国内法人之间进行，所涉及的有形资产或无形资产无需从一国转移到另一国。国内商务谈判的双方当事人都是我国的法人；谈判过程和行为比较简单，谈判双方易于了解对方各方面的情况；在经济利益上双方一般无根本性的冲突，大多体现相互合作、共同促进的精神；国内的有关经济法规自然成为谈判活动的受约法律；双方谈判行为较易受到行政因素的影响。因此，目前国内经济组织之间的交易往来中，还存在着不完全独立的谈判行为，法律对谈判行为的约束力还不完全具有普遍性（尤其是在司法方面）。

国际商务谈判。谈判是在两个或两个以上属于不同国籍的法人之间进行，所涉及的有形资产或无形资产需从一国转移到另一国。其双方当事人分别属于两个不同国家的法人；谈判过程较为复杂繁琐，谈判各方难以对谈判对手的全部情况详细了解；由于各国风俗、民情不同，在谈判冲突中双方不易妥协和作出让步；因常常受到一国政府外交政策以及谈判者文化、风俗、习惯的影响；约束国际间商务谈判法律的选择也是相当棘手的一个问题。因此，同国内商务谈判相比较，国际间商务谈判容易破裂，约束谈判行为的法律也并不具有完全的强制性，软化了谈判协议的执行，容易出现违约行为。

2. 以谈判客体分类

即将谈判分为货物贸易谈判和非货物贸易谈判。

货物贸易谈判的标的，是存在着客观实体、具有使用价值、双方用以进行交换的商品；货物谈判的标的容易明确；条款的其他附加条件比较简单；谈判的重点是价格条款和品质规格条款；对货物贸易谈判协议的履行检验标准明确；大多数商务谈判都属于货物贸易谈判，并且谈判的成功率较高。

非货物贸易谈判，是指谈判的标的并非是具有实体商品的商务谈判，包括技术贸易谈判、劳务贸易谈判等等。在现代社会，交易的不仅是有形商品，而且还包括企业的许多无形资产的转让，或者说企业的无形资产也能成为商品用于交换买卖活动。随着新的科学技术的发展与应用，对社会经济发展的影响愈来愈明显，愈来愈重要，非货物贸易谈判在整个商务谈判中的地位会更明显。非货物贸易谈判的标的比较复杂，难以明确，谈判过程的困难大，需要具有业务技术专长的专家参与谈判；附加条款多且复杂；在整个谈判中，某一方往往具有较强的谈判实力。

3. 以谈判条款的联系方式为标志分类

横向谈判。横向谈判方式是首先确定谈判所要涉及的问题，然后逐次讨论每一个问题，此后再轮番地讨论下去，直到所有的问题谈妥为止。例如谈一笔进口生意，双方先确定谈以下一些条款，即品质、价格、支付、运输、保险、索赔和不可抗力等，然后接着谈其中某一条款，稍有进展便暂时撂下谈第二个条款，等这几个问题都轮流谈妥后再回过头来进一步确定第一个问题、第二个问题……以此类推，这就是横向谈判方式。

纵向谈判。纵向谈判方式比较简单，它是在所谈问题确定后，逐个把条款谈完，并固定下来，一个条款不彻底谈妥，就绝不谈第二个。例如，同样是上面那笔交易，在纵向谈判方式下，谈判者就会首先就品质确定下来，品质问题解决不了，他就不谈价格、支付、运输等其他条款。

总之，横向谈判是一轮一轮地谈，每轮谈多个问题；而纵向谈判是每次只谈一个问题，谈妥为止。这两种谈判方式各有千秋，谈判人员可根据具体情况灵活选择运用，也可以将两种方式结合起来运用，即有的问题可以首先敲定，有些问题可以一轮一轮地进行。

4. 以谈判组织形式为标志分类

由于商务谈判内容复杂程度不同，组织形式也会有很大的不同，一般可分为一对一谈判和团队谈判。

一对一谈判，指买方和卖方只由一人出面进行单独谈判。推销访问由于内容简单，旨在沟通买主和卖主之间的信息，多属这类谈判。这种谈判多以非正式谈话开始，准备工作简单，不需投入很多的时间和精力，谈判结果容易明确。

团队谈判，是指谈判各方由多个人员组成一个小组来进行谈判。大多用于正式谈判，特别是重大的或内容比较复杂的谈判。一个小组在谈判过程中可以形成独特的实力。在谈判前，小组成员将协助检查所有问题；谈判过程中，小组成员能提出各种谈判方案，甚至直接回答对方成员提出的问题。小组谈判需要投入大量的人力、财力、物力，而且成员之间协调不当容易造成谈判失误。

一对一谈判和团队谈判这两种形式也可以交替使用。如一对一谈判涉及某些技术问题时可组成团队继续谈判。当小组谈判出现重大分歧、意见难以统一时，可考虑由双方主谈人采用一对一的谈判形式继续谈判。

5. 以谈判性质为标志分类

根据谈判性质的不同可把谈判划分为普通谈判和特殊谈判。

普通谈判。系指通过正当贸易渠道并由交易人直接进行的谈判。如目前进出口交易中的单项、成套、合作(合资经营、合作经营、经销代销、对销贸易、来料加工、来样来图加工、补偿贸易)契约的正常交易当事人之间所进行的谈判,不论其交易规划的大小均属此类。其组织程序化,有一定的规律可循。

特殊谈判。系指通过非正常贸易渠道的秘密洽购和同类项目由多个当事人统一对外的联合谈判。政治形势的多变,国家之间的关系限制了公开的贸易,但有时经济利益上又需要创造对第三国贸易或转口贸易,甚至是不知去向的秘密交易的谈判;有些为了避免重复引进、多头对外,国家明文规定某些商品或技术的引进、出口要联合谈判,统一对外。这类谈判具有许多特殊性。一般均在秘密状态下进行,谈判方式为小圈子,少文字,地点讲究变化性,谈判人员对外身份真假难辨,需要高度安全的措施;谈判组织上多为高级领导人员直接指定个别企业或代理人执行谈判任务;价格上不仅要看市场行情,更重要的还要考虑包括各种政治因素在内的额外费用;在合同的签订和履行等方面与一般的商务谈判也有许多差异。

本章小结

● 谈判的成因有三:首先,产生需求并希望得到满足,且这种需求无法自我满足;其次,愿意为这种自我需求的满足支付代价;第三,对方也同样存在上述两个问题。

● 谈判同时具备合作与冲突两种成分,其中合作是基础、是目标,冲突是手段,也是合作得以实现的途径。

● 谈判是指参与方为满足自身利益需求,在充分的信息沟通基础上,通过"施"与"受"的合理把握,寻求各方利益平衡的一个公平的互动过程。

● 谈判成功的标志有三方面,即达成预期利益目标、建立并改善人际关系、谈判富有效率。

● 构成谈判的三个基本要素是时间、信息和权力。

● 谈判的基本原则是诚实守信原则、双赢原则、最低目标利益原则和合法原则。

● 谈判的基本模式有硬式谈判模式、软式谈判模式和原则式谈判模式三种,其中前两种又称阵地式谈判模式,原则式谈判模式由于是建立在理性和公平基础上的,因而被推崇为最佳谈判模式。

• 商务谈判也称"谈生意"，是指参与谈判各方以某一具体商务目标为谈判客体，以经济利益为谈判的目标指向，通过信息沟通与磋商，寻求达成双方共同利益目标的行为互动过程。

• 商务谈判的基本特点是，以获得经济利益为目的，以价值谈判为核心，注重合同条款的严密性与准确性，且更注重实效性。

思考与练习

1. 某供应商所提供给你的货品当中有一部分含有瑕疵。你曾数次要求他提出解决办法，但他却不睬不理。此时，你应该怎么办？

(1)对整批货的货款进行止付。

(2)对含瑕疵的那一部分货款进行止付。

(3)向供应商提出妥协条件。

2. 你是某种零件的供应商。某日下午你接到某大买家的紧急电话，要你即刻赶到机场去跟他商谈有关向你大量采购之事宜。他在电话中言明，他有急事前往东京。你认为这是你的一个难得的机会，并终于在他登机前15分钟赶到机场。他向你表明，假如你能以最低价格供应零件给他，他愿意跟你签一年的供应合约。在这种情况下，你怎么办？

(1)给他提供最低的价格。

(2)给他提供比最低价格稍高的价格。

(3)给他提供比最低价格高出许多的价格，以便为自己预留谈判余地。

(4)祝他旅途愉快，并告诉他你将与他手下的人先谈一谈零件的规格，并希望他回来之后能致电与你联系。

案例分析

"双赢"协议，共享利益最大化①

2001年2月，浙江省义乌市和东阳市日前正式签订协议：义乌市花2亿元向东阳市购买5000万立方米水资源永久使用权。据悉，这是中国国内第一笔城市间水权交易。水利部有关专家称，两市政府签订的这笔水权交易协议，开创了中国水权制度改革的先河。

据报道，根据两市协议，义乌市一次性出资2亿元，购买东阳横锦水库每年4999.9万立方米水的使用权；转让用水权后，水库原所有权不变，水库运

① 改编自2001年2月《宁波晚报》。

行、工程维护仍由东阳负责，义乌按当年实际供水量每立方米0.1元支付综合管理费（包括水资源费）；从横锦水库到义乌市供水管道工程由义乌市规划设计和投资建设，其中东阳境内段引水工程的有关政策处理和管道工程施工由东阳市负责，费用由义乌市承担。

"共饮一江水"的东阳和义乌同居金华江上下游。东阳是著名的"建筑之乡"，义乌则以小商品市场享誉海内外。但水资源的丰歉却大相径庭。在金华江流域内，东阳市的水资源最为丰富。全市78.58万人口的人均水资源量达到2126立方米（全国人均水资源拥有量为2200立方米），除了满足自身正常用水外，每年还要向金华江白白流掉3000多万吨水。而义乌的情形正好相反。它的总人口为东阳的80%，而人均水资源量却只及东阳的一半（人均1000立方米）。近年来，随着商业流通的日趋红火，义乌的城市规模迅速扩大，市区常住人口接近35万人。在城市化发展的进程中，水资源不足成了越来越严重的制约因素。近几年，在义乌的大街小巷，饱尝"水荒"之灾的义乌人背桶矿泉水回家做饭的情形已司空见惯。

一方是宝贵的水资源哗啦啦地流走，一方却苦于难觅一泓清水。在义乌人眼中，东阳真是天赐的好环境：它不仅水量丰富，境内还拥有两座大型水库，其中仅一座横锦水库的总库容就相当于义乌全市大小水库加山塘总库容的186%；还因处在源头，库区没有什么污染而水质优良；加之两市不仅毗邻，市中心相距不过十多公里，因此如果能引进东阳水，那真是一件美事了。

精明的东阳人也在打水的主意。他们算了一笔账：通过对传统灌区节水和境内的梓溪流域开发后，可以再引入横锦水库5000万立方米水。而横锦水库（蓄水量3.9亿立方米），目前除了满足灌区农业灌溉及城市供水水量外，有1.65亿立方米水还未利用。这水，除了为全市未来的发展用水留有余地外，丰余的资源怎样发挥更好的效益？东阳人把目光投向了水权交易市场。如果将丰余的1/3转让，另2/3作为未来发展的蓄备，这不仅不会影响全市的灌溉和城镇供水，还可以用转让金加快全市的水利设施改造步伐，把基础建设提高到一个新的水平。

如按协议规定，横锦水库每年供给义乌市的近5000万立方米水，只占水库年蓄水量的1/8左右，而且这部分水并非横锦水库原有的水，而是通过横锦水库调节梓溪流域的水，应该说这确实是一份"双赢"的协议。

两位地方政府首脑对此是怎么看的呢？义乌市委书记厉志海说，通过这次购买水权这种方式解除缺水这个瓶颈，也就是为义乌的发展与可持续发展创造了条件。从表面上看我们花了2亿元，其实我们算过账，这很合算，如果自己建水库,再加2亿元也是不够的。东阳市委书记汤勇是这样认为的,转让给义乌的水是“盘活”了丰余的弃水。东阳实施节水工程后增加的丰余水成本相当于每立方米1元钱,转让给共饮一江水的毗邻市后回报却是每立方米4元钱,既让义乌解脱了水困,自己又充分利用了水资源的价值,岂不两全齐美?

您说,这能否算是一份“双赢”的协议呢?

提示:

- 体会“双赢”原则的真谛。
- 理解“通过合作找寻双方利益更大化”的含义所在。
- 你对上述事件有哪些其他看法。

第2章　商务谈判的准备

学习目标

通过本章教学，你应该达到以下目标：

清楚在谈判开始前如何做好各项准备工作，把握住谈判准备阶段各个环节需注意的事项；洞悉谈判环境对谈判成败的影响程度，创造有利于己方的谈判环境；正确认识己方和对手的实力，做到“知己知彼，百战不殆”，把握谈判的主动性；掌握谈判时间、地点、议程的选择原则，树立谈判工作“不打无准备之仗”的正确理念，初步具备做好谈判前准备工作的能力。

“良好的开始是成功的一半”；我国古代先哲们早就提出：“凡事预则立，不预则废”；谈判科学之父尼尔伦伯格曾说：“事先有准备的谈判者，最有成功的把握”；迈克尔·唐纳逊认为：“有些人以为(谈判)力量来自于身份、态度或神通广大，但要想增强自己的力量，你能做的最简单也最有效的一件事就是准备。你可能会遇到世界上最了不起的谈判对手，但如果你有备而来，这样的对于也不在话下，相信你还会胜他一筹。”

2.1　了解谈判环境

英国谈判专家戴维·马什在《合同谈判手册》中，把谈判环境因素概括为以下几类：政治环境、宗教信仰、法律制度、商业惯例、社会习俗、财政金融状况、基础设施与后勤供应系统、气候条件。他同时指出环境对谈判的结果形成“有莫大的影响力”。

如同人类生存先需要适应环境一样，谈判前对环境的了解也是谈判准备工作的第一步。一般而言，谈判的环境因素主要有三方面，即政治与法律环境、社会文化环境、市场供求环境。

2.1.1 政治与法律环境

1. 政治制度与政府的政策倾向

(1)政府的政策是开放型还是保守型

我国改革开放25年来,在经济上已逐步形成了东高西低、南高北低的格局,其中原因之一是因为沿海省市率先搞起了经济特区、自由贸易区、计划单列市,政策的宽松构筑起了良好的投资环境,使当地经济得以快速腾飞。

上海近十年的发展速度惊人,全球财富500强企业中有近1/3在上海浦东落户,一个世界级大都市形象正在逐步形成,动力也是来源于中央政府赋予上海良好的政策环境与投资环境。近几年来国家大力提倡发展西部经济,这又是一个西部经济起飞的良好契机。

(2)政府对某一产业或项目是支持还是限制

与改革开放初期政府大力鼓励发展乡镇企业不同,近些年来政府重视了环保工作,开始对一些污染型企业施加压力,迫使其增加环保投入,并按政府规定转产、停产和迁移。同理,与2003年各地一片兴旺景象的房地产业相比,随着2004年政府加强对住房按揭贷款的控制,房地产市场也开始走向平静。

(3)政府与谈判对手的政治关系如何

企业利益和个人利益必须服从于国家利益,政府为了政治上的需要,往往会对国际间贸易或地区间贸易施加一定影响。如美国一直阻挠我国国内企业向西方发达国家进口先进技术及设备;同样,许多阿拉伯国家也禁止国内商人与以色列发展贸易关系。

在国内企业中也同样存在这个问题,如在土地开发使用上,合资企业享受着比其他国内企业更多的优惠,一些经济技术开发区、保税区则更是对所辖企业大开绿灯,这往往使谈判中的不同参与者在起始阶段就存在着不公平。

(4)政治体制及政策的连续性和稳定性

短短二十几年时间,我国能基本建成一个小康社会,某些地区的人均国民收入已接近发达国家,应该说政治体制的稳定性功不可没。

在政策的连续性上,随着我国加入WTO,国际市场的变化对国内市场的影响会更直接、更明显。2004年7月初,美国技监部门对杜邦公司广泛用于餐具表面的特弗隆是否有致癌性提出怀疑,我国政府就马上加紧了这方面的测试与研发。几年前,我国规定抗感冒类药品原料必须用OTC取代PPA,此举一下子将曾占有我国感冒类药品市场近70%份额的康泰克差点赶出了市场(如今新康泰克又开始重建辉煌)。

2. 法律环境

随着我国法律体系的日趋完善,任何一名法人都必须重视对法律的研究与适应,这不仅是指要懂法、守法,还要学会用法,即在运用法律武器保障自身基本权益外,还要善于借用法律的力量为企业组织的发展保驾护航。如对一些地方政府的不合理收费、地方保护主义行为就可以提起行政诉讼。

了解法律环境的另一方面就是要了解国际法律环境,随着外向型经济的逐步形成,商务活动正向国际化迈进,熟悉各国法律法规也是每一位从事国际商务活动的人士必备的素质。

2.1.2 社会文化环境

不同的社会文化背景就会形成不同的价值观念与行为取向,正所谓"一方水土养一方人"。

1. 宗教信仰

据了解,宗教信仰者占全球人口总数的近 15%,这是一个需要商务工作者引起重视的数字,所有的宗教信仰者都有着一定的工作、生活及社交规范,只有了解了这些规范,你才有可能为对方所接纳,才谈得上能一起"坐下来,好商量"。否则,很可能会因为冒犯而被视为"敌人"。

在我国,传统的宗教信仰包括信仰佛教、道教、伊斯兰教以及基督教等,不同宗教及教派都有着不同行为礼仪及价值取向,也只有了解并遵守这些教规才能保证商务活动的正常进行。

2. 社会习俗

相比南方人的清丽、典雅,北方居民则更显得纯朴、豪爽,这点从歌声中也能听得出来,越剧、沪剧的吴侬细语和黄土高坡的信天游、东北二人转形成了鲜明的对比,与此相对应的是我国各地的民俗风情也明显不同。

社会习俗的具体内容繁多,概括起来主要有以下几方面:

- 符合当地礼仪规范的衣着、饮食与称呼礼仪;
- 工作与娱乐、休息的关系;
- 赠礼的礼仪及回赠的礼仪;
- 对荣誉、名声、面子的不同理解;
- 朋友的标准;
- 基本价值观;
- 时间的价值与效率;

• 友情与金钱的取舍等等。

2.1.3 市场供求状况

1. 供求状况

一般而言，在买方市场条件下，卖方居劣势；反之亦同理。但不同地区、不同时间的市场供求也会发生某种变化，简单地说，甲地的滞销商品在乙地并非肯定滞销，特别是时尚品，它与消费地域密切相关，不可一概而论。

2. 供求动态

即市场供求变化的提前量，有些新产品、新时尚在市场投入期往往不被人所看好，但一旦被消费者知晓，就会形成消费热潮，对此商务人员要做好充分论证。

在市场营销里有这么一个案例：有英美两个鞋业公司的推销员，一起来到南太平洋的一个岛国上，发现那里的人们都没有穿鞋的习惯，都光着脚，于是英国的推销员发电报给公司："这里的人没有穿鞋的习惯，我明天就回来。"美国的推销员也发电报给公司："这里的人都没有穿鞋，而且我发现，他们的脚因为没穿鞋都有不同程度的伤害，这是一个没有被开发的市场，我发现了金矿。"很难说上述例子中的两个推销员谁对谁错，这是对市场供求动态的分析观点不同所导致的。

3. 相关产品(或服务)分析

相关产品包括替代品、补充品及前续产品与后续产品等。

替代品：包括功能相近的不同品牌的产品、功能上升级换代的产品等多种类型。往往替代品的快速发展会导致主项产品的价格下降，甚至被挤出市场。

补充品：人们在消费主项产品时，必须附带消费的产品，如汽车与汽油、休暇时间与娱乐、电脑与网络。补充品的快速发展(或低价位)可以为主项产品本身的发展创造条件。

前续产品：即生产主项产品必须的原材料或初级加工产品(服务)。如汽车与钢材价格及进口关税、酒类与粮食供应价格，前续产品的充裕有助于主项产品(服务)的供应量增加和成本下降。

后续产品：因主项产品(服务)而派生的为主项产品提供直接服务的产品或行业。如汽车与维修、美容，与前续产品同样，它也能促进主项产品的社会需求。

2.2 双方实力认定

谈判从某种角度上说，是谈判参与双方之间“力的较量”，谁都希望在谈判中能压拥有倒对方(至少能保持均衡)的力量，这种力量来自于客观环境因素，如企业实力、谈判的时间、场所、议程等，也来自于参与方谈判水平技能等内部因素。

特别要注意把握谈判对手的“力量假象”，如精美高档的衣饰、富丽堂皇的办公场所、一掷千金的豪阔气派。不能被“力量假象”所迷惑，犹如当你因故与某一对手准备展开一场武力冲突时，不要被对手的高大魁梧体形所吓倒，也许他是一个胆小如鼠的人，双腿正在不自觉地发抖呢；当然也不要被对手瘦小的样子所迷惑，说不定他是一个深藏不露的“武林高手”，会把你打得“鼻青脸肿”。因此，在展开正式谈判之前，仔细认定对方的实力是必不可少的。

2.2.1 己方实力认定

在《吕氏春秋》中有这么一个记载，夏朝君主伯启与地方部落首领有扈作战失败，他励精图治、重振军威，一年后终于征服了有扈，胜利后的他总结出一句话：“欲胜人者，必先自胜；欲论人者，必先自论；欲知人者，必先自知。”

从个体心理上分析，每个人都有一种自我欺骗情结，即不愿深层次地面对自我、剖析自我，在潜意识中有一种自我保护意识，不愿承认(包括向自己承认或向他人承认)自己的缺陷与弱点，往往在自觉与不自觉状态下，在没有清楚把握自己(甚至往往高估自己)的时候，采取贸然行动，最终导致失败。所以说，“人贵有自知之明”。

俗话说：当局者迷，旁观者清。当一个人处于某个事件之中，他对该事件的判别是非标准很可能会因周边环境条件的变化而变得模糊起来，需要有旁人给他提醒。唐太宗为一代英豪，但杀了魏征，“贞观之治”也就终结了；朱元璋赤手打天下，建立了大明王朝，可惜“飞鸟尽，良弓藏；狡兔死，走狗烹”，导致内争纷纷，朱家人自相残杀。无论古代还是今日“骄兵必败”的道理总是对的。

凯尔·安德森在《谈判商务高手》一书中写道：“认清自己，我代表了什么利益，明确对自己的评价，将它和事实对比、验证，才不至于给自己设下障碍。”

【补充阅读资料】

如何认识你自己[①]

下列问题帮你检查自我形象和别人如何看你，需要一个朋友或同事对这些问题的回答。

- 哪六个形容词能最恰当地形容自己？
- 哪六个形容词你认为是别人最经常用来形容你的？
- 你认为自己在哪六个方面有明显优势或劣势？
- 你认为别人是如何看待你的六大优势或劣势的？
- 任务和人际关系你更注重哪个？
- 别人是怎么看你处理任务与人际关系的？
- 你愿被看作能言善辩、滔滔不绝（感染力很强）或是羞答答、不爱说话（没什么感染力）？
- 别人也是这样认为吗？
- 对矛盾、批评，你的本能反应会是怎么样？是反唇相讥？是溃不成军？还是深怀内疚之情？
- 别人赞同你的分析吗？他们能否预测你对矛盾、批评的反应？

1. 自我需要的认定

（1）希望借助谈判而得以满足的需要到底是什么？

即你在谈判中的真实目标到底有哪些？其中哪个才是你必须达成的目标？

（2）各种需求的期望满足程度

可以将需求分为无所谓满足、需要基本满足、必须完全满足几类。记住，但凡你必须要达到完全满足的，你就得准备为此付出代价，甚至是高昂的代价。本杰明·弗兰克林说过："如果你不做某些事情，就不可能取得满意的讨价还价结果。"

（3）需要满足的可替代性

建议你向自己提几个问题：

只有这个对手才能提供我惟一满意的需求吗？

只有这个商品（服务）才能让我满意吗？

我非得在这个时间（场合）满足需求吗？

我不能寻找到其他能满足我需求的途径吗？

---

① ［美］凯尔·安德森：《谈判商务高手》，广东经济出版社1998年版。

如果答案都是肯定的，那么你就准备在“一棵树上吊死”吧，但当上述假设真的要成为现实时，你再最后问自己一个问题：“我真的值得这样做吗？”

在事实上，任何一种需求都是可以替代的。有位诗人曾说过，当你发现面前有棵大树时，先闭上眼，走过去，越过它，再睁开眼睛，也许前面有一片大森林在等着你。

【小案例】

是满足需求还是砍价①

有一天，肯尼迪上爱丁堡王子大街的一家服装店买衣服。挑中一套后，他要求售货员打点折扣。

售货员说他作不了主，肯尼迪就要求见经理。经理满面笑容地向他走去，脸上带着“何必大惊小怪”的神色。

肯尼迪说，我看中了一套衣服，但觉得价钱贵了点，请他打个九折。经理一边和他聊，一边让他再试穿一下看看，然后对肯尼迪说，这套灰色的就打个九五折吧，不过“我觉得你穿那套棕色的似乎更好看些”。

他说这套棕色的也可打九五折，而要是两套一起买，则还能再让一点。

于是买卖按他的意见成交了。

肯尼迪回家一想，这不是花了双倍的钱吗，只打算买一套却买回来两套！（幸好还没有上他的当，再加上一套冬装！）虽然得了个7.5%的折扣，但钱却多花了不少。

这就是只顾折扣忘了目的的结果！

2. 需求满足能力的认定

即在自己获得需求满足的同时，你是否已具备了满足对手需求的能力。

我们知道满足自我需求是参与谈判的目的，而满足他人需求的能力则是参与谈判并与对方合作的资本，因为谈判本身就是“双方需求满足与被满足的互动过程”，没有满足他人需求的能力就谈不上自我需求的被满足。

一个企业如果具有能满足其他企业无法满足的需求的能力，或是比其他企业能更好地满足对手的需要，那么就表明了该企业在谈判桌上拥有了更多讨价还价的筹码。

从某种角度看，需求满足能力也是一种义务，一个谈判中你必须履行的义务。“做任何事情的时候，第一步就是要尽义务，你必须对你的想像规划尽义

---

① ［英］盖温·肯尼迪：《谈判的真理》，中国宇航出版社2003年版。

务,你才能为达到自己的目的而做必要的艰苦工作。”①

3. 谈判信心的确立

《谈判技巧》作者巴罗和艾森认为“那些充满信心、个人期望值定得高的人,通常比那些不敢奢望的平庸之辈取得更多的利益”。

许多事例证明,自信心是一个人能否有所成就的关键。在保险营销员培训内容中,自信心的培养是重要一环。我行!我能行!我可以!有些培训班让学员上台讲演、大声地对众人说:“我是最好的!”所有这一切都是为了树立必胜的信念,用这种信念支撑并驱使每个保险员走向成功。谈判也不例外,谁能期望一个内心惴惴不安、信心不足的谈判者去说服对手呢(恐怕他连自己都说服不了)。

要树立自信心,首先要相信自己所代表的企业,相信本次谈判的客体能给谈判双方带来共同利益。其次相信自己的能力,相信自己完全胜任谈判工作,而且不会比任何人差。在参与谈判之前也不妨给自己提出一些假设,假设对方拒绝我的首次开价,怎么办?假设对手开价与我的要求相距甚远怎么办?假设对手对我冷眼相待,怎么办……一连串的假设能让自己在演示中寻找到更多的自信。

4. 谈判者态度、观点、情绪的认定

态度可以概括为集合概念,是各种行为和思想的集中体现。态度倾向于感情色彩,与逻辑判断没有直接联系,是一种非逻辑概念。组成态度的主要成分是传统偏见、宗教色彩和生活价值观念。

正是由于这个原因,人们总认为自己的态度是神圣不可侵犯的。当事人对自己态度上的与众不同可能会毫无察觉,如果你希望当事人改变态度,那是毫无用处的。我们必须清楚地认识到,要改变对方生来就固有的态度,会大大损害对方的感情和自尊心,并导致谈判失败。所以,当遇到某种带有偏见的态度时,需要做的决不是试图改变,而应善于追索隐在其身后的经济、宗教、伦理和政治背景。应永远记住这样的信条:对态度只有理解而不能试图改变。

观点与态度不一样,它是一个比较易于把握的内容。观点是逻辑推理和思维加工的产物,即使使用的逻辑不是最好的,但它所含有的是态度中所不存在的理智部分。人们对自己的观点有清楚的认识,在大多数情况下,人们对理智和合乎逻辑地讨论观点都表示由衷的欢迎,当发现观点错误时,也愿意加以改正。

---

① [美]迈克尔·唐纳逊:《如何进行商务谈判》,企业管理出版社 2000 年版。

感情是内部感觉的外部表象。谈判中,重要的问题不在于与对方的感情作对,而在于把握其感情变化的特征,学会辨别对方的感情语言,或者说是对方的"形体语言"。当听到一项不愉快的谈判声明时,老练的谈判者自然会控制自己的面部表情,他可能永远能保持无动于衷,甚至还会温文尔雅地装腔作势。但是他的其他身体部位却在暴露自己的真实心境,如手势、坐态等。每个人对于各类问题都存在一种特殊的生理反应方式,抓住这种感情变化是格外重要的。

2.2.2 对手实力认定

在了解了自己,"知己"之后,我们还要做到"知彼",即了解对手。

二次大战的转折点应该是著名的北非战役,英军在蒙哥马利将军的带领下,一举击败了有"沙漠之狐"之称的德军首领隆美尔,扭转了盟军在非洲大陆的局势,并最终迫使德军全线退出非洲。在回忆这场战争时,蒙哥马利将军指出,他熟读隆美尔有关装甲战、快速战的各种军事著作,深入研究了隆美尔的作战习惯,这是胜利的关键。迈克尔·唐纳逊在《如何进行商务谈判》中也形象地指出:"没有哪位拳击手和摔跤运动员在情况不明的时候,如对方的技术运用、力量弱点和癖好等,就稀里糊涂地打场比赛。相反,这些运动员们会仔细地研究搜寻来的报告和录像,举行模仿对手风格的模拟比赛。在进行一次重大的谈判之前,先进行一次模拟谈判未必不是一项获益的举措。"他还进一步提出,通过了解自己与对手,实际上也是对将要进行的谈判所可能达成的协议区间的认定(见图示 2-1)。

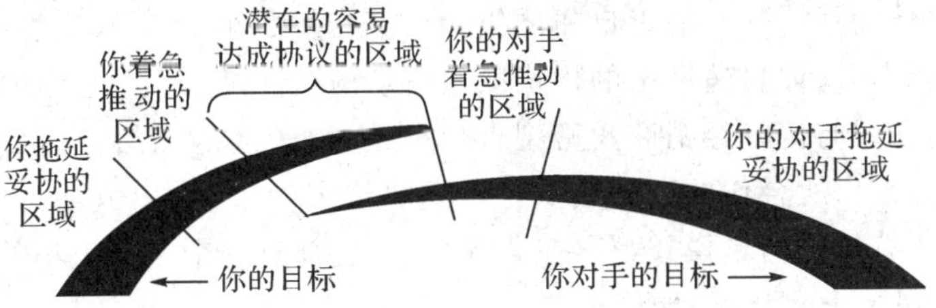

图 2-1　谈判可能达成协议的区域

1．了解对手的基本状况

(1)对方企业状况

企业状况主要包括企业主体资格、组织性质及运作架构、企业资金及其运营状况、企业资信状况等。了解对方企业状况也就是了解对手是否具有从事某种商务活动的资格(如经营许可证),有无这方面商务活动的经历与经验,产品的质量可靠性及销售网络稳定性，有无必要的资金和技术力量，这里要特别重视的是对手的资信状况。

要纠正一种错误观点，即“老客户是老朋友，不会有信用问题”，甚至有的企业决策者以对方（谈判人）性格豪爽与否作为认定对手资信的依据：只要喝酒爽快，什么都好谈。这显然是在拿企业利益当儿戏。俗话说：害人之心不可有，防人之心不可无。老客户的信用只代表昨天，市场瞬息万变，今天老客户的信用状况又有谁知晓，况且“先小人后君子”也是正常的处世之道。在正式谈判签约之前摸清对手的目前资信状况是对自己也是对对手的负责。更何况大企业并不意味着一定有良好的付款习惯，资信好的大公司也不能保证其属下的子公司也有良好的资信。

（2）目标市场状况

无论是买方或是卖方，无论是以产品还是以服务为运作对象，都必须对目标市场供求、产品（或服务）竞争状况及对手的市场地位有全面的了解，其中对手的市场地位又包括对手企业和产品的知名度与美誉度及对方产品的市场占有率，营销网络以及对手在竞争中的优劣势评估等方面。

一般来讲，对手企业和产品知名度越高，则买方的需要越能得到保障，但为此需付出的代价也就越大，比如当你作为代理商经销某名牌产品，其经销差价肯定要低于你经销同类产品中的新品牌所能获得的差价。同理，市场占有率越高，则越容易取得垄断地位，但就买方而言，其讨价还价的能力就越差。

以近些年来一些品牌的市场营销模式分析，有的走借用传统商业经销网络的捷径，通过各地专业传统经销商能快速占领市场，减少中间网络建造成本，如格兰仕、新科等；有的走自建网络，自组营销架构的路子，虽然网络建造成本会大幅上升，但自建网络的稳定性与信息畅通性可令人放心，如雅戈尔服饰；也有的采用与传统经销商紧密型合作模式，以较高的网络建造成本，促使经销商合力推广所合作的产品或项目以期尽快占领市场，如恒基伟业的商务通营销。所有这些营销模式都存在着利与弊，也都有一个代价大小的抉择。

2. 谈判对手的特点、性格认定

首先就谈判对手对人际关系和交易条件的关心程度，我们可运用布莱克和蒙顿的管理方格理论，建立一个对手风格模型，见图 2-2。

（1）事不关己型（1.1）：既不关心人际关系，也不关心企业利益，属无责任心，无进取精神，对工作不负责任的极少数人。

（2）人际关系型（1.9）：看重人际关系却忽视交易原则，属谈判者个性有较强的避免冲突倾向（懦弱或极度重感情、重面子），或本企业对对方企业有极

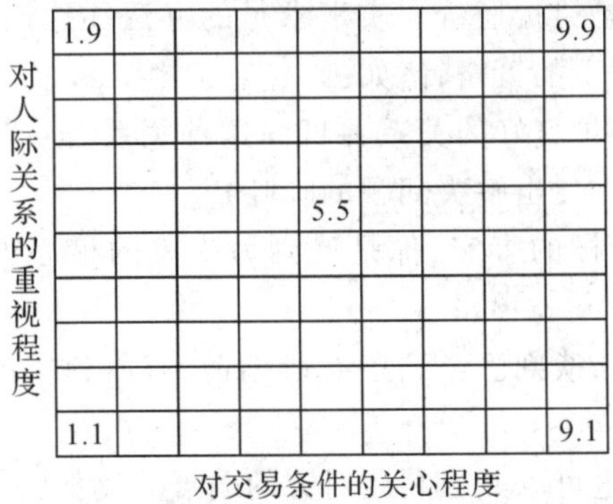

图 2-2　对手风格模型

强的依附性(惟恐对方翻脸而断了财路),实际上,以牺牲企业利益建立的人际关系也不是真正的合作关系,对方会看轻你。

(3) 交易条件型(9.1):以满足己方交易条件为惟一目标,属豪夺型性格,以自我为中心,不计较对方得失,以自我目标为核心型。人际关系的恶化也是谈判失败的一种标志,此类型易导致谈判破裂,在产品一时紧俏时,卖方此类行为往往会给以后失败打下伏笔。

(4) 谈判技巧导向型(5.5):能兼顾人际关系与交易目标之间平衡,能运用各类谈判技巧,兼顾“施”与“受”,在追求自身利益的同时适当兼顾对方利益,并能最终达成对双方均有利的协议。

(5) 理想型(9.9):通过双方需求的真诚沟通,充分体现互惠互利、长期发展之原则,就各自关心的问题进行实质性沟通,并最终取得一致性意见,达成“双赢”协议。

其次,分析对手的性格特点。

美国巴罗企业有限公司总经理C.威恩·巴罗是国际上著名的交易谈判专家和咨询顾问,他对谈判人员的性格特征做了精辟的分析,分述如下:

(1) 贪权人。贪权人对成绩的追求是狂热的,这是此类人最根本的特征。他们通常无视他人的反应和感觉,为了取得最高成就不惜任何代价,对于具有与其同样雄心、同样目标和同样手段的人会无情打击。

通常,这类人在谈判中十分难处,他们不会给别人留下任何余地,在大部分问题上我行我素,以自我为中心。他们对另立一套和自作主张的人毫无耐心,为达到自己的预期目标会强使权力,甚至达到不近人情的残忍地步。显然,贪权人是非常令人头疼的谈判对手。

与贪权人进行谈判,可以以解决问题为出发点。必须明确:谈判的目的是

解决实际问题,而不是讨价还价。实事求是的办法往往比浮夸更能为贪权人所接受。在语言使用上的策略,诸如:

我们希望双方维护良好的关系并巩固这种关系,但这是要解决某些问题才能达到的。(向对方发出解决问题的呼吁)

我们一贯承认这样的事实,你是谈判另一方的核心人物。(引诱其权力欲)

我们的分析表明,谈判已经到了有所创造、有所建树的时候。(激起挑战感)

在谈判中,我们也可以充分利用对方的弱点。比如:

尽可能用文件、尤其是数字等复杂的文件来证明自己观点的可靠性;

表现出极大的耐心,靠韧性取胜,以柔克刚;

在谈判前设计出具有创见性的某些建议,一旦谈判陷入僵局,就抛出一个建议。

在进行团队谈判时,可以在对方内部关系上做文章。开始谈判时,可用多种方式满足贪权人的追求,让他发号施令,让他夸夸其谈,对他格外尊重。但当谈判进入决定性阶段后,我们可把兴趣突然转移到其下属身上,造成贪权人的失落感。出于本能,贪权人必然要"夺回"自己失去的权力,为了出风头,引人注目,他会不惜代价出人意料地同意我方的许多要求,这显然对我方是有利的。所以,巧妙地利用他的弱点迂回取胜,才是明智之举。

如果不是团队谈判而只是个人谈判的话,必须努力创造一种直率的、能让对方接受的讨论气氛。在个人谈判中面对面的冲突更应该加以避免,这不是由于恐惧强权,而是因为根本不能解决问题。在个人谈判中,应把更多的精力放在唤起对手兴趣和欲望上。

当然,在某些特殊情况下,冲突是不可避免的,此时,切不可屈服,而应冷静以对,沉着回击。

必须指出,与贪权人打交道必须及早准备。如果等到谈判开始之后才知道对手是什么人的话,就为时已晚了。在那种情况下,我方肯定会陷入一片忙乱之中,谈判的最终结果也决不会令人满意。

(2) 说服者。谈判世界中最普遍的人是说服者,这种性格天生就是为做销售人员准备的,他往往是经销世界的幸运儿。在某种程度上,说服者比贪权人更难对付。贪权人容易引起对方的警惕;但说服者却容易为人所忽视,在说服人温文尔雅的外表之下,通常暗藏着雄心,为了达到目的,这类人在拼命努力。

辨别此类人的需要和弱点比较困难，因为他们把自己深藏于铁幕之内。他们办事的方法隐蔽，手段精巧，外表也充满魅力。在谈判中，他们十分随和，能迎合对手的兴趣，在不知不觉中把人说服。

在与这类人谈判时，既要满足他的需要，又要尽可能地利用其弱点，努力在方法上谋求两者的均衡。事实上，说服者性格中的每个优点都可能成为我方进攻的突破口，每个不足都可能是我方取得成功的跳板。

在可能的情况下，努力造成一对一的谈判。说服者群体意识比较强，他不喜欢单独工作。利用这一点可使我方轻易获得主动，因为在一对一的谈判格局中，对手总有不适之感，其结果自然不会那么理想。

准备大量细节问题。说服者对细节问题不感兴趣，他希望立即取得有实质意义和影响全局的成果，以此证明他的能力。我们可以利用这种心理，在谈判中不断向对方人员提出大量细节问题，对其施加压力。

准备好奉承话，随时准备“戴高帽”。说服者需要自己的能力得到认可，我们必须利用这一特点。在即将成交时，要抛出一些让对手赏心的奉承话，这对具有说服者性格的人非常有效。

在维持礼节的前提下保持进攻态度。在谈判一开始就造成一种公事公办的气氛，注意保持双方的感情距离。在不激怒对手的情况下，保持态度上的进攻性，不断引起争论就会使说服者感到紧张。

具有耐性。说服者不喜欢长久局限于某个问题之中，他们希望以一种友善的方式尽快解决实质问题。这种情况下，我方既要耐心又要使对手感到冷漠，让说服者感到谈判的紧张和漫长性，这对我方是十分有利的。

必要时制造冲突。当对方对达成协议抱有迟疑态度时，我方可以有意制造冲突，迫使对手妥协。对说服者来说，重要的问题是完美的自我形象，但他们一旦撕开脸面，就很难指望会有好的结果。

说服者不是那种一攻即破的人，他们有较高的理解力和辨别力，要想战胜他们并不容易。

(3) 忠实的执行者。忠实的执行者在各类公司中绝不少见，他们存在于诸多部门。也就是说，谈判不止发生在外部，而更多地发生于内部，且内部谈判像外部谈判一样重要。在进行内部谈判时，常会遇见这类的忠实执行者。

与这类人进行谈判时，要努力造成一对一的谈判格局。忠实的执行者需要同伴的支持，当只有一人时，他们会感到自己弱小无力。

力争缩短谈判的每一具体过程。这类人反应迟缓，谈判时间越长，他们的防御性也越强。可以说，达成协议的速度是成功的关键。

准备详细的资料来支持自己的观点。忠实的执行者常会要求回答一些详细和具体的问题,不太考虑大的方面。

与这类人谈判,须十分冷静和耐心,克制自己的脾气是至关重要的。当忠实的执行者对决策顾虑重重时,会让我们感到十分沮丧,这时,更要注意自己的态度。

(4) 有局限的执行者。有局限的执行者很少有幸加入谈判者的队伍,但他们在公司中却比比皆是。我们虽然不可能总在正式场合下与其相撞,但在日常生活中却总要与这类人接触。所以,为了节省时间,在与这类人谈判时,通常可采用以下手段:

注意把细节问题讲清楚,把事情讲具体,不要议论大概念;保持耐心,避免对这类人施加压力和形成冲突,那样会使对方感到不安。虽然向这些人宣传某一思想是令人沮丧的事,因为他们毫无弹性,但耐心却可能使你成功。

如果与这些人相处时出现僵局,并根本无法挽回的话,则可越过这位绊脚石去找上级,因为只要有上级指示,他一定会坚决执行。

以上对对手性格种类及其对策作了较为详细的介绍,以使我们对不同性格的谈判人员有所认识,便于制定相应的策略,取得谈判的成功。

3. 对手的时限、权力及战略战术认定

任何一个谈判者都有时限的压力,这点在第一章已作了说明。在你了解对方时,别忘了他也同样存在着时限压力,不管他的能力有多强,名气有多大,说不定,在他漫不经心的外表下正因为时限压力而心神不定呢。

就谈判者权力而言,不与没有决策权的人谈判是谈判中的一个重要准则。在谈判过程中有很多谈判者有权说“不”,否决那些对他自己不利的提议,但却无权说“行”,因为他确实无权。

就一般情况而言,任何一个决策者都会对谈判者充分授权,因此所谓的无权,往往是一个假象,一个策略,言下之意就是:我不是不想答应,可我真的答应不了,是不是就这样定了。一副自弱的样子,希望得到你的同情和体谅,对此你可得小心了,也许这是个陷阱。

面对团队谈判对手,更应该注意要分清谁是“主谋”,谁是“指挥”,谁是“仆从”,这其中肯定有个决策人,但并不一定是主谈人。

最后,了解对方可能采取的战略或战术是十分有用的,虽然对方不太可能会泄露战略(尤其是当对方想采取硬式模式),谈判者可以从先前所收集到的问题的答案中提取必要信息。了解对方的名声、风格、其他选择、权威及目标(相对于谈判者的目标而言),会给谈判者提供更多关于对方将采取什么谈判战略的信息。正如我们以前所提到的，谈判者必须自发地（指当进行谈判时）收集信息；如果预测不准确，谈判者就有必要重新衡量战略效果。

4．认定对手的方法

认定对手的方法有许多，一般可分为以下几种：

一般资料认定：即通过查阅各类对手有关资料，了解对手，这包括各类公开资料、图书资料、行业资料（行业市场调查报告等）、网络资料等。

实验记录：如观察法（包括纵向观察）、实验法（如模拟谈判，各种假设解答）及必要时的专业人员调查（可以请专门咨询机构进行，也可以自我组织）。

即时认定：即在谈判进行过程中通过听、问、看，获取最新对手资料。

即时认定法在谈判中占有很重要的位置，尤其是对于发现对手真实想法非常有效。当准备谈判的时候，要对这样一件事情保持警觉：不是每一件事情都表里一致。这些隐藏的动机被称为“隐讳动机”，隐讳动机很难被侦察出来——这就是他们为什么被称为隐讳动机的原因。在谈判过程中，不要提出偏执的想法，但要留心隐讳动机存在的可能性。你不可能在会谈进展的初期或者通过直接询问的方式发现这些。作为不断完善准备工作的一部分，你应该尽最大可能去收集有关这些动机的信息。知道别人的动机越多，为自己创造成功的可能性就越大。有时你也会因此决定放弃一次交易。

2.3 选择谈判的时间、空间及议程

千万不要小看时间、空间及议程这些小问题，它往往直接影响到参与者的情绪、心境乃至最后影响着谈判的结果，毕竟人类还都拥有着生物的一些基本特征，如生物钟、时差、环境适应性等，做好这些文章也许是谈判迈向成功的一块坚实的垫脚石。

2.3.1 谈判时间选择

依据时间对双方的有利性，可以将谈判时间分成四种：

• 己方时间：有利于自己，不利于对方的时间，如中国足球队在家门口比赛时，时间都在晚上而不是下午，因为中国人一般都有午睡的习惯，下午刚睡醒哪来的精神。

• 他方时间：对对方有利，而于我方不利的时间。同样国足在中亚地区比赛时，对方往往选择中午，气温有时接近 40 摄氏度，这是一个对他们习以为常

而对我国球员却是极限的温度。

• 互利和不利时间：即双方机会均等的时间。

1. 选择的原则

• 互利原则：按原则式谈判模式要求，谈判时间的选择应该是互利的，这也是对对手的一种尊重，是向对方表明诚意的一种方式。有利于良好人际关系的建立和双方长期良好关系的形成，谈判真正的较量应站在公平的基础上，对手哪怕最终妥协了，也会心悦诚服。

• 优势原则：所谓优势原则是指能令自己获致最佳谈判效果的任何时间都是可选择的谈判时间。

优势原则的最大弊端是易招致对手不快，不利于人际关系的建立与改善，说不定下次对方也来个以其人之道，还治其人之身。但对初次接触者而言，利用优势原则先给对手来个下马威，也许能令自己在谈判桌上获益不少。

2. 时间禁忌

• 己方准备严重不足、纯属仓促上阵。

• 谈判人员心身疲惫，状态不佳且情绪低落。

• 对方心气正高，情绪高昂，准备充足。

• 用餐时。

我国围棋国手马晓春已声明不参加韩国“三星”杯世界围棋赛，原因就是在马晓春参加的一次“三星”杯赛上，当时马晓春连续稳定发挥进入了冠军决赛，韩方利用时间禁忌临时改变了原定的决赛日期，待马晓春高潮过后，再继续比赛，使那次“三星”杯又落入韩国人手中。

在系列性谈判时，双方需在每一阶段结束前约定下一轮谈判时间，以免对手因故拖延或中止谈判。

2.3.2 谈判地点选择

古人云：“天时、地利、人和。”三者合一，凡事皆能成功，这其中地利是最现实的，迈克尔·唐纳逊说：“在自家地盘上谈判，你肯定是心旷神怡、趾高气扬的。”

但是，谈判成功与否，决不会因占地利而稳操胜券。有时，在对方办公室谈判反而对你更有利。如果对手喜欢声称把文件忘在了办公室，那么在他那儿谈判，就可以避免有此借口。有时在文件太多不便携带或运送的情况下，最好的谈判地点当然是在文件夹的所在地了。

从体力上和精力上来说，首先要考虑的是地点，一个能让你有效倾听的地点。之所以要这样做，既为自己，也为他人。如果你对对方所讲的东西集中不起注意力，那谈判就无法进行。

如果要进行的是国与国之间的高层谈判的话，谈判地点的选定是一个棘手的问题，在这种情况下，选择谈判地点常常受到当事国广泛的政治影响。与会者也会表示出自己的政治主张。所以，谈判地点的讨论将是曲折艰难的。

1. 主场谈判

- 令自己专注于谈判，而无需分心于对环境的熟悉与适应。
- 充分利用环境优势，如会场布置、位置安排、会间休息、气氛调节等，给对方以压力。
- 充分利用资讯，随时调整谈判对策(方便的资料收集优势)。
- 对手因客人身份所限，须讲究一定礼仪，不至于过分侵犯主人。
- 在必要时，可以更换谈判人员，便于实施一些特殊谈判策略，如“唱双簧”。
- 消除旅行疲劳对谈判的影响。
- 节约外出谈判相关旅行费用。
- 主场谈判已方的压力大于客场谈判。

【补充阅读资料】

有目的地安排座次[①]

座次安排常闹出笑话。有时候，人们过分地强调座次的重要性，尽管也有人喜欢让座次顺其自然，谁想坐哪儿就坐哪儿，但这绝对不可取。

下面有几点提示：

坐在能迅速私下请教的人身旁。

坐在对方主谈手对面。比如说，你是己方谈判团主帅，那你就坐在彼方主帅的对面。如果你想缓和对立的紧张气氛，你可以坐在与谈判桌中央相距两三把椅子的地方。有时候，谈判桌或房间的形状给了你靠近对手的机会，而不是完全的对面而坐。

还应考虑，谁靠门坐，谁离电话最近。如果你希望随时使用电话或者希望不让非工作人员入内，这些都是很有利的位置。靠近电话的人，一般来说，是为了控制电话的使用权；坐在门边的人则可控制人员出入。

窗户的位置和阳光照射的角度也需要认真考虑，尤其当阳光使人烦躁或耀眼的时候。

---

① [美]迈克尔·唐纳逊等：《如何进行商务谈判》，企业管理出版社 2000 年版。

在老板的办公室里谈判，勿坐你经常坐着受命的那个位子。如果老板和你谈提职问题，则应坐在尽量靠近老板的位子上。沙发是最好的地方，如果老板稳坐在办公桌后面，你要做两件事：

始终站在老板坐着能平视你的地方。

如需坐下时，把椅子挪到桌子的一边，或者尽量挪开原先的位置，以此表明，此次交谈不同于平时老板向你布置工作。

2. 客场谈判

• 这是一种充满自信的表现，也向对方表明某种诚意与风格。

• 全身心地投入到谈判中，不受主场接待等其他事务及家庭的拖累。

• 在高层授权范围内，充分发挥谈判人的主观能动性。“将在外君命有所不受”，减少主场谈判不断请示、报告之麻烦，且享有“受”的权利，而局部放弃“施”的责任。

• 一旦处于被动境地或受到某种压力，则可借口“资料不全”、“须向决策层请示”中止谈判或暂停谈判。

• 无须准备与接待，节约主场费用。

3. 中立地谈判

在中立地谈判中，由于双方均无主场优势，运用各种谈判策略与技巧的条件均等，使双方在平静的心态下，冷静思考，积极面对，于谈判的正常进行有促进作用。

中立地谈判一般适用于相互关系不融洽，参与方对对手的信任度都不高的谈判，尤以国家间政治、军事谈判为主。

在具体地点选择中应注意的问题：

• 双方力量对比。力量悬殊的则无所谓主客场，且力量大的一方有权任意选择。

• 双方关系密切程度。双方关系密切的无所谓主客场，双方关系陌生的应相互商量，双方关系紧张的则选择中立地进行。

• 对场地设施的要求。个别高规格谈判对场地设施有专门要求，就须以选择合适场地为主；有些须在现场进行的谈判则只能在现场。

• 热身谈判或初次磋商。一般以在对方场地进行为宜，既可了解对手情况，也为下轮正式谈判作场地准备(熟悉场地)。

2.3.3 确定谈判议程

议程即谈判的议事日程，是对谈判过程的程序编排，也可理解为是为谈判所制订的一项规则。

正如每一项游戏都有个游戏规则一样，如果在谈判之前制订好对己方有利的“游戏规则”，对谈判结果的影响力是巨大的。

议程就像是一种制约的手段，它能防范对方提出令人不快的问题，增加提出令人不快问题的难度。即使你不参加谈判会议，但你作议程安排，你也就占有优势。如果你不想讨论某个话题，或对某个话题没做好准备，都可以从议程中删除，并加上另一个相关话题。

1. 制订合理议程的作用

• 直接关系到谈判主题的展开和谈判目标的实现

谈判目的是通过主题体现的，而主题需要通过议程才能凸现出来，如在议程中不作安排或在时间安排上有所侧重，则主题的重要性也就因此被变更。

• 直接关系到双方态势的优劣

如将我方需要的先谈，那么在没满足我方要求之前，对方的需求就“理所当然”地不能被涉及。

• 议程直接影响着谈判的氛围

至少，通过议程可以控制谈判节奏，乃至影响到谈判者的心理及身体状况（如连续不间断地安排回合谈判，会令人产生身心疲惫之感）。

2. 议程的一般内容

• 谈判的大致期限：起始时间、中间分几次，每次会谈一般间隔多少时间，具体会谈场所安排。

• 谈判的中心议题：每轮谈判的重心与时间安排。

• 每一方参加者各多少：谁为主谈（首席），如邀请第三者则谁是第三者，应具什么身份，其权利义务如何。

• 哪些事情应列入议程？哪些事项不应列入议程？

注意：己方所绝不能退让之条件，不应让它出现于议程上。

• 列入谈判之各项事宜的先后编排次序，及每项事宜应占用的计划时间。

3. 议程制订技巧

• 删去你想谈、想知道但摸不清底细的内容。

• 删去议程中你不愿列出的内容。

从对方那里获取的信息资料，只能记在自己的笔记本里，决不能出现在参与谈判的每位与会者面前的议程中。

• 当你知道想说些什么的时候，也应列出顺序。

谈判应当从感情色彩较少、双方容易达成共识的议题开始，这样做能取得事半功倍的效果。

• 议程须人手一份。

议程可多印几份，为那些想参加会议，但不能参会或不准参会的人士准备。另外，还得留出几份作存档之用。

4. 议程反控制

应该说，议程的安排需要双方先期磋商，但一旦发现议程对你不利时，也不用着急，可采用反控制来修正议程。

• 议程中有哪些项目故意被遗漏，但却是我方需要争取的。
• 谈判对手是否与己方人员具有对等之地位。
• 议程中编排的时间与地点是否对你不利。
• 谈判程序有不合理的地方吗？
• 只要有不满意的，都可以提出修正，而不应贸然接纳议程。

要记住，议程能表示将要讨论的问题顺序，但却不能支配这个顺序。如果对某个特殊观点的争论升级，那么，会议有可能先将这个问题撇开，等以后回过头来再议。议程还能对一些敏感的问题暂时回避，不直接涉及。如果有人想重新安排已通过的议程，也不必心中不快，尤其当你不负责会议的时候。

5. 己方的一般议程安排(计划)

• 确定咨询专家。
• 收集规定使用的文件资料。
• 统一对外口径(不能多人对外，建立相当于新闻发言人制度)。
• 选择确定谈判人员并决定分工(谁提问，谁主谈以及谁唱红脸)。
• 安排先后发言顺序。
• 在何时、何种情况下由谁宣布暂停。
• 何时更换谈判人员，由谁替补，替补者角色定位。
• 一旦出现意外(如市场供求状况突变，政府出台新政策)如何应变。

总之，不要低估议程的价值所在，它能使会议有序地进行，还能保证把所有实质性的问题谈深说透。

本章小结

• 事先有准备的谈判者最有成功的把握。

• 了解谈判环境是谈判准备工作的第一步，谈判的环境因素包括政治与法律环境、社会文化环境及市场供求环境三方面。

• 认定己方实力是谈判准备阶段的重要环节，它包括自我需要的认定，需求满足能力的认定，谈判信心的确定及谈判者态度、观点、情绪的认定几方面内容。

● 对对方实力认定是谈判准备阶段的核心任务，它包括了解对手的基本情况，谈判对手特点及性格认定、对手时限、报价及战略战术认定等；认定对手的方法除一般公开资料认定外，还可以通过实验法（包括模拟谈判），当然最有效的方法还是即时认定。

● 谈判时间选择的一般原则是互利原则及优势原则，但要注意时间禁忌。

● 谈判地点选择有主场、客场、中立场三种，应把握好其中的利弊关系，争取为谈判的顺利进行提供外部条件。

● 确定谈判议程是准备阶段的最后一环，也是一项预期谈判，在议程的制订中应把握利己性和原则性，一旦议程为对手所掌握，则要做好议程的反控制，确保谈判正式开始前的己方基本利益得到保护。

思考与练习

1. 你的店铺租金即将面临调整，依据你的揣测房东将会要求加租20%，此时你将：

(1)向房东建议加租10%才较合理。

(2)向房东要求减租。

(3)要求房东将加租的提议呈请法院仲裁。

(4)分门别类地列出店铺本身的各种缺陷以便要求房东整修。

2. 同样一件事物在不同的人心目中往往有不同的看法。因此，谈判者必须培养“移情设想”的态度——亦即站在他人的观点或角度去看事物。惟有这样，谈判者才能真正地知己又知彼。以下是房客与房东在谈判过程中，房客对八种事物的感受或见解，你能否推断房东对同样的八种事物的感受或见解？

(1)房租本来已经太高！

(2)百物腾贵，我付不起更多的房租。

(3)这房子早就需要粉刷与修补。

(4)有些朋友也租了同类的房子，但是他们所付的租金却比我还少。

(5)这房子的周围环境愈来愈差，所以租金也该相应减低。

(6)我是不养猫狗的好房客。

(7)只要房东一开口，我立刻缴租。这种房客哪里找？

(8)搬进这房子这么久，房东一直未来过，真是不通人情！

案例分析

中日汽车索赔谈判[①]

2000年5月,我国从日本三菱汽车公司进口的5800多辆TB-18型货车,使用时发现该型号的货车普遍存在严重的质量问题。为此,我方向日方提出索赔。

中日双方决定在北京就TB-18型货车的质量问题举行谈判。在谈判开始之前,双方都为谈判做了充分的准备,分析了各自的情况,预测了对方的价值构成,选择了适当的谈判方案,挑选了精明强干的谈判人员。谈判一开始,首先是货车质量问题的交锋。中方代表简明扼要地介绍了TB-18型货车在中国各地的损坏情况以及用户的反映,虽然只字未提索赔问题,但已恰到好处地为索赔问题说明了理由和事实根据。日方深知TB-18型货车的质量问题是无法回避的,于是就采取避重就轻的策略,不动声色地说:"是的,基本情况我们已经了解了。有的车子轮胎炸裂,挡风玻璃炸碎,电路有故障,铆钉震裂,有的车架偶有裂纹……对于所出现的问题我们深感遗憾,但我们认为这些都是正常损耗范围。"不出我方所料,日方所讲的每一句话,言辞谨慎,都是经过反复研究推敲的。因为质量问题与索赔金额有着密切的联系。我方代表用事实予以反击:"贵公司的代表都到现场看过,经商品检验和专家小组鉴定,铆钉并非震裂,而是本身质量有缺陷导致的;车架出现的不是裂纹,而是裂缝、断裂!如果你方认为是属于正常损耗范围,是否你方能够向我们提供具体的比例数据?用'有的'或'偶有'恐怕不太科学和准确吧!"日方怦然一震,连忙改口:"请原谅,我们还没有准确的统计数字。""我方认为TB-18型货车本身就存在着质量问题。""我们恐怕不能同意你方的观点。TB-18型货车在日本进行试车时,并没有出现任何问题。有可能是由于中国的道路行驶状况不佳所致。"日方企图转移话题。中方立即反驳:"不,这批车是专门为中国生产的,在设计时就应该考虑到中国的实际情况。至于我国的道路情况,诸位先生都已经实地考察过,关于中国道路状况不好所致的说法是缺乏事实依据的。"

日方步步为营,中方步步紧逼,谈判气氛逐渐紧张。日方转而对车辆的损坏程度提出异议:"TB-18型货车的质量问题不至于到如此严重的程度吧?这对我们公司来说,是从未发生过的,也是不可理解的。"此时,我方认为该是举证的时候了,便将有关材料拿出对日方说:"这里有商检、公证机关的公证结

① 王海云等:《商务谈判》:北京航空航天大学出版社2003年版。

论，还有商检拍摄的录像，如果……”“不，不，不。对商检公证机关的公证结论，我们是相信的，无异议。我们的意思是说贵方能够作出适当的让步。否则，我们无法对公司交代。”面对中方有理、有力的阐述，日方无法继续找到狡辩的借口，关于TB-18型货车的质量责任归属问题取得了一致的意见。日方不得不承认，这属于设计和制作上的质量问题所致。初战告捷，这为中方进一步提出索赔要求打下了坚实的基础。但是我方代表深知更艰巨的较量还在后面，索赔金额的谈判才是根本性的，会遇到更大的挑战。

随即，围绕着索赔金额，进行报价、要价、提价、压价、比价，展开了一场拉锯战。

我方一代表，专长经济管理和统计，精通测算。在他的笔记本上，在大大小小的索赔项目上布满了密密麻麻的数字。他在谈判前，翻阅了许多国内外有关资料。他深知在技术业务谈判中，不能凭大概，只能依靠科学的依据和精确的计算。根据多年的经验，他不紧不慢地提出：“贵公司对每辆车支付的维修费是多少？”“每辆10万日元，总计5亿8千4百万日元。”“不知贵方报价是多少？”“每辆16万日元，总计9亿5千4百万日元。”外方主谈人淡然一笑，与助手耳语了一阵，神秘地瞥了一眼中方代表，问：“贵国报价的依据是什么？”我方将车辆损坏的各部件，需要如何维修加固，花费多少工时，逐一报出单价。“我们提出的这笔维修费并不高，如果贵公司感到不合算，由贵方派人维修也可以。但这样一来，恐怕贵公司的耗费将是这个数的好几倍。”日方对此测算叹服了：“贵方能否把维修费再降低一点吗？”“为了表示我们的诚意，可以考虑。贵公司愿意每辆出多少钱？”“12万日元。”“13万4千如何？”“行！”

这项费用日方共支付7亿7千6百万日元。但中日双方争议最大的项目，是间接经济损失的赔偿，因为这项金额高达几十亿日元。

日方在谈这项费用时，也采取逐条报价。每报完一项，总要间断地停一下，环视一下中方代表的反应，仿佛给每一笔金额数目都要圈上不留余地的句号。日方提出赔偿30亿日元。我方代表仔细琢磨对方每一笔报价里的奥秘，把那些“大概”、“大约”、“预计”等含糊不清的字眼都挑了出来，并指出里面埋下的伏笔。在此之前，我方也进行了充分的准备，所有报价资料都做成了幻灯投影。我方报完每个项目和金额后，讲明每个数字的测算依据。在那些有理有据的数字旁，打的都是惊叹号。最后，我方提出间接经济损失的赔偿金额为70亿日元。

日方代表听了这个数字后，惊得目瞪口呆，老半天说不出话来，连连说：“差额太大，差额太大。”于是，进行无休止的报价、压价。

“贵国提出的索赔额太高了,如果按照贵方的要求,我们会被解雇的。我们都有妻儿老小的……”日方代表哀求着。

“贵公司生产如此低劣的产品,给我国造成多么大的经济损失啊!”继而又安慰道:“我们不愿难为诸位代表。如果你们做不了主,请贵方决策人来与我们谈判。”

双方各不相让,只好暂时休会。即日,日方代表接通了公司总部的电话,与公司决策人进行了数小时的密谈。接着谈判又开始了。先是一阵激烈的争论,继而双方一语不发,谈判室内显得很沉默。

我方代表打破沉默:“如果贵公司有谈判的诚意,彼此可以作出适当的让步。”

“我公司愿意支付40亿日元的赔偿费,这是最高限额了。”

“我们希望贵公司最低限度必须支付60亿日元。”

这样一来,使谈判又出现了新的转机,但毕竟还有20亿日元的差额。后来双方几经周折,提出双方都能接受的方案:中日双方最后的报价金额相加,除以2,即50亿日元。除上述两项达成协议书外,日方愿意承担下列三项责任:确认出售到中国的全部TB-18型货车为不合格产品,同意全部退货,更换新车;新车必须重新设计实验,精工细作和制造优良,并请中方专家实验和考察;在新车未到之前,对旧车进行应急加固后继续使用,日方提供加固件和加固工具。

一起罕见的特大索赔案终于公正地交涉成功了!

提示:

- “事先有准备的谈判者,终将获得成功”,试结合本案例谈体会。
- 体会其中双方所运用的各种谈判策略。
- 体会如何还价并在还价中体现合作精神。

第3章　商务谈判人员

学习目标

通过本章教学，你应该达到以下目标：

了解谈判者的个体素质的基本内涵，把握谈判人员的素质的基本要求；正确理解心理素质在整个素质结构中的核心地位，在商务谈判中，具有与人沟通的良好心理素质；充分认识团队协作在谈判中的重要性，掌握主谈人和谈判成员的选择和管理的方法与技巧；树立谈判人员应具备良好素质的正确理念，初步具有参与谈判所需要的基本素质。

“其实你刚一出生时，就已经是一个谈判高手了。你做的第一件事就是以你的哭声来获取每一件想要的东西，而通常你都能得到它。逐渐地，在种种高尚的目的的名义下，你的本能被驯化和控制了。结果，你就失去了利用你与生俱来的宝贵本能的魄力。”①

确实，正如在第一章中所介绍的那样，每个人都在参与着谈判，但同一件事物，不同的谈判者会导致千差万别的谈判结果，这就是谈判者的素质。“一名优秀的谈判人员，除了培养某种才能以外，还有更多的工作要做。看起来谈判桌上的有效活动似乎只需要一种本领——谈判的能力，但这一能力包括多种能力和技巧的综合。在你认识了所有包括在其中的方方面面之后，你才明白一个优秀的谈判人员实在是多重素质结合于一身的人。”②

谈判人员作为谈判的主体，在谈判中占有核心的地位，谈判人员本身的素质及谈判团队的管理往往决定了谈判的成败。本章主要从谈判人员的个体素质、团队谈判的管理及谈判人员的心理三方面来分析。

---

① [美]迈克尔·唐纳逊：《如何进行商务谈判》，企业管理出版社2000年版。

② [美]杰夫瑞·鲍切尔：《致胜奇谋》，西南财经大学出版社1999年版。

3.1 谈判者的个体素质

杰夫瑞·鲍切尔在《致胜奇谋》中说:“你的个人素质是整个谈判活动的一个组成部分。为了避免或者解决与你的谈判活动有关的麻烦,你必须认识到你个人素质的哪些方面有助于问题的避免或解决,哪些方面又有助于你与对手成功签订协议。”

素质的本意是指人的感觉器官和神经系统方面的先天的生理特征,这种解剖生理特征是人后天心理发展的基础。在当代社会,“素质”的含义已经相当广泛,普遍应用于各门社会科学,用以概括不同职业者的性格、气质、品德、知识、风度和体格等。

谈判是一种对思维能力要求极高的活动,是谈判人员知识、智慧、勇气、耐心的测验,是谈判人员才能的较量。所谓谈判者素质,不仅指谈判人员的文化、技术水平和业务能力,也包括对国际国内市场信息、有关商品知识、价格情况、法律知识、各国和民族的风土人情、风俗习惯等知识的掌握情况,还包括谈判人员的道德情操,直至其气质、性格特征等。

谈判者个体是指单个的商务谈判者。这里所讲的“谈判者个体素质”专指从事谈判工作的人的政治品质、道德品质、知识水平和身体状况。人的先天生理因素是构成谈判者个体素质的基础,但生理因素并非就是谈判者个体素质,它是在先天基础上,通过后天的培养和锻炼所形成和发展的,是谈判工作中经常起作用的人的内在因素的总和。

弗雷德·查尔斯·艾克尔在他的《国家如何进行谈判》中曾说:“根据17、18世纪的外交规范,一个完美无缺的谈判家,应该心智机敏,而具有无限的耐性;能巧言掩饰,但不欺诈行骗;能取信于人,而不轻视他人;能谦恭节制,但不刚毅果敢;能施展魅力,而不为他人所惑;能拥有巨富、藏娇妻,而不为钱财和女色所动。”

【补充阅读资料】

一流谈判者的10种性格特征[①]

- 为人着想;
- 自重和尊重他人;

① [美]迈克尔·唐纳逊等:《如何进行商务谈判》,企业管理出版社2000年版。

• 为人正直；
• 公正；
• 坚韧；
• 责任感；
• 灵活；
• 幽默感；
• 自律；
• 精力旺盛。

那么一个优秀的谈判人员应该具备怎样的素质？关于这个问题，古今中外向来是仁者见仁，智者见智。但是，一些基本的要求却是共同的，并历来为许多谈判者所尊奉。一般说来，谈判者的个体素质主要包括以下几个方面。

3.1.1 优秀品德要求

1. 具备较高的政治理论修养

谈判者的政治理论素质主要包括两个方面：一是理论知识，即观点、范畴和概念体系；二是理性思维能力。谈判者的政治理论修养本质上说就是马克思主义修养。马列主义、毛泽东思想是我国革命和建设的根本指导思想。谈判者必须认真学习马克思主义的哲学、政治经济学和科学社会主义，学习和掌握辩证唯物主义和历史唯物主义的思维方法和立场观点。毛泽东思想是马列主义和中国革命具体实践相结合的产物，因此谈判人员也要把对毛泽东思想的学习看成是自己的必修课。党的十一届三中全会以来，邓小平等中央领导同志提出了"建设有中国特色的社会主义"埋论，是对马列主义、毛泽东思想的重大发展，作为新时期的谈判人员更要认真学习。虽然商务谈判的目的是集中而鲜明地指向经济上的利益，但谈判者是在政治大环境下进行谈判，要受现存的政治、社会等因素的影响和制约。因此，谈判者也必须认真学习党的方针、政策，在政治上要无条件地同党中央保持一致，并把个人利益、企业利益融合在民族利益、国家利益之中，不出卖国家利益、民族利益。

2. 要有正确的法制及政策观念

树立正确的法制及政策观念，是顺利进行商务谈判、达成相应谈判目标的前提。商务谈判的过程及内容往往要涉及许多法规和政策，商务谈判必须在一个国家法律、法规、政策所允许的范围内进行。否则，双方达成的谈判协议书、签订的谈判合同将没有法律效力，从而得不到国家的应有保护。谈判者应在谈判前加强对国家有关法律、法规和政策的学习，并理解这些法律、法规和政策的内容及内涵，并将其内容贯彻到谈判过程的始终。

3. 遵守谈判职业准则

谈判职业准则可以概括为三个字："礼、诚、信"。

(1)"礼"，即礼貌待人，与人为善：谈判者从言谈举止到接待的规格、时间的安排均需体现"礼"。比如，讲话的用语与口气，无论是客场谈判还是主场谈判，都要使对方感到友善与受尊重；接待的礼仪、洽谈的程序、起居的条件(即便对方费用自理)都应给人一种体面、轻松、自然、舒适的感觉；日程安排上应尽量满足对方的需求等。

(2)"诚"，即光明正大，诚心谈判。具体地说，"诚"表现在两个方面：动机与事实。首先，谈判者应有"诚意"，即在谈判的过程中始终以坦诚对待谈判对手，并注意倾听对方的各种意见，不应有不可告人的目的，不应有非光明正大、极端损人利己、嫁祸于人、转嫁危机的动机。同时谈判者要主动了解事实、正视事实，从行动上响应对方合理的意见与要求，纠正或放弃自己过分的要求，促使谈判顺利进行。

【小案例】

地毯商[1]

一个波士顿人在20世纪80年代的时候到中亚地区旅行，他在那里发现了一张曾经在国内市场上看到过而且十分中意的地毯。他同这位地毯商进行商讨的首要事务就是关于交易中使用的货币问题。最后他们双方都同意用德国马克交易。但是在实际交易的时候，这个波士顿人支付给地毯商的不是西德马克，而是东德马克，一种不可以兑换的货币。当这个波士顿旅行者回到家里的时候，他广邀亲朋来观赏他购到的地毯。他们都对漂亮的地毯赞不绝口——直到他很得意地告诉他们他是怎样最终用不值钱的货币支付货款的时候，他们为他的行为感到羞耻，深恶痛绝，同时他的声誉也从此毁了。他对那位地毯商采取了不公正行为，他的朋友们决不会忘记他的这一次不正当交易。

(3)"信"，是指谈判者言而有信，绝不食言。在曲折复杂的谈判过程中，在反复多变的辩论过程中，谈判者说话要前后一致，言必信、行必果。在谈判中信口开河，说了不算，下午推翻上午的话，明天改变今天的态度，老张推翻老王的话，或上级否定主谈人的话等都是不可取的。在谈判对手看来，除非你不表态，只要你表态的事就必须可信。对许多大公司来说，谈判中的"食言"是一大忌。

---

① [美]史蒂夫·科恩：《经理人谈判技巧》，海南出版社2003年版。

3.1.2 "T"型知识结构

知识结构是客观世界经过求知者有选择的输入、储存、加工，在头脑中形成的由人的智力活动统合起来的多元素、多层次的动态综合体，是知识体系在求知者头脑中的内化，是工作能力的潜在基础。知识结构也是人的素养的重要组成部分。谈判者是否具备科学的专业知识结构直接关系到其整体职业素质的提高。

我们可以把谈判者所需的知识结构形象地形容为"T"型。横向的方面代表谈判者要有广博的知识面，纵向的方面代表谈判者要有较深的专业知识。

1. 横向——广博的知识面

从横向方面来讲，谈判者应该具备的知识包括：

- 语言文学知识——了解语言文学方面的基本知识，具有一定的文学修养。
- 历史知识——了解中外历史上的重大事件及重要时期的重要谈判。
- 经济学知识 ——了解宏观和微观经济学。
- 法律知识——了解我国有关经济的法律法规及涉外法律法规。
- 社交礼仪知识——了解基本社交礼节及世界各国风俗习惯。

某年6月，我国一家建筑公司在泰国承包了一个工程项目。为了按时完成工程，公司特地运去大量的机器到施工场地。哪知道泰国连日大雨，而运去的机器大多为轮胎式机械，在泥泞的场地上根本无法动弹，公司只得重新再组织履带式机械。如此一来却耽搁了采购、报关、运输时间，以致延误了工期，只得向对方赔款。

原来每年5月至10月是泰国的雨季，如果该公司在运机械前能多了解一些泰国的气候特点，或主动向专家请教一下在泰国施工可能会遇到的困难，那么就不会发生这种错误，也不会蒙受经济损失和信誉损失了。

2. 纵向——较深的专业知识

从纵向方面来讲，谈判者应该具备的知识包括：

- 商品学知识 ——熟悉有关商品的价值、性能、特点和用途等知识。
- 市场营销知识——熟悉产品的开发及市场细分等情况。
- 外语知识 ——熟练掌握外语的听、说、读、写，能用外语与对方进行谈判。
- 心理学知识 ——懂得谈判心理学和行为科学，掌握交往对象的心理状态。

• 谈判业务知识——掌握谈判的原理、理念、策略与技巧等知识。

以上各种知识构成了一个成熟的商务谈判者所必需的条件，也是一个称职的谈判者应具备的最起码的素质要求。一个不具备“T”型知识结构的谈判者，往往会在谈判过程中出现某种盲目性，难以应付复杂的谈判局面。

3.1.3 良好人际关系能力

在社会生活中，人与人之间交流思想、沟通情感、传递信息称之为人际关系。处理人际关系可以说是一门高深的学问，而人际交往的能力是处理好人际关系的重要因素。一个缺乏这种能力的人，往往人为地在自己与社会及环境之间设置一道屏障，直接影响到与他人之间的沟通与交往。谈判工作其实是一种与人打交道的工作，从某种意义上说，出色的谈判者就是社会活动家，他们无疑要具备与各种各样的人交往的能力。谈判者的活动能力、应变能力往往取决于他处理人际关系的能力，因此谈判者要加强交际能力的培养。

谈判者良好的交际能力，要依靠在工作实践中的长期磨练和培养，可以从以下几个方面进行。

1. 学习心理学知识

心理学是研究人的心理活动规律的，能帮助人们理解交往对象的心理和需要的一门学问。因此，在理解的基础上，才能找到适合的交际方法；掌握交往对象的心理特点，是人际交往成功的基础。所以谈判者要利用心理学知识，更好地了解对方的心里所想、心里所需，成功地达到谈判目的，更好地完成谈判任务。

2. 树立高尚的交际品德

谈判者在人际交往中，要保持自身人格完整，做到自尊自爱，不失人格风度，这样才能获得他人的尊重，才能使谈判顺利进行。

3. 灵活运用社交礼节

在人际交往时，说话谦虚、诚恳、热情，语调要稳重，内容则要求简明扼要、正确易懂，忌含糊不清，与人交流要注意倾听对方的话语；举止要求大方自然、谨慎细心；衣着要保持整洁、朴素，并根据时间、地点场合的不同，灵活变换，给人留下清爽干净的印象。

3.1.4 仪表

仪表，也就是人的外表，是一个人教养、性格、内涵的外在表现。在谈判中，如果谈判者仪表堂堂、穿戴整齐，往往会让人觉得有礼貌，会直接激发对方的兴趣，从而促成双方合作成功；反之，如果谈判者衣冠不整、不修边幅，就会给对方留下不良的印象，认为没有诚意，对合作产生疑虑。因此，谈判者要时刻注意自己的仪表。仪表包括仪容和服饰。

1. 仪容

仪容即容貌，由发饰、面容以及人体所有未被服饰遮掩的肌肤所构成，是个人仪表的基本内容。

(1)头发修饰。头发往往是被他人首先予以关注的地方，因此，谈判者要修饰自己的仪容，就必须"从头做起"。对谈判者来讲，美发的基本要求是干干净净、整整齐齐、长短适当。男士要注意经常修剪头发，以7厘米左右为佳，做到前发不覆额、后发不及领、鬓发不盖耳。发型以整齐、简单、明快、少装饰为主。女士应根据自身的年龄、性格等条件选择适合的发型，不可怪诞。留有长发的女士在谈判场合，应将之盘成朴素而雅气的发髻。

(2)面部修饰。谈判者要想使自己在人际交往中从容而自信，就必须注重对自己面部的修饰，因为，面部是最令人注目之处，是构成一个人基本特征的要素。同样，保持清洁是对谈判者面部的最基本要求。男士要养成每日剃须修面的好习惯，须知胡子拉碴看起来不但不干净，而且还使本人显得憔悴不堪。已经蓄须者，无论胡子长短，都要经常修剪，保持整洁卫生。对女性谈判者来说，适当的美容化妆是一种礼貌，是自尊和尊重他人的表现。但化妆的浓淡应根据不同的时间和场合来选择。例如，正式谈判中以淡妆为宜，注重自然和谐；参加宴会时应适当浓妆，显得高贵典雅。

(3)手部修饰。在人际交往中，手部"承担"着握手、交换名片、合同签字等职责，因此手总是处于醒目之处。一双保养良好、干净的手，会给人以美感。因此，谈判者要悉心爱护自己的双手，以干净卫生为其要旨，勤洗双手，定期修剪指甲。

2. 服饰

不同的民族习俗、性别、年龄、季节等多种因素会影响个人的服饰选择，而个人的文化素质与气质又通过服饰体现出来。在商务谈判中，服饰的颜色、款式、穿着对谈判者情绪有很大影响。因此，如何选择适当的服饰对整个谈判至关重要。

(1)男士服饰。男士服饰一般有礼服、职业装和便装等，西装是现代社会活动中最得体的服装，因此，男士可选择西服作为谈判服饰。一般男士西服颜色以灰色为主，面料以毛织品等为宜。做工要精细，裁剪要合体，式样可根据实际情况选择传统或流行的。西装的上衣如果是双排扣，不管什么场合都应把纽扣全部扣上；穿单排扣西装时，最下面一颗扣一定不扣，其余扣则可因场合而定。合体上衣应长过臀部，四周下垂平衡，袖长以垂下手与虎口平为宜。西裤也应合体，要有裤线，裤长要及脚面1～2厘米。

商务谈判场合最好穿西服套装，与衬衫、领带等配套穿。衬衫领子应紧贴西装并高于西装领1.5厘米左右，袖子应比西装袖长出1.5厘米左右，领子和袖口都应保持整洁。领带结要靠在衣领上，但不能勒住脖子，也不能松松垮垮。系好后，领带下端应刚好盖住皮带扣，太短太长都不适合。西服套装要配穿皮鞋，式样可以稍保守些，颜色与衣服相协调。

在参观游览等场合时，男士可以穿西服便装，即上下装不要求严格配套一致。可以衬衫、领带配西装，也可以不打领带，不穿衬衫，穿套头衫或毛衣。

(2)女士服饰。女士服饰种类更为繁多，但商务谈判场合应以西服套装或套裙为宜。西服套装使衣裤相配，给人以精明干练的感觉，但显得比较呆板严肃，适合工作时穿用。而西服套裙是社交中的女士首选服装。上装是西装，下装是长度适宜的裙。选择高档面料，色调统一而稳重，且有成熟感，又不失女性温柔典雅的风度。商务宴请场合，女士可以选择连衣裙或旗袍；参观游览场合，可以选择穿便装。

【小案例】

几年前，我国某企业集团一行四人去朝鲜参加一次商务谈判，有两位男士和两位女士。两位男士身着西服，两位女士穿长裤和正式的上衣，在平壤火车站上，令中国谈判人员感到奇怪的是，来迎接的朝鲜伙伴在向中国人员表示礼节性欢迎的同时，目光不断打量两位中国女士的下半身。其中一位女士尽管不知道出了什么事，但已察觉到不对头，所以就打量了一下自己的下身，看看裤子上是否有脏点或出了什么差错。

原来在朝鲜，较有身份的女人一般要穿裙子，穿长裤很少见。虽然在平壤能见到身穿长裤的女性，但这些人一般是社会地位较低的普通公民，而社会地位较高的政府工作人员穿长裤的女性极少见。本案例中的朝鲜谈判伙伴不断打量两名中国女性谈判人员的下半身，惟一的原因是她们穿了长裤而没穿裙子。

3.2 团队谈判

团队谈判是指谈判每一方都是由两个或两个以上的人员参加协商的谈判形式。团队谈判可用于大多数正式谈判，特别是内容重要、复杂的谈判。团队谈判有其优劣势，要想最大限度地发挥团队谈判的优势，如何合理地搭配团队成员，如何挑选主谈人，以及如何管理团队都是至关重要的。

3.2.1 团队谈判优劣势分析

团队谈判与其他形式的谈判相比较，有其优势，也有其局限性。

1. 团队谈判优势

(1)每个人由于经验、能力、精力等多种客观条件的限制，不可能具备谈判中所需要的一切知识与技能。因此，需要团队其他成员的补充与配合。

(2)集体的智慧与力量是取得谈判成功的保证。这在谈判双方人员对等的情况下，表现可能不太明显，但如果双方人数有差别，人多的一方就很可能在气势上占了上风，人少的一方可能寡不敌众，甚至自己丧失了自信心，败下阵来。

(3)采用团队谈判方式，可以更好地运用谈判谋略和技巧，更好地发挥谈判人员的创造性、灵活性。

(4)团队谈判有利于谈判人员采用灵活的形式消除谈判的僵局或障碍。如团队某一成员可以担当谈判中间人或调节人的角色，提出一些建议，缓和谈判气氛，也可以采用团队人员相互磋商的办法，寻找其他的解决途径，避免一对一的谈判中要么“不”、要么“是”的尴尬局面。

(5)经团体谈判达成的协议或合同具有更高的履约率。因为双方都认为这是集体协商的结果，而不是某个人的产物，集体的决定对其成员有更大的约束力，经由集体讨论产生的协议具有极大的合理性，所以没有理由不执行。

2. 团队谈判劣势

(1)安排呆板。团队谈判规模相对来说比较大，因此，在谈判工作的准备和地点、时间安排上，就显得比较死，计划订好后，必须严格按计划安排行事，若无特殊情况，不允许随意改变。

(2)气氛紧张。团队谈判人员众多，按计划行事，因此，通常就按一般的谈判方式进行，这样在谈判过程中难免会形成正式、紧张的会谈气氛，谈判者的言行亦难免拘泥、呆板、谨慎。这样一来，可能会对双方代表的沟通与合作造成一定的障碍。

(3)配合生疏。谈判一方人员的相互配合、信任是战胜对手、争取谈判主动的主要条件。但是如果相互间不能很好配合，反而会暴露出己方的弱点，给对方以可乘之机。

(4)保密困难。某些谈判内容需高度保密，或由于时机不成熟，不宜让外界了解，但团队谈判参与人员多，人多嘴杂，难免会泄露机密，不利于双方封锁消息。

【小案例】

无意中的泄密

张红是利新贸易公司的职员，由于她工作能力强，被领导指定参加谈判小组，与某国贸易代表团进行谈判。在一次聚会上，张红与永恒公司职员聊天时，双方谈及公司的营业状况时，张红为了向对方炫耀自己公司的实力，便说："单在今天上午，我公司签订的意向书，就可以替公司赚进100万元。"说完，张红非常得意，心想：这样，你就不能小觑我们公司了吧？

3天后，张红陪同领导去宾馆与某国贸易代表团签订正式协议时，左等右等，不见对方的踪影，最后对方公司常驻中国的代表打来电话说："代表团已于昨日回国，就在昨天上午以低于贵公司5%的价格与贵市永恒公司签订了购货合同。"张红听后，再也得意不起来了。永恒公司是怎样抢走利新公司的生意的？张红想了半天也未能找到答案。

问题就出在张红向永恒公司职员炫耀的那几句话上，那短短的几句话已经将重要情报透露给对方。她已经告诉对方，订货意向书是今天上午草拟的，数目是上百万元，但还没有签订正式合同。对这两句话再进行综合分析，这家与利新公司竞争的永恒公司就可以知道这笔交易的大致情况了。永恒公司抢先一步采取让利5%的办法与某国贸易代表团签订了合同，而这一切都是悄悄进行的，难怪利新贸易公司到现在还想不通，为什么到手的生意被别人抢走了。

3.2.2 团队结构要求

一场成功的谈判往往可以归结于谈判人员所具有的良好个人素质，然而单凭个人高超的谈判技巧并不能保证谈判获得预期的结果。这就好像一场交响音乐会，之所以能赢得观众的掌声，是由于每位演奏家的精湛技艺与彼此的和谐配合。如果每位演奏家自顾自地表演，一定会因为各种不和谐音调而导致音乐会失败。正如一段交响乐的完美演出需要演奏家们默契配合才能达到一样，一场商务谈判要达到预期目标，也需要谈判群体的完美合作。因此谈判群体的配合是至关重要的，要考虑团队谈判成员的知识、能力、年龄及性别的整体结构。

1. 知识结构

谈判团队的知识结构其实也就是专业结构。一般来讲，谈判团队的人员

专业构成应根据不同的谈判情况和谈判任务有所不同,但基本上应包括如下几种专业知识:

(1)经济方面知识。在商务谈判中,经济知识尤为重要。具有经济方面知识的人员是谈判班子中的重要成员,可由熟悉业务的经济师或会计师担任。这些具有经济知识的人员在谈判中能提供经济方面的资料和意见,包括市场同类商品的供求状况、产品技术发展方向、市场价格变动趋势等等。

(2)专业技术方面知识。重大的商务谈判中,要有熟悉生产技术、产品性能和技术发展动态的技术员、工程师或总工程师参加。在开始谈判前,专业技术人员要准备好与谈判有关的详细技术资料,掌握具体的技术参数;当谈判中发生技术争议问题时,专业技术人员要能分析、判定问题的症结,解答我方有关的技术难题。

(3)法律方面知识。商务谈判中法律知识也不可缺少,可以特聘律师、企业法律顾问或熟悉有关法律规定的人员来担任。法律人员在合同起草及审查合同是否有违反法律条文等情况中起着重要作用。

(4)商务方面知识。主要是商务谈判中交易惯例、价格谈判等方面的知识,可由了解交易行情、有经验的业务员或厂长经理来担任。

(5)外语方面知识。要能熟练掌握外语的听说读写,能用外语与对方交谈,可聘请专门的翻译人员来担任。

2. 能力结构

在本章第三节能力中将会重点介绍谈判者应有的各项能力。人无完人,不可能每个人都具备各种能力,这就需要谈判团队内成员能力的相互补充。在一个谈判团队中,应该具备各种能力的人,既要有以写作能力见长的秀才型人才,又要有以口头表达能力见长的辩论型人才,还要有以协调人际关系见长的管理型人才。这样才能适应谈判工作分工的要求,才能使每个人都发挥出自己的水平。

【补充阅读资料】

无效率的群体谈判[①]

群体效率下降的常见原因是什么?

下述任何一种情况都会带来群体效率下降问题:

- 领导独断专行;
- 成员不尊重集体确认的权威;

① [加]杰夫瑞·鲍切尔:《致胜奇谋》,西南财经大学出版社1999年版。

- 未形成统一的战线；
- 个别成员未负起应尽的职责；
- 关注个人超过关注集体；
- 公开同情对方的立场；
- 成员对自我需求过分看重和敏感。

3．年龄结构

指谈判团队应根据不同的层次，由老、中、青谈判者按一定比例组成（在谈判中，28 岁以下的可称为青年，30 岁左右的称为中年，40 岁以上的称为老年）。在一个谈判团队中，年龄不同，所发挥的作用也会不同。年龄较高的谈判者见多识广，谈判经验丰富，能自如地处理各种复杂的谈判问题。但与青年谈判者相比，他们最大的缺点是心有余而力不足。青年谈判者思想活跃、精力充沛、敢想敢干、记忆力强，缺点就是经验不足。中年谈判者既有老年谈判者的长处，又有青年谈判者的优点，不仅年富力强，经验较丰富，精力较充沛，而且其应变、判断、决策能力都较强。因此，如果在谈判中能够形成老中青相结合的年龄结构，就可以互相取长补短，进行较合理的组合搭配。

当然，谈判级别不同，对谈判团队年龄结构的要求也不完全相同。一般在小型、单一的商务谈判中，青年谈判的比例可以多些；在中、大型的商务谈判中，老年谈判者的比例可以多些。

4．性别结构

在谈判团队中，为了更好地完成各项职能，还必须建立起互补的性别结构，即将男女谈判者进行合理组合，使整个谈判团队具有较强的综合谈判能力。由于商务谈判本身具有的谈判流动性、冒险性，加之体力要求高等因素，所以男性在谈判中比重较大；而女性由于其亲切热情、耐心细致的特点，因此适合在谈判中从事起草合同、记录、接待等工作。

3.2.3 主谈人要求

主谈人，是指在谈判的某一阶段或针对某些方面的议题的主要发言人，也可称首席谈判代表。他的作用，是将会下研究的谈判目标和策略在谈判桌上予以实现。主谈人是谈判工作能否达到预期目标的关键性人物，也可以说是谈判团体与对方进行谈判的意志、力量和素质的代表者。因此主谈人水平的高低，直接关系到谈判的成效。主谈人应具有思维敏捷、深思熟虑，掌握谈判主动性，善于逻辑推理，具备较高专业知识水平、“帅才”风度等优点。具体来说主要有以下几个方面：

(1)了解国家现行政策。掌握党和国家的方针、政策,尤其是对对外开放的政策和经济改革政策以及引进技术和设备的技贸政策等等,都应有比较深刻的理解,并且能够在谈判中贯彻和执行。

(2)了解本行业情况。对本行业的现状和长远发展规划、措施有一定的了解,特别是对需要引进技术和设备的己方企业的现状和长远发展规划有较为详尽的了解。

(3)了解相关知识。专业技术知识和技能熟练掌握,知识面比较广泛,不仅了解设备的原理、结构、性能和优缺点,而且还具有一定的实践经验,同时对相关专业技术知识有一定的了解。

(4)了解市场状况。了解国内外市场状况,尤其对引进某种技术或设备的国内外经济的社会发展水平、技术先进水平和市场状况有比较全面的了解。

(5)能力。有坚定的自信心,有较强的决策能力、观察判断能力、组织协调能力、应变能力和表达能力等。具有这些方面的能力,主谈人就能有效地发挥其作用,使谈判团体成为一个团结一致的坚强集体。

(6)领导人风格。谈判团体应该高效率地协同工作,但它的效率则取决于其成员是否适应在某类领导风格下工作。例如,谈判成员所在企业是权力集中型的领导风格,所有的信息都汇集给企业领导,然后由他作出一切决策。如果主谈人也具有相应的风格,双方就会配合得很好。主谈人在谈判中起决定作用,其余成员就具体情况作出分析,提出建议,由他决定是否采纳。相反,如果领导人的风格是权力分散型的,那么,主谈人在谈判过程中,应着重起协调沟通作用,有效地调动其他成员的积极性,发挥每个成员的能力与智慧。

主谈人倘若能具备以上条件,将会达到最佳的谈判效果。此外,最精明的主谈人会像杰出的演员一样,善于扮好自己的角色,决不会轻率地越过界限干扰别人。

3.2.4 谈判团队的管理

谈判团队一经形成,就要对谈判人员进行管理,制订相应的谈判工作规范,明确各个成员的职责分工。

1. 授权与负责

谈判小组的人员一经确立,他们就要负担起一定的使命,包括确定共同的行动目标和行动纪律,分派明确的职责和任务,使其在授权范围内有充分的行动自主权。特别是在异地、异国进行谈判,不可能事事、时时都作请示汇报,在明确授权范围的条件下允分发挥谈判班子领导人的主观能动性和创造性,对完成谈判任务负全责。在对外经贸谈判中，谈判班子领导人的选择要作长期周密考虑。如对某一引进项目的谈判，在可能情况下应使谈判班子领导人或主谈人从选择合作对象、出国考察、开始谈判、项目引进直至投产的全过程都能参加。这样才能大大提高其谈判能力，增强使命感，保证工作连贯性，避免“短期行为”造成的损失。

2. 协调与控制

谈判小组是一个目标非常明确的组织，它的任务与活动本身决定了它的内部人员之间必须保持高度的团队协作。只有一致对外，才有可能实现组织的目标，这是任何一个谈判人员都必须明确牢记的。对谈判小组的负责人来讲，保持内部的高度团结协作，是其职责之一。在谈判的方针、方案、策略与战术等问题上，各人会有不同的意见和看法，应该在各人充分发表意见，畅所欲言的基础上进行集中统一，尽量吸取各种意见中科学合理的成分，切忌不加分析地全盘肯定或否定某一种意见。对于不准备采纳意见的拒绝也应婉转，这样才会使人感到组织是需要他的。谈判组织领导人要做好各类专业人员之间的协调工作，使他们既当好自己的参谋，又赋予他们在专业范围内的检查和监督权，并及时向领导人提出建议和劝告，使他们相互之间能密切配合，相互支持。

3. 调换与撤换

在谈判当中，各个角色应有意识地调换，使对方捉摸不透，也免于己方某一角色成为对方的众矢之的，而被对方抓住弱点而攻破。因为每一个人都有自己的长处，也有自己的不足。如果一个人的长处被对方设法避开了，弱点又被对方死死抓住不放的话，即使是一个天才也是不难攻破的。一般来讲，在谈判中，若出现了缺口，如果不及时加以弥补，就会像洪水冲垮防洪堤那样一发不可收拾。人也是一样，防线一旦被人攻破，要么冲动、愤怒而失态，要么气馁而消沉。故对于己方人员的使用也必须防患于未然，在对方尚未攻破之前及时调换他所充任的角色是应该的，也是十分必要的，即使是主谈人这一角色也应如此。

如何调换组员所充任的角色，这是一个十分复杂的问题，应根据如下几项原则调换：即对方谈判组员的专长、性格和爱好，己方组员的性格、专长、爱好；谈判时间的长短；谈判进展的逆、顺；主要议题的日程安排；己方组员对所扮演的角色之称职程度和潜力；本次贸易的发展前景乃至对方的合作态度；本次贸易谈判对己方所带来的社会和经济效益乃至己方对谈判的兴趣；对方对本次贸易的兴趣乃至本次贸易的成败与否对对方的利害关系等等。再则，在调换组员所充任的角色时还须根据谈判内容的日期安排，充分考虑每个人的专长和业务能力。例如，日本人在进行一次较大型的商务洽谈时，往往组成 5 人以上的谈判团。不同的议题由不同的专家充当主谈，其他的角色根据不同的议题而有所变换。这一点恐怕也是日本商人之所以能令世界谈判界人士所叹服的一个奥秘吧！

在谈判进行中，视情况也可将谈判人员进行撤换。如不适合继续参加谈判，出现工作失误，犯错误，发现有不适宜继续参加谈判的其他情况等；或根据策略和技巧的需要，变换人员便于打开谈判局面。

4. 选拔、培养和激励

(1)选拔。谈判人员的选拔是落实一个谈判工作计划的重要步骤，必须依据一定的标准慎重决策。因为，谈判人员一旦被选用，即使能力和业绩平平，组织也很难迅速予以撤换。因此，在谈判人员选拔初始，就应在对不同层次上不同谈判人员的具体要求中总结出一些基本的共同点，以供决策时参考。值得注意的是，员工的选拔来源可以是多方面的，如学校、人才市场、部队转业军人等。但对于谈判人员的选拔却有其特殊性，因为选拔的谈判人员具有兼职的特点，另外又涉及有关商业机密的问题。为此，应从企业内部采用内部提升的方式选拔谈判人员。

【补充阅读资料】

谈判的内容与谈判小组负责人之间的任命关系[①]

谈判内容	谈判小组负责人的来源
购买产品的原材料	采购员、厂长、生产部门经理
购买设备及重要零部件	采购部经理、总工程师、有关部门经理
重要的销售合同	销售部经理、资历深的业务主管、指定的项目经理
合同的争议	项目经理、销售部经理、合同执行经理、曾参加谈判的有关部门经理

(2)培养。对谈判人员的培养包括社会的培养、企业的培养和自我培养。这里主要是指企业培养。企业培养是相当重要的一环，它是社会培养的进一步发展。企业培养主要是培养针对企业商务活动的商务谈判实践能力，也是真正成长为优秀谈判人才的关键环节。对商务谈判人员进行的培养，主要有两个途径：一是专门脱产学习；另一个是在实践中学习，增长才干。这两个途径都是必要的。因为，在实践中，即在实际谈判案例中，能从成功与失败中积累经验，熟悉业务。但也应该学习一些系统的理论知识；除专业知识外，还有

① 张华容：《商务谈判理论与实务》，湖南人民出版社 2000 年版。

一些如心理学、社会学、逻辑学等方面的知识。

(3)激励。有人认为调动谈判人员的积极性,只要物质利益即物质刺激即可,如可观的工资,足够的津贴、奖金等。然而,员工的积极性不仅从这种物质激励中得到,更重要的是从内在激励中得到。内在激励来源于谈判本身。例如,参加一场艰苦的谈判,并能够顺利地完成任务。这会使谈判人员得到极大的心理满足,而这种满足比什么都重要。如果在这个时候领导人能及时给予表扬或表彰、奖赏,都会使谈判人员受到极大鼓舞。另外,赋予谈判者一定的职权也是激励他们工作的一种方式。从谈判者的要求来看,谈判人员自身也要求有职有权,即要求有一定的职权和自主权,以施展自己的才华,并从中得到满足。不希望受到一些不必要的行政干预。

如何成为一支高效团队,斯蒂芬·罗宾斯(1994)认为高效团队具有以下八个基本特征:一是明确的目标。团队成员清楚地了解所要达到的目标,以及目标所包含的重大现实意义;二是相关的技能。团队成员具备实现目标所需要的基本技能,并能够良好合作;三是相互间信任。每个人对团队内其他人的品行和能力都确信不疑;四是共同的诺言。这是团队成员对完成目标的奉献精神;五是良好的沟通。团队成员间拥有畅通的信息交流;六是谈判的技能。高效的团队内部成员间角色是经常发生变化的,这要求团队成员具有充分的谈判技能;七是合适的领导。高效团队的领导往往担任的是教练或后盾的工作,他们对团队提供指导和支持,而不是试图去控制下属;八是内部与外部的支持。既包括内部合理的基础结构,又包括外部给予必要的资源条件。

3.3 商务谈判者心理

商务谈判者心理是指商务谈判者围绕谈判活动所形成的各种心理现象及心态反应。它不仅影响谈判者的行为举止,也直接关系到谈判的成功与否。谈判者心理活动过程见图3-1。这一节主要从谈判者的心理特征及心理素质训练来分析。

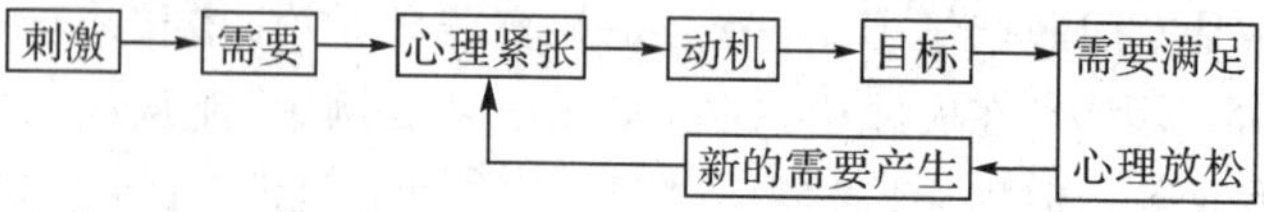

图3-1 商务谈判者心理活动过程

3.3.1 谈判者个性心理特征

谈判者个性心理特征主要包括谈判者的气质、性格和能力。

1. 气质与谈判

气质是人的个性心理特征之一，指某个人典型地表现于心理过程的强度、心理过程的速度和稳定性以及心理活动的指向性等动力方面的特点。所谓心理过程的强度，指情绪的强弱、意志努力的程度等；所谓心理过程的速度和稳定性，指知觉的速度、思维的灵活程度，注意力集中时间的长短等；所谓心理活动的指向性特点，指有的人倾向于外部事物，从外界获得新印象，有的人倾向于内部，经常体验自己的情绪，分析自己的思想和印象。每个人生来就具有一种气质。有某种气质类型的人，常常在内容很不相同的活动中都会显示出同样性质的动力特点。

公元前5世纪古希腊医生希波克拉特把人的气质类型分为四种：多血质、胆汁质、粘液质和抑郁质。具有不同气质的人有不同的行为特点，但气质的类型无好坏之分，只是对人的心理活动的个性品质形成有一定的积极或消极作用。

气质类型不同，谈判者在谈判活动中的行为表现也不同。

(1)多血质谈判者。多血质的典型特征是活泼好动，灵活多变。具有这种气质的谈判者精力充沛，交际广泛，应变能力强，反应迅速，动作敏捷；但缺点是情绪不稳定，易波动，注意力不够集中。因此，多血质谈判者能够适应各种谈判气氛与环境，容易同对方相处，能够活跃谈判气氛，处理问题比较灵活，富于创造性，具有讨价还价的能力。他们自信，不断发表见解和要求，以积极的态度和诚意来谋求利益。但其弱点在于注意力不易持久，兴趣多变，不善于发现和注意谈判中的某些细节；性子较急，不适合长时间的谈判。总的来讲，这种气质的人善于与人相处，比较适合做谈判工作。

(2)胆汁质谈判者。胆汁质的典型特征是热情直率，急躁冲动。具有这种气质的谈判者对事物反应迅速，精力充沛，但不灵活，心境变化剧烈。他们认为谈判时要现实点，世界不断发生变化，只有抓住各种利益才是最实际的；工作起来全神贯注，有效率，喜欢提问题和建议；但致命弱点是做事毛躁，脾气急躁，忍耐性较差，易发火，但是一转身，他们又笑容可掬地向你问好，好像从来没有争吵过。胆汁质谈判者的另一个突出特点是不轻易改变自己的决定。他们常常为某个小问题或微不足道的细节而争执，不肯轻易让步。因此，在同这类谈判者交谈时，言行一定要慎重，态度要平和、友好，决不能用语言刺激对方，而应对他们坦诚，采取灵活和积极的态度。总而言之，与这种气质类型的谈判者交手，往往气氛比较紧张，但达成协议比较迅速。

(3)粘液质谈判者。粘液质的典型特征是安静、沉着。具有这种气质的谈判者安静稳重，沉默寡言，注意力稳定，情绪不易外露，善于忍耐，但反应缓慢。因此，粘液质谈判者在谈判中能够从容不迫，很少显示出紧张、慌乱的神态。他们善于控制自己，有较强的自信心和影响力。在谈判时和善友好，容易相处，经常提出建设性意见，对谈判对手提出的建设性方案能积极响应；对所讨论的合同条款及其细节思考周密；一旦下定决心，作出决策，就不轻易受外界因素的干扰，遇到困难和挫折决不轻易退却；同时，他们也善于聆听别人的讲话，善于观察对方。但粘液质谈判者比较内向，因此不善于交际，表现比较被动，缺少热情，有时会错过极好的交易机会。总的来说，这是一种比较理想的谈判气质类型。

(4)抑郁质谈判者。抑郁质的典型特征是孤僻多疑、行动迟缓。具有这种气质的谈判者观察问题深入细致，体验深刻，但不易相处。因此，抑郁质谈判者考虑问题慎重多疑，往往能够发现一般人不易察觉的细微之处，对合同条款的确定更是千思万虑，反复推敲，不轻易下结论。但正因为他们的多疑，到谈判关键时刻，容易优柔寡断，反复不定，以致贻误时机。总而言之，与抑郁质谈判者交手，需要有一定的忍耐力。

综上所述，不同气质的谈判者有着不同的谈判行为。因此，在谈判中一方面可以了解自己属于哪种气质类型，发挥自己的长处，克服短处，提高谈判艺术；另一方面通过了解这些特点，运用适当的策略来应付不同气质的对手，使自己在谈判中更能游刃有余。

2. 性格与谈判

性格是个性中的重要心理特征，是指一个人表现在态度和行为方面的较稳定的心理特征，如寡断、刚强、懦弱等。人的性格是受一定思想、意识、信仰、世界观的影响和制约的。由于具体的生活道路不同，每一个人的性格会有不同的特征。性格是在一个人的生理素质的基础上，在社会实践活动中逐渐形成、发展和变化的，并具有一定的复杂性、独特性、整体性和持续性。关于性格的类型，曾有许多心理学家试图对性格进行类型分类，现在常见的是瑞士心理分析家希格早期提出的内向型和外向型分类方法。

正确地解决性格类型的问题具有十分重要的理论意义和实践意义。它不仅有利于我们加深对性格本质的理解，而且也有利于在谈判中合理地安排不同人的工作，充分调动每个人的积极性。在谈判中人的性格可以分为以下四种：

(1)权力型。权力型性格谈判者有三个特点。第一，对权力和成就狂热地追求。在谈判中，想尽一切办法使自己成为权力的中心，充分运用手中的权力，向对方讨价还价。第二，敢冒风险，喜欢挑战。因为只有通过接受挑战和战胜困难获得的成就，才能显示出他们的能力，才能满足他们自尊和自我实现的需要。第三，急于成功，决策果断。他们拍板果断、决策坚决，为了获得更大的成绩，对决策毫不犹豫，当机立断。但这类谈判者正因为追求权力和成就，他们会为了实现这一目标而不惜一切代价，对对方缺少同情。因此，在谈判中，这是最难对付的一类人。

(2)关系型。关系型性格谈判者有三个特点。第一，具有良好的人际关系。他们需要别人的赞扬和欢迎，因此他们努力搞好人际关系，形成一种和谐融洽的气氛。第二，考虑问题全面。十分看重谈判双方的面子问题，即使不同意对方的意见也不会直接拒绝，让对方下不了台，而是想尽办法说服对方。第三，善于发现和利用对方的弱点。他们把自己掩藏于和蔼的外表之下，发现对方的情感弱点，然后各个击破。但这类谈判者正因为过分热心与对方搞好关系，往往会忽略必要的进攻和反击。

(3)顺从型。顺从型性格谈判者有两个特点。第一，对上级命令绝对服从。他们对领导的指示和事先定好的计划坚决服从，毫无怨言。第二，工作方法一成不变。他们喜欢有秩序、没有太大波折的谈判，处理问题的方式很少改变。在某些特定的局部领域中，工作起来得心应手，有效率。但这类谈判者缺乏创造性，缺少想像能力和决策能力，不愿接受挑战，没有建设性意见，易顺从他人的意见，安于现状是他们最大的愿望。

(4)疑虑型。疑虑型性格谈判者有两个特点。第一，凡事都要怀疑。他们对任何事都抱有怀疑和批评的态度，只要是对方提出的，不管是否有利，他们都会怀疑和反对。第二，决策犹豫。他们对问题考虑慎重，不轻易下结论，不能当机立断，拿不定主意。正因为这类谈判者犹豫不定，疑问重重，往往容易贻误时机，错过达成更有利协议的机会。

3．能力与谈判

能力是指与顺利地完成某种活动有关的心理特征，通常是指个体从事一定社会实践活动的本领。谈判者为了顺利地、成功地完成谈判活动，重要的心理前提是具备某些能力。谈判活动是一项内容复杂、参加人员较多的社会交往活动，要成功地完成谈判工作，仅靠某一方面的能力是不够的，必须具备多种综合能力才能获得成功。例如，为了完成谈判任务，不能仅仅依靠语言表达能力,或仅仅依靠对合同的分析和理解,而且必须同时具有观察力、记忆力、判断力、思维力等等,才能出色地完成谈判任务。

谈判者应具备的能力主要有以下几个方面。

(1)表达能力。谈判者的表达能力,包括口头表达和文字表达两个方面,能说会写是谈判的基本功。谈判贵在“谈”。谈判者的“谈”贯穿于谈判的整个过程,从谈判的开局阶段、交锋阶段、让步及妥协阶段直到终了阶段,都需要较强的口头表达能力。“谈”的好坏与谈判结果的优劣有着很直接的关系。谈判者口头表达不仅要做到清楚明白、准确得体,还要讲究说话的艺术,注意说话的生动性、感染性、说服性和礼貌性。

沙特阿拉伯的石油大亨亚马尼深谙讲究策略的谈判艺术。有一位美国石油商曾经这样叙述亚马尼:“亚马尼在谈判时总是低声细语,绝不高声恫吓。他最厉害的一招是心平气和地重复一个又一个问题,最后把你搞得精疲力竭,不得不把自己的祖奶奶都拱手让出去。他是我打过交道最难对付的谈判对手。”

谈判者还要具备较强的文字表达能力。商务谈判中的一项重要工作就是合同的起草和签订,一般来说,起草合同的一方往往会起草有利于自己的协议,因此谈判者要努力提高自己对文件的理解能力和起草协议、合同的能力。这样,一方面能及时、准确地理解对方的文件,洞穿对方的想法,找出文件中暗藏的隐患,另一方面能自己起草合同,更好地把握协议的主动权。或者也可以由双方共同起草合同,字斟句酌地加以推敲。

(2)观察能力。观察是一种有意识、有目的、有选择的对外部世界的感知,是人们增加感性认识、充分占有资料的主要手段,因此可以说观察是人们心智活动的门窗。一个人要想发展自己的心智能力,首先就得打开这扇大门,让外部世界的各种信息源源不断地流进大脑。观察力是指人们有意识地对事物进行全面和细致的察看和分析的能力。谈判者的观察力是谈判能力结构中的重要组成部分。谈判者要培养自己良好的观察能力,这是谈判活动的要求。只有通过观察,谈判者才能获得谈判中所需要的大量感性资料。谈判者的观察力和艺术家的观察力在性质上是相近的,都要求“敏感”。艺术家要敏感地捕捉各种图形,而谈判者是要勤于观察、敏于捕捉谈判中的各种信息。比如,在谈判过程中细致地观察、分析对方的姿势和动作,找出他的特殊习性,以便迅速获得正确的资料,如此才能决定该采取什么样的谈判战术和技巧,使已方在谈判中立于不败之地。

在谈判中,要善于察言观色。广东有这样一句谚语:“当一个人笑的时候腹部不动就要提防他了。"伯明翰大学的艾文·格兰博士也说:"要留心椭圆形的笑容。"这是因为这种笑不是发自内心的,即皮笑肉不笑。手势、动作等无声语言传递的某种信息,其信息的发出者有时是难以控制的,但它们更多地是人们无意地流露,或是下意识之中进行的。这种无声语言所传递出的信息比用有声的语言传递出的信息更为敏感。由此可见,谈判者必须是一位目光敏锐,"眼观六路、耳听八方",善于发现问题的观察家。

(3)注意能力。注意力是一个人按照特定目的、在特定时间里把心理活动指向特定对象的能力。注意力对个体行为的影响表现在大脑皮层形成优势兴奋中心,保证个体对外部世界刺激作出正确的反应,从而保证行为的准确和迅速。在谈判者的能力结构中,注意力起着维持和组织的作用。注意力规定心理活动的方向,保证谈判者能够及时地反映客观事物的变化,使其能更好地适应工作、适应环境、适应新情况。不同的谈判者,他们的兴趣、信念不同,他们的心理活动的方向和内容也不同,那么他们的注意力也会指向不同的事物和内容。但从谈判工作的共性看,谈判者应把主要的注意力投向自己的工作中心上,对谈判中产生的问题进行观察、思考,采取相应的行动,更好地推动谈判的进程。

(4)记忆能力。记忆是过去经验在人脑中的反映。人们所感知过的事物、思考过的问题、体验过的情绪等都可以成为记忆的内容。记忆力是对过去的经验的识记、贮存和再现的能力,它对人的经验积累、知识积累乃至一切智慧活动,都是不可或缺的。离开了记忆力,任何思维、想像、注意活动也就无法进行。黑格尔曾说过:"一般地说卓越的人物总是有超乎寻常的广博的记忆力。"谈判工作是一项以精神性为主的活动,同样也需要有牢固的记忆力。要看得多,听得多,说得多,而且记得多。谈判者在各方面都要有良好的记忆力,对对方说过的话,提出的条件,做过的事都要记住。这种良好的记忆力,在处理繁杂的工作、掌握多方面情况、提高谈判效率等方面发挥重要作用。

(5)思维能力。思维力是对事物的分析、综合、抽象和概括的能力,它在能力结构中起着核心的作用。谈判者的思维力,在谈判工作中无论是解决一般问题还是创造性地工作,都有着积极的作用。思维力一般表现在两个方面:形象思维能力和抽象思维能力。形象思维能力就是运用形象进行思考的能力,抽象思维能力就是运用概念、推理进行思考的能力。这两种思维能力对谈判工作都是不可缺少的。有了形象思维能力,谈判者才能把来自生活中的大量素材进行分析、整理,再加工改造,使这些素材构成一个完整的形象体系。只有具备抽象思维能力,谈判者才能对自然现象和社会现象产生有规律性的认识。在谈判过程中,还特别强调谈判者的超前思维能力。这种超前思维集中体现在预见性思维,在谈判工作中谈判者要经常分析政治、经济、社会的发展趋势,以高度的敏感性捕捉各种信息并加以分析、综合,作出判断。由此看来,健全的思维能力,对谈判者来说十分重要。因此谈判者必须自觉地更新思维方式,努力培养创造性的思维能力,把理性思维和经验思维结合起来,对事物进行多角度的动态考察和系统分析。

(6)判断能力。判断能力对谈判者也很重要。有人认为,"判断"是人们所从事的工作中最困难的。优秀的谈判人员需要具备良好的职业判断能力。在谈判中,良好的判断能力使谈判者能及早洞察问题所在,准确地分析、预见事物可能产生的结果,从而确定策略,决定取舍。判断力与风险密切相关,判断力越准,风险越小,成功可能性越大。有时,判断力只是人们的直觉。当然,这种直觉的产生是建立在接收外部信息的基础上的。判断与人的经验有关,经验越丰富,过滤信息的能力越强,分析判断越准确。

(7)应变能力。应变能力就是对突发性和意外性事件进行应急处理的能力,是谈判者各种能力的一种临场综合发挥。谈判是一个极为复杂而艰巨的求同存异的过程。善于应变、权宜通达、机动进取是谈判者的必备能力。谈判桌上,谈判双方为了各自利益展开唇枪舌剑,而每一方的利益又都十分具体,随着双方力量的变化和谈判的进展,谈判过程可能出现较大的变化。这时,如果谈判者抱残守缺、墨守成规,那么谈判要么陷入僵局,耽误谈判时机;要么导致破裂,致使谈判失败。这时就要求谈判者要有冷静的头脑和随机应变的机智能力,无论情况怎么变,都能做到原则性和灵活性相结合,"以不变应万变"地对待谈判。另外,偶发事件是偶然,但偶然中存在着必然,谈判者在处理突发事件中要注意总结经验教训,找到一套解决这类问题的方法和规律,这样再遇到偶发事件就能做到有备无患,应变自如了。

(8)心理承受能力。商务谈判是语言的交锋。按说,谈判是对事不对人。然而,在这种语言的交锋中,对手由于急躁或有意为难等原因,常常把谈判由对事不对人引申为对事又对人,这时,谈判人员良好的心理承受能力就发挥了作用。培根有句名言:"逆境中的美德就是忍耐。"谈判中如果出现了困境或令人焦虑的事情,比方说,当谈判对手面红耳赤时,如果己方也满腹牢骚、激动异常,很容易导致谈判破裂。此时不妨忍耐一下,来个冷处理,让对方先发泄一番,效果一定会好得多。当然,良好的心理承受能力并不是一味地迁就,这是一种韧的战斗,是一种有理、有利、有节的反击。

3.3.2 心理素质训练

心理素质是个体在社会环境影响下对于实现自身需求所能承受的一种心理能力，是先天因素与后天因素的“合金”。简单地说，心理素质是以生理素质为基础，在实践活动中通过主体与客体的相互作用，而逐步发展和形成的心理潜能、能量、特点、品质与行为的综合。

以往人们总把事业的成败，较单一地归咎为智力因素，关注的是IQ(智力商数)值的高低。近来，人们不仅认识到非智力因素的EQ(情绪商数)、AQ(逆境商数)、HQ(健康商数)与人生的质量关系，而且越来越明白社会生活节奏的加快、竞争挑战的激烈、因未来的不确定性所产生的心理压力，都与人的健康心理素质的形成密切相关。

心理素质的提高，关键是需要自我在内心中非常重视心理素质的作用，同时，也要加强心理素质的训练。所谓心理素质训练，就是要发挥、发展、培养、提高、训练智力因素(思维和各种能力)与非智力因素(意识、性格、世界观等)的潜能、能量、特点、品质与行为，可以从以下几个方面进行。

1. 自我意识训练

自我意识是对自己身心活动的觉察，即自己对自己的认识，具体包括认识自己的生理状况(如身高、体重、体态等)、心理特征(如兴趣、能力、气质、性格等)以及自己与他人的关系(如自己与周围人们相处的关系，自己在集体中的位置与作用等)。总之，自我意识就是自己对于所有属于自己身心状况特征的认识。由于个体能洞察自己的一切，因而能对自己的行为进行调节和控制。自我意识的成熟被认为是个性基本形成的标志，它在人的社会化过程中具有相当重要的地位。自我意识是个体社会化的结果，同时，自我意识的形成和发展又进一步推动个体的社会化。自我意识训练内容包括以下方面。

(1)自我认识。自我认识是主观自我对客观自我的认识与评价，自我认识是自己对自己身心特征的认识，自我评价是在这个基础上对自己作出的某种判断。正确的自我评价，对个人的心理生活及其行为表现有较大影响。如果个体对自身的估计与社会上其他人对自己客观评价距离过于悬殊，就会使个体与周围的人们之间的关系失去平衡，产生矛盾，长此以往，将会形成稳定的心理特征——自满或自卑，将不利于个体心理的健康成长。

(2)自我体验。自我体验是主体对自身的认识而引发的内心情感体验，是主观的我对客观的我所持有的一种态度，如自信、自卑、自尊、自满、内疚、羞耻等都是自我体验。自我体验往往与自我认知、自我评价有关，也和自己对社会的规范、价值标准的认识有关,良好的自我体验有助于自我监控的发展。对谈判者进行自我体验训练,就是让其有自尊感、自信感和自豪感,不自卑、不自傲、不自满。

(3)自我监控。自我监控是自己对自身行为与思想言语的控制,具体表现为两个方面:一是发动作用,二是制止作用,也就是支配某一行为,抑制与该行为无关或有碍于该行为进行的行为。进行自我认知、自我体验的训练目的是进行自我监控,调节自己的行为,使行为符合群体规范,符合社会道德要求,通过自我监控调节自己的认识活动,提高工作效率。

2. 智力训练

智力是人们在认识客观事物的过程中所形成的认识方面的稳定心理特点的综合,它包括观察力、注意力、记忆力、想像力和思维能力,其中思维能力是智力的核心。说起智力训练人们都比较熟悉,在科技迅猛发展的今天,人们普遍认识到智力是一个人的学业、事业成功的最基本前提。智力开发、思维水平的提高在现代人才培养中处于核心地位,培养良好的心理素质首先必须开发智力,因为智力不仅是完成谈判活动的必要条件,同时也是从事其他社会实践活动的根本保证。智力训练内容包括以下方面:

(1)观察力训练。一个人要想发展自己的智力,首先必须把观察力的大门敞开,接受外来刺激,发挥感知觉的功能,提高感知能力,丰富感性知识,为抽象逻辑思维的发展奠定基础,从而增长知识,开发智力。训练观察力应注重观察品质的训练与提高,即训练谈判者观察的目的性、精确性、顺序性和深刻性,让谈判者观察事物做到观察得快、观察得准、观察得细、观察得深。为使观察更有效、更迅速,还要培养良好的观察习惯,做到观察前有计划、有目的,观察中有思维、有记录,观察后有整理、有总结。与此同时,还要注意观察方法的训练,只有掌握一定的观察方法,才会使观察活动得以顺利进行,也才能使观察结果全面、深刻。常用的观察方法有顺序法、比较法,以及多种感官结合法等等。

(2)注意力训练。在心理学上,注意虽不是独立的心理过程,而只是一种心理状态,但它却伴随心理过程的始终,一旦失去注意,心理过程的其他活动将无法进行。由于注意力的特殊地位和重要作用,许多人都特别重视注意力的培养,尤其是对谈判者来说显得更为重要。对注意力进行训练,重点应放在注意品质的提高上。通过训练,扩大注意的广度,增强注意的稳定性,提高注意的分配和转移能力。注意的四个品质既是衡量一个人注意力好坏的主要标准,也是训练注意力的着眼点。在提高谈判者注意品质的同时,还要加强对其进行谈判活动目的性的教育,从而促使谈判者由无意注意向有意注意转化,实现注意发展历程上的一个飞跃。

(3)记忆力训练。主要是通过提高有意识记忆的能力,使谈判者善于发现事物间的联系和因果关系,以理解为基础,提高意义识记的能力。与此同时,还应注意对谈判者记忆信心的培养,记忆的关键在于自信。美国心理学家胡德华斯指出,凡是记忆力强的人,都必须对自己的记忆充满信心。可见,进行记忆信心培养也是训练记忆力的重要一环。除此以外,还应掌握一些记忆策略,如提纲记忆、列表记忆、图示记忆、网络记忆等等。学会把无意义的材料赋予人为意义和联系,以帮助记忆。

(4)想像力训练。在想像力培养方面,首先,重点做到在无意想像的基础上充分发展有意想像,保证想像的目的性、主动性,提高想像的效率;在再造想像的基础上充分发挥创造想像,提高想像的预见性和创造性。当然,想像必须以知识经验为基础,缺乏知识的想像只能是空想。再者,应注意表象的储备。想像以表象为材料,想像的水平因一个人所具备的表象的数量和质量不同而不同,表象越贫乏,想像越肤浅;表象越丰富,想像越深刻。丰富表象可通过参观、访问、调查等实践活动来进行。第三,应重视情感的培养。情绪和情感是想像的动力,一个人的想像活动与其情绪情感生活是紧密相连的,想像的重大创造永远产生于丰富的情感之中。

(5)思维力训练。思维力在谈判中的重要性在前面已叙述过,由此可见,思维力的训练至关重要。那么,如何进行思维训练呢?第一,应明确良好的思维品质是什么,要把提高思维品质作为思维训练的重点。一般说来,思维品质包括思维的灵活性,思维的独立性,思维的批判性和思维的深刻性四个方面,围绕这四个方面进行思维训练。第二,要养成良好的思维习惯。每个人在认知活动中,都会显示出带有个人色彩的某种倾向和特点,一旦这种倾向和特点相对稳定,就成了个人的思维习惯。思维习惯直接影响着思维的方向,从而影响思维的质量,所以抓好思维习惯的培养,就抓住了思维训练的关键。

3. 意志培养

意志是克服困难达到预定目的的心理过程,它有三个明确特征:明确的目的性、随意运动为基础和克服困难相联系。一个完整的意志过程一般分为两个阶段,即作出决定阶段和执行决定阶段。意志的作用表现为两个方面:发动和制止。

在谈判活动中,遇到困难、挫折是常有之事,在挫折、困难面前最能体现出一个人的意志如何。意志坚强者能理智地对待挫折、困难,想办法克服困难、排除挫折,实现预定的目标。相反,意志力薄弱的人,遇到困难不是积极想办法克服,而是怨天尤人、回避退却,最终导致失败。因而,重视谈判者意志的培养尤为重要。良好的意志力主要表现在自觉性、自制力、果断性和坚韧性四个方面。这四个方面也就是意志的四个品质。进行意志力培养要重点提高自觉性、自制力、果断性和坚韧性。可以从以下几方面入手:

首先,加强目的性教育。必须激起谈判者完成谈判任务的强烈愿望,使远近目的结合起来。有了远大目标,才会再接再厉,以求达到最后的目的。

其次,针对不同的意志类型,采取不同的训练措施。对十分执拗、顽固的谈判者,应该从自觉性、目的性和原则性方面着手培养,使他们理解固执与顽强的区别;对胆小而易受暗示、犹豫不决的谈判者要培养他们大胆、勇敢、果断的品质;对十分冒失而轻率决定的谈判者要培养他们沉着、耐心的品质,使他们理解勇敢与蛮干的区别;对缺乏毅力的谈判者应激发他们的坚韧精神。

第三,加强自我锻炼。要养成自我检查、自我监督、自我命令、自我鼓励等习惯。当谈判者感到很难开始某项行动时,可自己给自己下命令:“大胆些”、“再坚持一下”、“不要丧失信心”等。

最后,组织纪律对于培养意志有着重大作用。只有当规章制度直接地约束自己的行动时,才有意志努力的可能性。因此,规章制度的制定与严格执行对谈判者意志的提高也起关键作用。

4. 个性塑造

关于“个性”,我们在前面已讲过,这里就不再赘述。在个性系统中,性格具有核心地位。正因为性格在个性中的特殊地位,所以谈判者在塑造个性时,应把重点放在良好性格的培养上。

爱因斯坦曾指出:“优秀的性格和钢铁般的意志比智慧和博学更为重要……智力上的成就在很大程度上依赖于性格的伟大,这一点往往超出人们通常的认识。”

性格主要是通过人的不断生活实践,在外界生活条件和人的心理活动的相互作用之中形成和培养起来的。任何性格特征都不是一朝一夕形成的,它是从儿童时期不断地受到社会环境的影响、教育的熏陶和自身的实践长期塑造而成的。那是不是谈判者的性格已经形成,就不能再改变了吗?答案是否定的,因为性格具有可塑性。作为谈判者,虽然在成长过程中已经形成了一定的性格,但还是可以在实践中对自己的性格进行培养和再塑造。

人具有一个最高级的自我调节的系统,一切外来的影响都要通过自我调节而起作用。因此,从这个意义上说每个人都在自己塑造着自己的性格。尤其是谈判者在形成自己的世界观之后,能根据自己的世界观来调节自己的行为,自我调节的作用就更加明显地表现出来。这时，谈判者的性格形成已从被控制者变成了自我控制者，能产生一种“自我锻炼”的独特动机。在这种动机支配下，培养自己形成乐观、坦率、真诚、自尊、自信、自强、幽默、关心、合作、同情、谅解、热情等良好性格特征，努力克服怯懦、自卑、嫉妒、孤僻、猜疑等不良性格。

本章小结

● 谈判者个体素质是指从事谈判工作的人的政治品德、道德品质、知识水平和身体状况。

● 谈判者的个体素质包括优秀的品德要求、“T”型知识结构、良好的人际交往能力和大方得体的仪表。

● 知识结构是个体素质的主要组成部分，谈判者应具备“T”型知识结构，即广博的知识面和较深的专业知识造诣。

● 团队谈判是谈判中常用的方式，在团队谈判中主谈人和谈判成员的选择和管理是至关重要的。

● 合理的团队结构应包括合理的知识结构、能力结构、年龄结构及性别结构。

● 心理素质在整个素质结构中处于核心地位，并且是其他素质的基础和载体，它直接对谈判者的行为起着驱动和制约作用，影响谈判者的行为和效率。

● 商务谈判者心理是指商务谈判者围绕谈判话题所形成的各种心理现象及心态反应。

● 心理素质是指个体在社会环境影响下，对于实现自身需求所能承受的一种心理能力，它是心理潜能、能量、特点、品质与行为的综合。

思考与练习

1. 假设你是营销部经理。目前你正在某地享受为期两星期的休假。你的职位代理人(营销部副经理)突然来了一个长途电话，告诉你 W 地区的销售量近日有了明显的下降趋势。此时你该怎么办？

(1)挂上电话，不理他。

(2)立即停止休假，赶回公司处理这件事。

(3)告诉他请他自行处理，假如他无法处理，再致电与你。

(4)致电 W 地区的负责人，与他商讨对策。

2. 你受聘于某公司才三个星期。你准备于一星期后结婚。你的未婚妻要求婚后一星期度蜜月。你接纳该公司聘约之时,并未提及结婚之事。你此时有点不好意思地去向老板请假,老板面无表情地问你,到底需要几天假期。此时,你的答复会是什么?(让我们假定这家公司对婚假并没有明确的规定。)

(1)一天。

(2)三天。

(3)一星期。

(4)两星期。

案例分析

力量的抗争①

多年来,日本航空公司的经理们像西方大企业的高级管理人员一样,总是竭力把自己设计成超人的形象:仪容威严尊贵,背脊挺直,高视阔步;开口满是专业术语,闭口对什么都一清二楚;保持音色深沉而带有磁性,不管是否出自肺腑对客人都低沉地说"幸会",跟下属握手暗中使劲,以示坚定而有魄力……其实他们心里明白,如此这般,只是巧妙的化妆、装模作样的表演罢了,并不总是有效。于是希望有人带头变革这种令人生厌的老套,创造出奇制胜的新招。20 世纪 80 年代初,此种人物终于应运而生。

日本航空公司决定向美国麦道公司引进 10 架新型波音客机。指定常务董事领队,财务经理为主谈,技术部经理为助谈,组成谈判小组,负责购买事宜。

日航代表飞抵美国,稍事休息,麦道公司立即来电约定明日在本公司会议室开谈。第二天,3 位日本绅士仿佛还未消除旅途的疲劳,行动迟缓地走进会议室,只见麦道公司的一群谈判代表已经端坐一边。谈判开始,日航代表慢吞吞地啜着咖啡,好像还在缓解时差的不适。精明狡猾而又讲求时效的麦道公司主谈把客人的疲怠视为可乘之机,在开门见山地重申双方购销意向之后,迅捷地把谈判转入"概说"阶段。概说原是各方充分阐述自身需要及规定对方应予配合的极好时机,麦道便毫不客气地使出强大的攻势。

从早上 9 点到 11 点 30 分,3 架放映机相继打开,字幕、图表、数据、电脑图案、辅助资料、航行画面应有尽有,顿时,面对图文并茂的资料,人们就像置身于迪斯尼乐园的神奇之中,不由自主地相信麦道飞机性能及定价都是无可挑剔的。孰料,日航 3 位谈判代表却自始至终默默地坐着,一语不发。

麦道公司的主谈自负地拉开窗帘,充满期待地望着对方问道:"你们认为

① 冯德连、管州:《谈判就这几招》,河南人民出版社 2000 年版。

如何呢?”三位不为所动的日本人礼貌地笑笑,技术部经理(助谈)答道:“我们不明白。”

麦道主谈的脸上顿时失去血色,大惑不解地问:“你们不明白?这是什么意思?你们不明白什么?”

日航领队笑了笑,回答:“这一切。”

麦道主谈急切地追问:“这一切是什么意思?请具体地说明你们从什么时候开始‘不明白’的?”

日航助谈歉意地说:“对不起,从拉上窗帘的那一刻开始。”日方主谈随之咧咧嘴,用连连点头来赞许同伴的迷惑。

“笨蛋!”麦道领队差一点脱口骂出声来,泄气地倚在门边,松了松领带后气馁地呻吟道:“那么,你们希望我们再做些什么呢?”

日航领队歉意地笑笑说:“你们可以重放一遍吗?”

别无选择,只得照办。但麦道公司谈判代表重复那两个半小时的介绍时,已经失去了最初的热忱和信心,忍不住要抱怨这3个不可理喻的东方人,不时为这种莫名的挫折而烦躁。是日本人开了美国佬的玩笑吗?不是,他们只是不想在交涉之初就表明自己的理解力,不想用一上来就合作使对方产生误解,以为自己在迎合、讨好他们。谈判风格素来以具体、干脆、明确而著称的美国人,哪里会想到日本人有这一层心思呢?更不知道自己在谈判伊始已先输一盘了。

谈判进入交锋阶段,老谋深算的日航代表在“假痴不癫”上又使出了新的一手:装成听觉不灵,反应迟钝,显得很难甚至无法明了麦道方在说些什么;让麦道方觉得跟愚笨的人谈判,早已准备好的论点、论据和推理是没有用的,精心选择的说服策略也无用武之地。连日来,麦道方已被搅得筋疲力尽,实在担心日方继续纠缠不清,只想尽快结束这种与笨人打交道的灾难,于是直截了当地把球踢向对方:“我们的飞机性能是最佳的,报价也是合情合理的,你们有什么异议吗?”

此时,日航主谈似乎由于紧张,忽然出现语言障碍。他结结巴巴地说:“第……第……第……”“请慢慢说。”麦道主谈虽然嘴上是这样劝着,心中却不由得又恨又痒。“第……第……第……”日航主谈还是急得说不出来。“你要说的是第一点,对吗?”麦道主谈问。日航主谈点头称是。“好吧,第一点是什么呢?”麦道主谈急切地问。“价……价……价……”“是价格吗?”麦道主谈问。日航主谈又点了点头。“好,这点可以商量。第二点是什么?”麦道主谈焦急地问。“性……性……性……”“你是说性能吗?只要日航方面提出书面改进要求,我们一定满足。”日航主谈点头赞许。

至此,日航一方说了些什么呢?什么也没有说。麦道一方做了什么呢?在帮助日方跟自己交锋。他们先是帮日方把想说而没说出来的话解释清楚,接着为了问出对方后面要说的话,就未假思索地匆忙作出许诺,结果把谈判的主动权拱手交给对方。

麦道轻率地许诺让步,日航就想得寸进尺地捞好处。这是一笔价值数亿美元的大宗贸易,还价本应按国际惯例取适当幅度,日航的助谈故意装作全然不知,一开口就要求降价20%。麦道主谈听了不禁大吃一惊,再看看对方是认真的,不像是开玩笑,心想既然已经许诺让价,为表示诚意就爽快地让吧,于是便说:"我们可以降价5% 。"

双方差距甚大,都竭力为自己的报价陈说大堆理由,第一轮交锋在激烈的争论中结束。经过短暂的沉默,日方第二次报价:削减18%。麦道方还价是降低6%,于是又陈说理由,辩驳对方,尽管口干舌燥,可谁也没有说服谁。麦道公司的主谈此刻对成交已不抱多大希望,开始失去耐心,提出休谈:"我们双方在价格上距离很大,有必要都为成交寻找新的办法。你们如果同意,两天后双方再谈一次。"

休谈原是谈判陷入僵局时采取的一种正常策略,但麦道公司却注入了"最后通牒"的意味,即"价钱太低,宁可不卖"。日航谈判代表这时不得不谨慎地权衡得失:价格还可以争取降低一点,但不能降得太多,否则触怒美国人,那不仅会丧失主动权,而且连到手的6%让价也捞不到。倘是空着两手回日本,怎么向公司交待?他们决定适可而止。

重开谈判,日航一下子降了6个百分点,要求降价12%;麦道仅增加1个百分点,只同意降价7%。谈判又形成僵局。沉默,长时间的沉默,麦道公司的主谈决意终止交易,开始收拾文件。恰在此时,口吃了几天的日航主谈突然消除了语言障碍,十分流利地说道:"你们对新型飞机的介绍和推销使我们难以抵抗,如果同意降价8%,我们现在就草拟购买11架飞机的合同。"日航主谈说完,笑吟吟地起身,把手伸给麦道公司主谈。"同意!"麦道的谈判代表们也笑了,起身和3位日本绅士握手:"祝贺你们,用最低的价格买到了世界上最先进的飞机。"的确,日航代表把麦道飞机的价格压到了前所未有的低位。

提示:

- 体会团队谈判的组织、分工。
- 谈判中的语言技巧与倾听技巧。
- "当别人认为你有力量时,你就拥有了力量",试体会之。

第 4 章　开局阶段

学习目标

通过本章教学，你应该达到以下目标：

正确理解建立谈判气氛是开局阶段的首要任务，能够按照符合礼仪规范的言行举止，树立起良好的个人形象，把握开局陈述的基本要求，既能准确表述己方的观点，又能对对方的观点作出迅速的反应；了解报价的一般形式和过程，掌握报价的基本原则；能够准确地报价和弄懂对方报价的含义，初步具备商务谈判开局陈述和报价的能力。

严格意义上说，谈判是一个从信息收集、谈判计划制订到双方交锋、妥协、最后结束谈判的完整运动过程。美国资深谈判专家弗兰克·阿库夫在《国际商务谈判》中就指出："在国内和国际谈判中，谈判者需要经历六个阶段：了解情况和收集信息；排除阻力；调整策略；苛刻的讨价还价及决策；达成协议；补充说明。有关这些阶段的知识能帮助您了解全部的谈判过程，使您在经历每一次谈判时多一些耐心。"

从一般意义上理解，谈判的正式阶段是以开局和结束为标志的，这其中又可分为四个环节，即开局环节、交锋环节、妥协环节及结束环节。每一位谈判参与者应根据每个环节的不同特点及要求灵活运用各种谈判技巧，方能达到预期目标。

开局环节是正式谈判过程的起点，它的进展状况，在很大程度上决定着整个谈判的前途。俗话说：万事开头难。这就需要每一位商务工作者认真对待开局环节中的每一个细节，以保证整个谈判工作的顺利进行。

就开局环节所面临的任务而言，主要有两条：既要将己方对本次谈判的基本要求作完整全面的陈述，同时又须在这一环节了解对手对本次谈判的目标要求，还要使谈判保持良好氛围，为下一步交锋环节打好有效的沟通基础。

开局阶段的基本任务有以下几点：

- "4P"概述，即目标（Purpose）、计划（Plan）、进度（议程）（Pace）及成员（Personalities）；
- 建立良好谈判气氛；
- 选择适当的报价方式；
- 了解对方"底盘"。

其中"4P"概述已在前面准备阶段作了陈述，本章仅就其他几项任务作详细阐述。

4.1 建立谈判气氛

4.1.1 符合礼仪规范

1. 热情主动、不卑不亢

"无论你多么疲惫、多么心烦、多么沮丧，只要一进入谈判大厅，就要显出朝气蓬勃和自信的样子。从谈判开始的那一刻起，要树立起信心，要有控制力。开局的好坏会直接影响整个谈判的基调，这是千真万确的，即使你并不正式负责这次会谈。"①

双方初次见面，又是本着一个共同的目标（尽管在目标的细化上存在矛盾），就没必要剑拔弩张似的，而应以大方、热情的姿态向对方招呼、问候并适当寒暄，充分展示自身的良好人格魅力，周到而不失礼貌，热情又格调高雅，既不阿谀奉承，也不过分清高，就如同结识一位新朋友一般，表现出一种发自内心的（手、眼、语言、动作、表情一致）开诚布公、善意友好的姿态。

2. 遵守基本礼仪规范

非礼勿视、非礼勿听、非礼勿言，尤其在对方主场更应遵守相关礼仪规范，不能因失礼而让对方产生误会甚至被曲解为是一种示威行为。具体应注意的事项有介绍时的礼仪，见面握手时的礼仪、问候时的礼仪及交谈中的礼仪（包括交谈中语气、表情及各种姿势），可以参考有关礼仪书籍，在此不详细列举。

---

① [美]迈克尔·唐纳逊：《如何进行商务谈判》，企业管理出版社 2000 年版。

4.1.2 运用中性话题，保证良好沟通

1. 以非业务性的轻松话题切入，尽快消除双方心理上的陌生感

可以选择一些诸如天气、环境、经济发展、人民生活等双方较熟悉且没有立场之争的话题，也可以就目前社会上共同关心的问题展开适当评述，包括一些无伤大雅、不是低级趣味的玩笑，以活跃谈话气氛。

2. 选择对方最感兴趣的话题

每个人都有一些自己最熟悉、最关心的或最引以为豪的事件与经历，如能及时发现对方的"热点"并适当引入，就能让对方打开话匣子，把你作为他倾诉的对象，对方在尽情畅叙之后，对你就会产生莫大的好感，甚至有一种相见恨晚的知音感。记得有这么一个故事，一个英国青年很喜欢旅游，但苦于囊中羞涩，无法成行。有一次，他听说有一个伦敦的银行家珍藏着一张他自己开具的最大数额的支票存根，并视为至宝，于是年轻人就找到了那位银行家，说："听说您藏有一张最大数额的支票存根，这事好多人都在传说，我听了后非常惊奇，慕名而来，请让我看上一眼并请告诉我您是怎么签署那张支票的。"话题引到了银行家最感自豪的事情上，于是一场滔滔不绝的倾诉者与有效倾听者之间的对话开始了，约定的见面时间早已过去，银行家仍意犹未尽，小青年也仍是那种非常聚精会神的姿态，表情中带着几分惊奇，几分羡慕。银行家尽情之后，忽然想到问小青年有什么事需要帮助(此时他已将对方视为莫逆之交了)，小青年于是将自己的心愿告诉了银行家。猜得出最后的结果了吗？银行家不仅资助了小青年一笔旅游费用，还竟然主动陪小青年到法国旅游，当起了义务导游。

3. 切忌在话题的观点上与对方争论

记住谈判的又一条基本规则："切忌将利益之争上升到面子之争。"每个人对同一事物都会有其各自不同的观点或见解，在中性话题的议论中，也会体现出各自的不同立场，但请记住这不是利益之争，这仅仅是一次聊天，一次营造良好人际沟通环境的普通谈话而已，有什么值得去争论的呢？就算对方观点不对或表达不清，你的伶牙俐齿把对方驳得哑口无言，你又能得到什么呢？在你以为你求得了真理、争到了面子的同时，你想过对方的感受吗？你想过这次谈话的目的吗？一场无谓的争执会让你失去许多原来你一直想得到的东西。在此笔者推荐给各位一句经典："我不同意你的观点，但我誓死捍卫你拥有自己观点的权利。"

4.1.3 树立自身良好个人形象

个人形象的展示是个体内在素质通过衣着、行为、言语等外显事物表现出来的,而人的形象所起的作用,主要是第一印象的作用,这种心理倾向得到了社会心理学家的科学验证。因此,在谈判的初始阶段注重自己的衣着打扮,给人以良好的第一印象是很重要的。"你可以穿着一套特别的衣服去旅游度假,或者参加聚会,它会使你风光无限。但不要把非正式场合的衣装与正式谈判场合的衣装搞混了!"[①]

1. 衣着

• 与谈判的性质一致

如果是正式谈判,谈判者应当穿得正式一点,以表示对这次谈判的重视和充分的准备,也是向对方表示一种尊重;如果是非正式谈判,谈判者的衣着则可"非正式"些,轻松些,因为衣着过于"规格化",也会影响到沟通气氛。

我们不妨回忆一下历届APEC会议的着装,与会各国首脑身着主办国提供的有着鲜明民族特色的"时装"亮相,已成为APEC会议一道亮丽的风景线。

• 与身份一致

即应根据自己的身份来选择衣着,笔者在企业工作期间发现,有不少大学毕业生参加应聘时,把自己打扮成一身名牌,这其实于应聘不利,"你的花销这么大,能安心在我单位工作吗?"一个人的穿着超过了自己的社会地位,容易给人以虚假和做作感,穿着适当低于自己的社会地位,往往给人以平易近人的感觉。因此,在穿着上的原则是:趋低不趋高。

• 与环境一致

豪华或简朴,高雅或平俗,均要考虑与谈判环境的一致性,即对等性。超越环境氛围的刻意打扮,往往使对手感到你的做作;低于环境氛围的穿着打扮,则会令你感到局促不安,甚至自惭形秽、丧失自信。这点在涉外谈判时尤为明显,出席西方企业组织的正式活动,必须穿上相应的正规服装,否则,与会者会以异样的目光注视你,让你倍感不自在。

• 忌穿全新衣服

有人认为在正式谈判中,穿着新衣服可以表现豪华和对对手的敬意,其实却是表现出了寒酸和怯场。服饰是"自我的延长",刚买的服饰,一来表现你专为这次谈判而破费的良苦用心,而不是一种日常生活水平的自然表现;二来新

---

① [美]迈克尔·唐纳逊:《如何进行商务谈判》,企业管理出版社2000年版。

买服饰往往和身体无法产生贴切感，而使你的动作显得笨拙；三来表现你刻意打扮的动机——紧张、拘谨、不安、怯场。最好的做法是把新买的服饰先在家里穿上几天，或经过一次洗涤，使自己和新着装协调后再穿入正式谈判场所。谈判场合以穿九成新的服饰为最佳。

• 创立自己的个性标志

经常出入谈判场所的人，如能把某一服饰作为自己的标志，就可在服饰打扮上收一劳永逸之功。例如，斯大林的烟斗、阿拉法特的阿拉伯头巾和军服、撒切尔夫人的长裙以及毛泽东的中山服。他们的稳定性标志型服饰表明充分的自信心和风格，同时也节省了变换服饰的时间，还可以避免因变换服饰可能会引起的猜想和议论。名人、凡人都是这样。因为凡人也有一个知名圈，只不过凡人的知名圈比名人小而已。

美国前国务卿奥尔布赖特素以谈判态度强硬，从不轻易让步闻名，被伊拉克等中东国家称为“蛇一样的女人”，奥氏干脆在以后与中东诸国会谈时，戴上了一枚蛇型胸针，形成了独具风格的个性标志。

2. 行为举止

放松心态、放松身体、自然面对，对手尽管陌生，但并非敌人，也许还会成为朋友，没什么值得紧张。动作自然得当，不要僵硬，更不要机械，这是紧张的表现；但也不要过于自由，而忽视了面谈时的基本礼貌行为，毕竟这不是在自己的办公室里，可以适当放松一下自己；服饰要保持齐整，领带更不能歪着。身体半躺式斜坐，二郎腿不时摆动，这是典型的挑衅性动作，其潜台词是：“你算什么啊！”这是在激怒对手。

日光应专注，适度直视对于，表示　种自信的心态，学会以眼神配合语言，能让眼睛说话，告诉对手你在乎什么，看重什么，不愿重提什么。目光不能散乱，更不要东张西望，那是你太紧张了，或是真的心不在焉。“眸不止，则心不正”，斜眼看人是告诉对方你不是一个诚实的人。

3. 语言

表达清晰、条理清楚、言简意赅、不讲废话，表示出谈话人的良好素质与修养啰嗦、重复、词不达意都是心态过于紧张所致。在尊重对方观点基础上，不能人云亦云，应适当表达自己的思想，留给别人有主见有思想的印象，也让对方从另一个角度认识到你的“力量”。

语言应配合表情和行为举止，张弛有度更显个性魅力。

4.2 开局陈述

开局陈述,是指在开始阶段双方就本次谈判的内容,陈述各自的观点、立场及其建议。让双方能把本次谈判要涉及的内容全部提示出来,同时,使双方彼此了解对手对本次谈判内容所持有的立场与观点,并在此基础上,就一些分歧分别发表建设性意见或倡议。开局陈述往往决定着整个谈判的基调。

开局陈述是原则性的,不涉及具体问题。因而在陈述自己的观点时,要采用"横向铺开"的方法,而不是深究某一个问题。也就是说,通过陈述,使谈判横向展开,而不是向纵深发展。这种开局陈述要言简意赅,使对方能很快把握要领,尽快切入主题,避免在枝节问题上纠缠。

开局陈述忌话题向纵深发展,其理由是一方面纵深展开不利于其他观点的展开;另一方面双方会因为在这一提议上的矛盾对立而开始直接交锋,过早地将气氛导入紧张状态。另外,纵深展开会过早暴露我方真实意图,有利于对方采取后发制人策略。

开局陈述一般包括陈述的内容、表达的方式和对对手陈述的反应三方面。

4.2.1 开局陈述的内容

开局陈述的内容主要包括谈判参与各方在开始阶段所应表明的观点、立场、计划和建议。具体来说它主要包括以下方面。

1. 己方的立场

即己方可以采取何种方式为双方共同获得利益作出贡献;今后双方合作中可能会出现的成效或障碍;己方希望本次谈判应遵循的方针原则等等。

2. 己方对问题的理解

即己方认为本次会谈应涉及的主要问题,以及对这些问题的看法、建议或想法等等。

3. 己方的合作态度

即己方拟在本次谈判中准备作出的让步及具体商谈的内容。注意这里的让步不是真正意义上的妥协,而是在对方本应拥有的权益上印上让步的字样。

4. 己方对对方陈述的基本态度

如果对手已先作了陈述,则在我方陈述过程中可对对手陈述的同一议题提出我们的计划和打算。注意,此时不宜反驳对方所陈述的建议,而是应从我方角度提出对该议题的想法。

4.2.2 陈述的方式

1. 简明扼要,准确表达

不要啰嗦,更不要对表达的观点附加理由说明。

2. 以商讨性语言陈述

尽量多用“我们以为这样比较合适……”、“您看这样行不行?”、“这是我方的设想,不知你方以为如何?”陈述是参与各方的共同权利,而且它与最终可能达成的结果是两码事,所以应以尊敬的态度,友善地向对手表明我方观点,这是谈判者应具备的“礼仪”。

3. 不要为对手表情所迷惑

高明的谈判者,在你陈述的时候,就开始施展进攻战术,他们会用各种表情(因为“不能打断对手的陈述”是谈判的“游戏规则”之一),痛苦的、叹惜的、无奈的、气愤的,还配合各种身体动作,如摇头、皱眉、苦笑和嘴巴中发出的那种令人心神不宁的怪声,扰乱陈述者的心神,使其不由自主地怀疑自己的报价是不是真的有问题,更有的谈判高手还会演现场“双簧”,即转过头对身边的同事或部下窃窃私语,眼神不时瞄上你一眼,他身边的那位则装出一种非常为难、无可奈何甚至不可能做到的样子。一旦你真的被迷惑,则谈判初期树立起来的信心也会开始动摇。

记住你在准备工作中所做的一切:我充满信心地认为这种方式的合作是对双方真正有利的选择!你可以对这一切视而不见,更不要因此自乱阵脚,不妨这样理解对方的表情与动作:他的表情痛苦是因为胃痛的老毛病犯了;他与身边人的窃窃私语是在向对方借钱,对方知道他借了不会还,所以表情好为难……你还是按你自己的计划出招:马二进三!

4.2.3 对对手陈述的反应

1. 学会有效聆听,切勿打断对方陈述

前者要求听懂对方的弦外之音,准确理解对方陈述中的关键内容,如价格、交货方式、质量保证、产品标准、运输方式等方面的首次报价(这是对方开价的上限,是我们保证可以得到的最起码的条件)。后者则是指,从礼貌上讲,随意打断对方陈述会引起对手不快;从利益上讲,对手一般都会把预定给你的利益部分陈述放在最后,一旦被打断了,他可能会将这部分“赠品”当做讨价还价中的一个砝码,对我方利益获取不利。

2. 发现有不明白处应及时求证

一旦对方陈述中的某些表达你不是非常明白或者不能完全确认，应及时向对方求证，切不可想当然："就是这个意思！"什么意思，对方明白了没有，需要求证时，可用商量的语气："对不起，我想打扰一下，刚才……是不是这个意思？"

3. 以其人之道还治其人之身

你也不妨用各种动作、表情扰乱对方的心境，因为这种方法确有实用性。有心理专家研究：当你面对一个发言人时，你不时地摇头、皱眉，重复多次后，对方就会感到很不耐烦。而当一个教室里的数十位学生都对着讲台上的那位发言人摇头的时候，台上那位会很快觉得惶惑不安，继而开始对自己产生怀疑，甚至变得不自信起来。

4. 在对方陈述后，将对手意思归纳一下，要求对手再次确认

"我能否这样理解您的意思……"归纳不是重复对方叙述内容，而是点明对方叙述中的弦外之音。

【小思考】

弦外之音①

在谈判初期阶段，对手常会以斩钉截铁或毫无妥协余地的措辞表明他的立场与见解。诸如："你方之提议是我方绝对无法考虑的"，"我们从来不接纳分期付款"，"货物出门、概不退换，这是我们所坚持的原则，因此退货之事免谈"等等。但是当谈判越过了这个阶段之后，对手之话语则或多或少具有伸缩性。这种具伸缩性之话语旨在暗示你"事情有商量余地"。例如当对手指出"到目前为止，我们仍无意更改付款条件"，或"付款条件是可以谈的"。只要你能抓住这类话语的真意，谈判之进展将指日可待。以下各个具伸缩性的话语到底是在暗示些什么呢？

- "你所给的限期太短，我们很难接纳。"
- "我们的工厂并不是为制造这种规格的货品而设计！"
- "我无权议价！"
- "本公司从未以价格作为谈判之标的。"
- "根据公司的政策，我们是不打折扣的。就算我们曾经打过折扣，它也绝不会大到10%！"
- "在这样的购买量下，我们的价格是300元。"

---

① 邓东滨：《陷阱与对策》，海峡文化出版社1989年版。

• “这是很合理的价格。”

• “这些是我们标准的签约条件。”

通过对对手陈述进行分析，就可大体上探测到对手的诚实性和真实性；了解到对手对这次谈判抱有多大程度的诚意和合作意向，同时对对手的真实需要也有一定的把握。

另外，在谈判中，还有一个容易被忽视却又很重要的问题，就是谈判者应该注意双方在谈判发展过程中的地位变化，这个问题贯穿谈判的整个过程。一般说来，商务谈判中，业主与客商之间的关系在谈判的不同阶段会呈现不同的特征。如一个项目是分开招标，那么在招标阶段，招标业主的地位比应标客商要高出许多，但到开标之后，第一标者就取得了与业主平等的地位，其他第二标、第三标只是作为候补对象处在等待地位。第一标者将合法地与业主进行一对一谈判，通过相互商讨、相互妥协来谋求一致。到了签约阶段，中标者的地位就可能超出业主，因为经过一系列的技术与利益谈判后，时间已经不多了，如果这时业主否定第一标转向第二标或第三标，这时的第二标可能比第一标更难对付，提出的条件也许更为苛刻。所以，第一标者可能会乘机向业主提出一些挑剔的要求，而业主因为对象、计划已经确定，时间紧迫而不得不迁就对方，甚至为此作出一些必要的让步。因此，谈判者要密切注意谈判进程中双方地位的变化，以便把握机会，驾驭谈判的利益趋向。

【补充阅读资料】

为什么谈判者不优秀、不能协同合作、两面派等等……[①]

情绪化是造成谈判困难和产生高风险的一个原因。情绪过于激动对谈判进程是很不利的，会扭曲谈判者的洞察力，并会将其注意力从实际事件中转移开来。阿达尔、罗森和思尔维·思特恩研究了谈判中害怕和生气这两种情绪的效应，同时提出了在谈判中克服情绪化反应的方法。

考虑到自己情绪，谈判者应该：

• 判断什么情形更易于触发不合适的怒气。

• 当生气时，决定是否表现出气愤。

• 采用行为技巧来减轻气愤（比如，休息一下，数数：从 1 数到 10）。

• 有效地表达气愤和不满（比如，公开地并且用不是控诉的方式）。

• 避免谈判者的偏见（“我是诚实的、有理的，但是你不是……”）。

• 尽量互相信任。

---

① ［美］罗伊·列维奇等：《谈判实务》，人民邮电出版社 2004 年版。

考虑到另一方的情绪，谈判者应该：

- 通过直接面对面的交流消除情绪化（“你看起来有些生气，是吗？”）。
- 评估情绪化表现的实际意义（这是正常行为吗？或者是个别的诡计？）。
- 直接面对对方的愤怒，可以待会儿道个歉或者指出这样可能会造成不良后果。
- 策略地回应他人的愤怒（停顿一下，用沉默来“让他头脑清醒”，作出适当的让步，等等）。
- 让对方挽回面子（特别是当对方因生气而感觉丢脸时）。
- 当谈判者预料中的愤怒情绪将高涨时，应考虑预先请一位调停者。

4.3 报价

报价是开局阶段的核心环节，也是谈判开始进入交锋阶段之前的最后一个环节，简单地讲它是指谈判参与各方交易条件的抛出。

商务谈判中的“报价”，不仅是指产品在价格方面的要价，而且也泛指谈判一方向对方提出的所有要求，包括商品的质量、数量、包装、装运、支付、保险、商检、索赔、仲裁等；以及工程项目的承包条件、工期、材料、质量等。其他像委托代理谈判、企业兼并谈判、合作合资谈判、咨询顾问谈判等，尽管其谈判内容各不相同，但谈判双方都会向对方提出各种要求，这种要求即为报价。当然，既然是商务谈判，价格这个极其重要的经济要素就必然是谈判的中心议题。

任何一笔交易中，谈判双方的报价，以及随之而来的还价交锋是整个谈判过程的核心和最重要的环节。因为报价决定这笔交易能否做成，或者一旦做成双方经济利益如何。

4.3.1 报价的形式

1. 书面报价

书面报价，通常是谈判一方事先提供了较详尽的文字材料、数据和图表等，将本企业愿意承担的义务，以书面形式表达清楚，使对方有时间针对报价做充分的准备，使谈判进程更为紧凑。但书面报价的白纸黑字，客观上成为该企业承担责任的记录，限制了企业在谈判后期的让步和变化。因此，对实力强大的谈判者而言，书面报价是有利的；谈判双方实力相当时，也可使用书面报价；谈判实力较弱者就不宜采用书面报价法，而应尽量安排一些非正规的谈判。

书面报价的适用性包括以下方面：

- 在有关规则约束下，本企业没有选择余地，只能以这种方式提出交易条件，如招投标项目。
- 以书面方式提出的交易条件既是最初的交易条件，也是最后的条件，不希望对方讨价还价，如供货价目表（当然要求内容清楚、全面、完备、无伸缩性）。
- 有时是一种策略，即成文的要约一般对对手会有相当大的压力，要知道书面印刷的东西比口头表述的规范得多，易使对方就范（即所谓的正统性权力）。

2．口头报价

口头报价具有很大的灵活性，谈判者可根据谈判的进程来调整变更自己的谈判战术，先磋商，后承担义务，没有义务约束感。口头报价，可充分利用个人沟通技巧，利用情感因素，促成交易达成。察言观色，见机行事，建立某种个人关系，来寻求谈判气氛，是这种方式的最大长处。当然，如果谈判人没有娴熟的沟通技巧和经验，会很容易失去议题的头绪，而转向枝节问题；容易因没有完全地理解而产生误会；也容易使对方进行反击。一些复杂的要求，如统计数字、计划图表等，难以用口头阐述清楚。此外，由于对方事先对情况一无所知，他就有可能一开始很有礼貌地聆听企业的交易条件，然后就退出谈判，直到他准备好了如何回答才回来谈判，因而影响谈判进度。为了克服口头报价的不足，在谈判前可以准备一份印有本企业交易重点、某些特殊需求、各种具体数字的简明表等，以供临时取用。

4.3.2 报价应遵循的一般原则

由于报价的高低对整个谈判进程将产生实质性影响，而且任何对手都会对你的报价进行砍价，对此你应有充分的心理准备，因此，要成功地进行报价，谈判人员必需遵守一定的原则。

1．设立“最低可接纳水准”

报价之前为自己设定一个“最低可接纳水准”，这是报价的首要原则。

所谓最低可接纳水准，是指最差的但却可以勉强接纳的谈判终极结果（即最低利益目标）。例如卖方可将他即将出售的某种商品的最低可接纳水准定为××元。这就是说，假如售价等于或高于××元，他将愿意成交。

设立最低可接纳水准的好处是：

- 借此避免拒绝有利条件；

• 借此避免接纳不利条件;

• 借此抗拒一时的鲁莽冲动;

• 当事人可借此限制谈判者的权力;

• 在团体谈判时,可避免多个谈判者各行其是。

2. 报价要"凶"

即卖方的报价必须是最高的,买方的报价应该是最低的。这里的"凶"是指在有理由证明的情况下。即只要你找到理由加以论证,你就该报出"最凶"的价格,报价应达到你难以找到理由予以辩护的地步!这是谈判的又一基本法则。

报价要"凶"的理由:

• 报价是为最终结果设定了一个无法逾越的上限。一般来说,不能提出更高的要价了,除非你有非常强烈的理由,报价之后,再次反向调整报价极易招致对方的不信任。

• 报价高低会影响对手对我方潜力的评价。

一般而言报价高能使对方提高对我方潜力的评价。反之,则会增加对手还价的积极性。

• 报价越高为自己所预留的余地就越多。

• 期望水平越高,成就水平也随之越高,即你的报价高低与你最后谈判结果有相关性。

比如你拎一桶水回家,与拎半桶水回家相比较,只要你能拎得动的话,到家时两个桶内留下的水肯定是不一样的,半桶水就算一点不掉也只有半桶,一桶水哪怕洒了许多,只要不倒翻,肯定要大于半桶。

当然,从理论上说,报价的高低,没有绝对的界限,它只是一个相对数。在商务谈判实务中,它取决于特定的项目、特定的合作背景、合作意愿和谈判氛围,它虽然可以由专业人员依据一定的原则与假设进行精确测算,但是隐含于价格中的不确定因素仍然很多。一般来说,标的金额越大的项目、客户特殊要求越多的项目,其报价弹性也越大。同时,商务谈判特别是涉外商务谈判的开盘价不仅仅是一个价格问题,还要包括交货时间、付款条件、运输和保险方式以及其他一系列内容。所以,开盘价的正确决策,不仅要依赖于谈判前的充分准备,而且还依赖于富有经验的谈判人员的准确判断。

盖温·肯尼迪在《谈判的真理》一书中提出:"开始的立场需强硬方为上策。否则将削弱自己对最终结果的影响。当然,立场虽需强硬,但要求仍需有节。多少得有站得住脚的理由才行。但能镇住对方的开价与愚蠢的开价有时难以分清，因为在谈判中，什么行为能取得良好效果，什么行为则不能，其间的界限并不分明。可以这么说，两者的惟一重要的区别在于前者言之成理而后者则否。”

【小案例】

即使最聪明的人也会上当[①]

欧洲某商业学院的市场学教授，一次被邀在暑假去美国中西部的一所大学，与另外几位美国同行共同主持一个为期四周的高层讲习班。

对方请他自己提出报酬要求，他思考了足足一周，回信要两万四千镑，还自鸣得意地对旁人吹嘘：“也该让美国佬明白：要想买到上等货，就要舍得出好价钱。”

那所大学居然回信表示欣然同意。对于这个答复，他虽不至欣喜若狂，但多少也有点惊异其大度和慷慨。为了投桃报李，他按照欧洲人的行事风格，全身心地投入了讲习班的工作。

开学一周后，他和来自德克萨斯州的美国同行闲聊。德州人有句俗话叫“一分钱，一分货。”他俩谈到了报酬问题。

他说，学校还真给面子，自己要两万四，他们就给了两万四，所以这次把太太也带来了，准备讲习班一结束就去纽约逛逛。

但令他难堪的是：那位教授告诉他，其所得报酬是按高级讲习班的“一般”标准定的，一共五万两千镑，夫人的一切开销另外支付。

听了这番话，他的满腔高兴顿时化为乌有了。

3．报价时的态度

- 报价果断、没有保留、毫不犹豫、充满自信。给对方留下诚实、自信、认真的印象。
- 报价应非常明确，要清楚到足以避免使对方产生误解或曲解的地步，有些总价可附以详细分项价格清单。也可以借助直观的方法报价，如在口头报价的同时，将具体数据和要点在纸上演示给对方。
- 报价时不必作任何解释或说明。

只要报价是合理的，没必要为它辩护，假如你主动为报价作辩护和说明，对方反而认定你的报价是不合理的，或者说是较勉强的。只有当对方对你的报价表示不满或要求你进行解释时，你才可对自己的报价进行辩护和说明。

① ［英］盖温·肯尼迪：《谈判的真理》（第三版），中国宇航出版社 2003 年版。

4. 报价时最好不要报整数,这是一种策略

因为报出一个带尾数的价格听起来更可信。美国的麦考马克在他《经营的诀窍——大学里学不到的学问》中说:“我不喜欢在谈判时抛出10万美元,这种整数价格是世界上最可能被杀的数字,你应该开价95500美元或者是104500美元,你可能会得到更好的结果。”确实,从心理学角度分析,人们对整数价的可信度往往偏低:怎么会不多不少刚好是一个整数? 这里面肯定有水分! 这是每个人都有的普遍心理。

5. 在对方要求你对报价作说明时

在此重申,不管我方报价的水分有多少,对方都会提出质疑。如果在对方还没有提出问题时,我们就主动加以说明,会提醒对方意识到我方最关心的问题,而这些问题有可能是对方尚未考虑的问题,这对我方是极为不利的。也就是说,只有对方对你的报价表示不满或要求你对它进行解释时,你才能对自己的报价进行解释。在对报价进行解释时,应该遵循这样的原则:

- 不问不答。指对方不主动问及的问题不要回答,以免造成言多有失。
- 有问必答。指对对方提出的问题,都要一一作出回答,并且要很流畅、很痛快地予以回答。因为任何吞吞吐吐、欲言又止的回答,都易招致对方的怀疑。
- 避虚就实。指对本方报价中比较实质的部分,应多讲一些;对于比较虚的部分,或者水分含量较大的部分,应该少讲,甚至不讲。
- 能言不书。指能用口头表达的,就不要用文字来书写。一旦有误,书写的就很难改变。

4.3.3 报价的顺序

即谁先报价,这是一个是先发制人还是后发制人的策略选择,报价的先后在某种程度上对谈判结果会产生一定的影响。这个问题尤其要引起每一个谈判者的重视。

【小案例】

专家也会犯错①

有家跨国公司与盖温联系,请他为公司的高级经理办一次有关谈判问题的两小时研讨会。

公司董事长事前约见了他,征询对研讨会讨论主题的意见,盖温扼要讲了

① [英]盖温·肯尼迪:《谈判的真理》(第三版),中国宇航出版社2003年版。

对于谈判者而言最不该做的事是接受对方的第一次出价的观点。他极表赞同，说：这个主题好，“能使我的人受益匪浅。”

接下来还谈了些其他细节，他要盖温放手去做，临告别时，盖温提到了报酬问题。

董事长问：“你想要多少？”

盖温说：“通常都是一天一千八百镑。”心想他大概会嫌要价太高。

哪知他回答得很痛快：“成！请开发票来。”

至今，盖温还是搞不清该要多少劳务费才算适当。

1. 先喊的利弊

利：

• 先喊价能先声夺人，使对手感觉其先期准备报价差距过大，而不得已作一定调整。

• 先喊价等于先树一个目标，双方会围绕这个“目标”分别进行“攻击”与“保护”，则先喊的一方容易制订针对性方案以维护自己的“实际需求目标”。

• 先喊价也是自信的一种表现，如配合以正统性权力和较充分的理由，往往能取得较理想的结果，尤其对实力较强的一方更加有利。

弊：

• 对方可针对你的报价，及时调整其开价，以获得本来可能没料到的利益。如卖方就某件商品报价为 200 元，买方原预期的初步报价为 190 元，并计划以 200 元成交，现在则可调整为 170 元甚至更低。这点尤其在双方价格冲突较小时确实先报不如后报。

• 对方以你报价为核心，不还价但不断地挑剔你的报价，逼迫你一次次让步，而始终不泄露自己底价。

2. 先喊或后喊的实际运用

• 在冲突程度高的谈判场合，“先下手为强”，在合作程度高的场合则无所谓。

• 如自身实力强于对方，或者在谈判中处于主动地位：先报为宜（尤其是对方对本行业不熟悉时），反之可考虑后报，以观察对方并适当调整自己实际期望目标。

• 就一般习惯而言，发起人应先报价。

• 如对手是谈判高手，则让对方先报价，避免让对方剥茧抽丝。

• 一般商务性惯例为卖方先报价，买方后报价。

3. 应注意的问题

• 切实弄懂对方报价的全部含义

如对手提出“我方该批设备的总售价为10万元”,它包含了哪些内容呢?运费、技术指导、配件供应,还有安装、付款优惠办法,等等,都应当及时澄清,或在归纳时要求对手明确。

• 把握对手对自己报价的反应

当发现一些企业因受历史和发展原因,受到技术和信息障碍,而对对方的估价有着相当大误差时,都应视为一件很正常的事,至于对方在你报价时的种种夸大表情更是需要仔细研读,判断其中的可信性,到底是真的出乎意料,还是对方在故弄玄虚。

• 少承诺,多试探

报价环节的一项重要任务就是相互探底,应针对对手报价中的各种提议多提问,并在对方的回答中寻找对我方更为有利的途径。

此外,千万不要轻易承担责任,特别是在没取得对方任何承诺时的主动“示好”,这是一种无谓的牺牲,而且是一种“把对手胃口吊起来”的愚蠢行为。世界著名谈判专家英国人盖温·肯尼迪在其《谈判的真理》中就明确指出:“谈判中最不该做的事是:一开始就由你来表示要价可以谈判。对方想砍价,他自然会砍,用不着你抢这个先。让对方带头讨价还价,对你只有好处。他在如何还价上也有好多难题需要克服。不少人对如何开头砍价感到发怵。没有外力推动,他们简直不敢迈步。他们倾向于或者接受对方开价,或者自己作出让步。对方既然需要有人鼓励才敢启口谈交易,那你就应该为他准备这个条件。只是鼓励只能限于让双方能谈起来,而切不可做过头。你可以向他问些问题。比如:他看上了些什么?这是不是他所想‘寻找’的东西?这东西合意吗?等等。从对方的回答中,可以看出他愿意为此出多少钱。而只要能诱使对方还价,你就好办了——或者卖给他,或者回绝他,主动权操在你的手上。”

• 全面评价对手的报价

依照利益均衡理论要求,一般对手在提出其所要求得到的利益同时,也会告诉你“他为你所考虑的利益”,这就给了你一个选择和索取的机会。换句话说,当对手告诉你他想吃那块肉,而打算把那碗汤给你时(当然这是一个极端不公平的“报价”),至少,你知道了在你没有答应什么前提下,那碗汤属于你了。接下去,你可能还想要分那块肉,甚至还包括那只碗,这都是你的权利与能力问题了。

记住:在没有获得对方报价的完整含义之前,不要轻易施展否定的权力,而应先确认你可以获取的所有即将实现的利益。

本章小结

• 开局阶段是正式谈判过程的起点，它的进展状况在很大程度上决定着整个谈判的前途。

• 就开局环节所面临的任务而言，主要有两条：既要将我方对本次谈判的基本要求作完整、全面的陈述，同时又须了解对手对本次谈判的目标要求。

• 建立谈判气氛是开局阶段首要任务，应以符合礼仪规范的言行举止，以中性话题与对手保持良好沟通，并树立起良好个人形象。

• 开局陈述应简明扼要，能准确表达全部意思，同时要以商讨性语言进行，不要为对手的表情所迷惑。

• 对于对手的陈述应学会有效聆听，发现有不明处应及时求证，最后还应将对手的意思归纳起来，以求最终确认。

• 报价是开局阶段的核心环节，报价的形式有书面报价和口头报价两种。它决定着本次谈判能否最后在预期利益目标基础上达成合作协议。

• 报价应遵循的一般原则有：设立“最低可接纳水准”；报价要“凶”；报价时的态度要果断；明确自信；报价应报零数价。

• 无论谁先报价都应切实弄懂对手报价的全部含义，要少承诺多试探，同时还要全面评价对手的报价。

思考与练习

1. 你的一位客户不接纳你所开出的价格，他并没有向你提出具体的反对意见，只是强调价格太高。此时，你怎么办？

(1)拒绝“价格太高”之看法。

(2)要求他提出具体的意见或建议。

(3)问他为何反对你所开出的价格。

(4)你自己提出解决该问题之途径。

2. 3个月前你向某公营事业单位投标承建某项工程。最近该公营事业单位通知你，你已得标，但要求你按所投的总价降低5%。面对这种情况，你怎么办？

(1)只同意减价3%。

(2)同意减价5%。

(3)向该公营事业单位提议，只有在改变投标条件之下，你才愿意考虑减价。

(4)拒绝作任何让步。

案例分析

报价再补救[1]

某年11月,国内A厂负责人到国外S公司考察,与S公司谈定引进3台卷簧机和1台双面磨床,总价值260万美元的意向,同时约定S公司派代表到北京与A厂签订正式协议。A厂长回国后,经专家论证,260万的价格偏高,但第一轮谈判价格已经确定,很难变动,只能通过第二轮谈判在一些方面加以挽回。

12月17日,S公司的董事长K和其助手来到北京,与A厂长进行第二轮的谈判。在此之前,A厂长对S公司和K董事长的情况和特点进行了详细的调查。谈判一开始,经验丰富、老练精明的K立即表示:“谢谢主人对我们的欢迎,我们这次来贵厂,完全是带着诚意而来,我们信守以前谈定的意向,希望马上签订协议,我们已经买好明天下午的飞机票,要赶回去过圣诞节。”K董事长气势逼人,一开始就施加压力,希望速战速决。

A厂长不慌不忙地笑着说:“K先生,离圣诞节还有一个星期呢,何必急着回去呢!作为主人,我们很愿意陪同客人到处看看,北京有许多世界著名的风景。另外,我想我们应该将协议仔细、认真地磋商一下,如果匆匆签字,将来出现纠纷就不好了。”

K先生碰了个软钉子,意识到马上签字是不可能的了。A厂长慢慢地翻阅着协议草稿,笑容满面地说:“K先生,在协议中有一点小问题,我想向您请教一下。在我方向贵公司购买的机械设备中,没有说明是否包括一些附属设备?”

“不,不包括任何附属设备。”

A厂长立刻严肃地说:“K先生,这恐怕就不太合理了。我们购买设备是使用的,不是放着看的,比如用户购买了一台电视机,怎么会不包括必要的天线、连接导线、遥控器呢?这恐怕不符合商业习惯吧。”K先生一愣,自觉刚才的回答欠妥当:“好吧!那就写上。”他想反正没多少钱,不要因小失大,只要能签订协议,这点损失无所谓。

A厂长接着说道:“我方购买的贵公司的3台卷簧机,怎么没有包括必要的配套电子操控平台呢?”1台电子操控平台价值3万美元,3台就是总价值9万美元。K董事长一听就急了,“不,不,如果是这样,我们是无法接受的。”推磨似的谈判开始了,直到中午,K先生让步了,他希望能下午签署协议。

---

① 王海云等:《商务谈判》,北京航空航天大学出版社2003年版。

丰盛的午饭后，A厂长亮出了自己的底牌：“我希望K先生能够谅解，按照目前的协议条件，我还是无法签字。我们所购买的这些设备，现在只能生产一般的弹簧；我们希望也能生产高级专用弹簧，这需要贵公司提供有关技术资料；同时我们还希望贵公司能够派专人来帮助我们安装、调试设备。作为合作诚意的象征，我们将再向你方订购1台双面磨床。”

K董事长一听，非常生气地说道：“我听说中国是礼仪之邦，可没想到你们如此没有合作诚意，看来我们无法签订协议了。”K先生欲起身离去。

A厂长也义正词严地说道：“不是我们没有合作诚意，坦率地告诉你，贵国另一家Y公司正在与我们接洽。他们所提供的价格比你们优惠许多。但我们中国人非常重视与朋友的友谊，希望能够与你方做成这笔生意。当然，不必勉强，实在不行，那就另当别论了。”K先生听后，沉默了一会，说道：“好吧，我们再谈谈。”

谈判一直持续到晚上6点，仍未达成协议，关键是生产高级专用弹簧的技术，K董事长无论如何也不肯让步。晚8点，在客人下榻的饭店继续谈判，一直到次日凌晨2点，谈判仍在僵局中。A厂长起身告辞：“今天就谈到这里吧！明天我还有很重要的工作，你们也需要休息了。”说完便告退了。

次日早晨，又开始谈判，可一上午仍无结果。A厂长遗憾地对K董事长说道：“非常遗憾，我们没能达成一致意见。希望以后有机会再合作！下午我们派专车送你们去机场。”午饭时，K先生和他的助手只是低头吃饭，没有任何表示。

午饭后，行李已经搬上停在饭店门口的汽车上了。A厂长与客人握手告别，送上轿车，微笑着对客人挥手：“再见，一路顺风！”

轿车引擎发动了，突然K先生对A厂长说：“厂长先生，你如能上车陪我们，还可以再谈谈！”A厂长无动于衷地说：“你们不是下午的飞机吗？恐怕时间不够了。”“如果途中谈不好，我们可以把飞机改期为明天。”“如果先生真想谈，我可以派人帮你们改期，请你们下车谈。”

K先生下车了，不到1个小时，K先生让步了，双方在协议上按A厂长的要求签字了。

提示：

- 了解成套设备谈判的基本方法。
- 体会耐心是谈判成功的法宝。
- 不要理会截止期。
- 运用买方的力量。

第5章 交锋阶段

学习目标

通过本章教学,你应该达到以下目标:

了解交锋阶段的全过程,把握还价的基本要求与技巧;正确理解交锋阶段是谈判的核心与高潮阶段,能够及时发现双方在主要交易条件上的分歧所在,以及准确判断对手的谈判实务及谈判风格;知晓僵局形成的原因,掌握僵局应对原则;具有在谈判过程中讨价还价以及防范僵局的产生和如何化解僵局的基本知识与技能,初步具备在交锋阶段应对自如的能力。

如果将整个谈判过程视作是一支交响曲的话,那交锋阶段就是交响曲的第一高潮,也是最为精彩、激烈、扣人心弦的一个乐章。谈判参与方在导入阶段陈述中的利益矛盾将在本阶段产生激烈碰撞,各种为保护自身利益目标、争取最大预期收益的谈判策略也在这一阶段展开较量,谈判家们的个人魅力也可在此时一展风采。因为这里是交锋阶段,一个虽没有刀光剑影但却胜似赤身肉搏的静悄悄的战场。

5.1 前续谈判之总结

对前续谈判的总结是谈判这一连续性互动过程承前启后的一环,通过总结归纳和对各方在前一阶段谈判中取得的进展及各自利益目标的阐述,往往构成下一阶段谈判之开场白。

但首先要强调,进入交锋阶段之后,谈判双方要针对对方的报价讨价还价。双方之间难免出现提问和解释、质疑和表白、指责和反击、请求和拒绝、建议和反对、进攻和防守,甚至会发生激烈的辩论和冷场。因此,在交锋阶段仍然要把握好谈判气氛，开局阶段可能已经营造出友好合作的气氛，进入交锋阶段后，仍然要保持。如果双方突然收起微笑，面部表情紧张冷峻，语言生硬激烈，使谈判气氛一下子变得紧张对立起来，就会令人怀疑开局阶段友好真诚的态度是否是装出来的，致使双方产生不信任感。所以，交锋阶段尽管争论激烈、矛盾尖锐，但仍然要保护已经营造出来的良好的合作气氛。

5.1.1 确认各方在主要交易条件上的分歧

即在报价基础上，将双方需求目标进行量化比较，以确认双方谈判目标的差异。要注意在比较分析时，除了双方开价以外，还表现为其他交易条件的差异，应予以全盘考虑，不可忽视细节支点。

分歧的确认，一方面可以明了双方的具体需求利益的差异，并据此确定本次谈判有无进行的必要或一旦进入交锋阶段，我方的重点攻击目标；另一方面调整我方下一步拟采取的谈判风格及让步与妥协策略。

量化可用表格方式进行，见表5-1。

表5-1 双方交易条件差异汇总表

主体	价格	质量要求	付款方式	付款期限	运费与保险	保修期
卖方	1060元/件	按封样	现金或支票	签约时付50%，货到验收合格三天内付清余款。	运力我方负责，运费对方支付，保险费用各半	半年
买方	800元/件	按封样	支票	货到验收合格后一周内付60%，半年内确无质量纠纷付30%，余额一年内付清。	卖方承担	至少一年

5.1.2 判断对手的谈判实力

假如有一天，你在路上与陌生人发生了冲突，在选择解决冲突的方案（不外乎“文”的办法，即讲道理以理服人；或“武”的办法，即打上一架以力服人）时，是否首先应作一番探试，以判断对方是不是一个讲理（有修养）的人，或是一介“武夫”。如果是前者，你完全可以争取以理服人。如果是后者，你还是干脆电话呼叫110，请警察同志处理是为上策。

谈判也是同样道理，都是寻求解决冲突方案的行为过程，只有准确判断对手实力，方能主动寻求针对性方案，以求在谈判桌上取胜（当然最理想的是“双赢”）。

谈判实力乃是谈判各方在谈判活动中所拥有的条件和所受到约束之和的

综合对比，它主要表现在：

• 谈判者的谈判能力、经验、知识和智慧

一方所掌握的知识越多，力量就越大。具有很高智慧和丰富谈判经验的谈判者，时刻可以根据谈判出现的情况驾驭对方，这是谈判者实力表现的一个重要方面。

• 谈判者的地位和级别

在关键谈判中，由级别较高的谈判者出面显然会起到压人一头的作用。当然，这种地位和级别来自于其所在的公司或上级的赋予。

• 交易双方的声誉

声誉好，交易公正，时常为对手着想，也是谈判者拥有的一种实力。

• 双方利益的动态对比

如果能对另一方构成利益威胁，该谈判者就拥有了巨大的谈判实力。显然，这也有赖于对另一方真正利益所在的认识和理解。

• 市场环境和竞争环境中的地位

很明显，当市场竞争使买卖双方力量发生变化后，实力也会随之变化。

• 实力受到社会价值观念的制约

每个社会都有特定的法律体系、文化习惯和道德风尚，谈判者如能顺应和精通此道，无疑会增强自己的实力。

必须说明，上面是评价实力的一般的抽象要素。由于环境在不断变化，各种要素在不同的环境中对实力的形成影响大小是不同的，必须用动态的方法来评估，更应注重最新的情报信息。

5.1.3 判断谈判对手的谈判风格

每个谈判者都会因不同性格、能力及经历不同而形成不同的谈判风格。豪夺型的喜欢硬式谈判；懦弱型的中意软式谈判；合作型的更欣赏原则式谈判。所有不同的谈判风格都有其优势与缺陷，需要我们在了解、判断对手谈判风格的基础上，采取相对应的方式对付。

一般地讲，原则式谈判是双方都期望的理想谈判模式。当对手采用硬式谈判，而你采用原则式模式时，容易被误认为你是一个软式谈判者；当面对一名软式谈判者时，采用硬式谈判模式者，显然更易获益；而面对硬式谈判者，以硬制硬是你的惟一选择。

研究表明，在谈判中“强硬”派（指爱提强硬要求而且决不退让的人）往往战胜“软弱”派（指胆小怕事，不敢面对冲突的人）。有趣的是，许多实验也表明，在谈判中一上来就提出高要求的一方(亦即所谓的持强硬态度)，当碰到对手同样强硬的反应时，态度往往马上便会软下来。这就意味着，强硬可以软化对手。软化对方乃是持强硬态度的实质所在，所以对此深有研究的人告诫，遇到态度强硬的谈判对手时，你的态度要比他更加强硬，直到双方能心平气和地展开谈判为止。

5.2 还价

5.2.1 如何对付对手报价

盖温·肯尼迪有一个著名的观点，即“世上没有不能变的价格”。

在对方报价过程中，要认真倾听并尽力完整地把握住对方报价的内容。在对方报价结束后，要像导入阶段所要求的那样，对某些不清楚的地方可以要求对方予以解答。同时，应尽可能地把对对方报价的理解进行归纳和总结，并力争加以复述。当确认自己的理解正确无误之后，方可进行下一步。

1. 不要干扰对手报价

一般人在报价时，会将他计划“施”给你的部分放在后面陈述，一旦你中途干扰，他就不再陈述“施”的内容而改为接受你的“砍价”要求，使得你白白失去了那部分应得利益；其次，打断对手发言，无端干扰对手至少也是对人的一种不礼貌行为，要知道请对方说话，让对方倾诉，也是赢得对手好感的有效举措。

经常性的做法是：仔细倾听对手报价与陈述，尽力准确理解与把握对方报价的全部含义，如有不清楚之处，可及时提问要求明确(注意提问语气及措辞)。并在对方陈述清楚后，将对方的陈述进行归纳。

在提问过程中，要使对方认识到，这些问题只不过是为了弄清他们的报价，而不是在要求对手解释如此报价的原因。例如，“你刚才说的‘此报价包含包装’是包括运输包装和销售包装了吗？”“所谓‘材质是最好的’，这最好的材质是用什么材料？”注意此时不要以审问的语气追问：“为什么说最好？”“是最好的吗？我看不见得”等。

2. 即使对手报价极不合理，我方都不应予以全面回绝

完全回绝是一种缺乏诚意的草率举动，既然对方敢报价，肯定有其理由，其中不乏有实价的内容(当然，大部分肯定会有水分)。那么何不在肯定其实价内容基础上，再各个击破其有水分的报价内容呢。

一般性做法是在对方报价后，要求对手作出“价格解释”，即告知价格的构成依据、计算方式等，以了解对方报价的实质、态势、意图及诚意，以便采取相应对策。此时要控制好自己的心态，预防敌对心理情绪的产生。

当谈判者在谈判中遇到反对意见时，第一个反应也许是回击，或是怒气冲冲地走开。而在重要的谈判中，这种做法会使谈判者无法从与对方的交流中获得利益（对对方也是一样），同时也会转移谈判者的注意力，而正是这种注意力把谈判者带到了谈判桌前。有专家建议，当谈判者面对反对意见时，其首要选择是试着理解对方为什么会持有反对意见，然后再决定怎么做。他们提出了以下四项建议：

- 检查谈判者的假设是否正确；
- 检查支持谈判者假设的数据；
- 寻找和估计其他数据，尤其是那些可以证明假设不成立的数据；
- 适当地估计和调整假设。

一旦假设正确或适当，就决定是否通过下面的行为来处理对方的反对意见：

- 忽略（就像从未发生过一样）；
- 针锋相对（例如还击：“这是你理解错误”或“你的理由显然不能自圆其说”）；
- 转移（例如，告诉对方自己知道了这一点，然后把话题转到别处，这里幽默感常常会有所帮助）；
- 投入（和对方谈论谈判的目的或自己对攻击的反映）。

3. 一般对付办法

- 若对方缺乏合作诚意，采取硬式策略，则也可采取硬式策略对付，甚至不惜运用绝对化策略。

有这么一个故事。两个人到酒吧里展开谈判，那里环境幽静，气氛高雅。就在对手报价后，另一方马上惊讶地失声高叫“你疯了，你怎么能这样。”这时，酒吧里的周围人都转过头来，报价方马上感到不自在，赶紧安慰对方：“轻点，别嚷嚷，有事好商量！”“受伤方”（不知道他是否真的受伤了）就已经为自己争到了某些利益。当然，他还可视条件许可，再进一步继续大声地说：“你太过分了，太令人生气了，太让我失望了……”（不知道是谁太过分了）。对手受环境之沉重压力，一旦就范，就会进一步让步。“好了，好了，我退一步……有话好好说。”

- 若对手的报价内容已为你熟悉，且有了应对策略，则可以逐项还价。

即对对手的报价内容逐项予以各个击破，哪一项是不合理的，至少应怎么样……“这里的固定费用分摊了10%”，“那里的运输费用你还没记入”等等。

• 若对手是谈判高手，且报价内容完备，理由充分，则可提出本方需要时间考虑，要暂时休会(“暂停策略”)。

5.2.2 还价的方式方法

1. 还价的方式

在商务谈判中，还价的方式从性质上讲，可分为两大类：一是按比例还价；二是按分析的成本还价。这两种还价的具体做法如下：

• 逐项还价。即对主要设备可逐台还价；对每个项目，如对技术指导费、培训费、工程设计费、资料费等，均可分项还价，尤其是对一些内容熟悉的项目，可以按我方分析的成本逐项还价。

• 分组还价。根据价格分析时划出的价格差价档次，分别还价，如对贵得多的，还价时就要压得多，以区别对待，实事求是。

• 总体还价。这是把成交货物或设备的价格集中起来，仅还一个总价，如招标价，或者按总预算下浮若干个百分点。

以上方式采取哪种合适，要依据具体情况而定，不能生搬硬套。

如果卖方价格解释不清，买方手中比价材料丰富，卖方成交心切，没有耐心及时间，则买方可采用逐项还价更有利。

如果买方解释不足，掌握的比价材料少，但卖方有成交的信心，然而时间紧迫，则采用分组还价的方式，对双方都有利。

如果卖方报价粗，且态度强硬，或双方相持时间很长，但均有成交的愿望，在卖方已作一两次调价后，买方也可作总体还价。不过，这要还得巧妙。所谓“巧妙”，就是既考虑了对方改善了的报价态度，又抓住他无理的地方；既考虑到买方自己的支付能力，又注意掌握卖方的情绪，留有合理的妥协余地；即做到在保护买方利益的同时，也使卖方感到有利可图，不失成交的信心。

2. 还价的起点

当选定了还价的方式以后，买方还要确定还价的起点，即以什么条件作为第一还价，这第一锤子敲得合适与否，对双方将起决定性的影响。若能敲出双方讨价还价的热情，说明成交有望，怎样才能确定还价起点？首先，应看卖方在买方讨价后，其价格改善了多少；其次看卖方改善的报价与买方拟定的成交方案之间，还有多大的差距；再者，买方是否准备在还价后让步？以上几条是决定还价起点的基本条件。总体上应按对等原则还价，即发现对手开价很高，你的首次还价就一定要低了还再低。

3. 还价的次数和时间

还价次数取决于谈判双方手中有多少余地,如买方第一次还价高,手中余地不大,则再让价的可能性就小;反之,卖方态度强硬,买方手中也无可让的牌,这样不是逼卖方再让,就是自己退让,否则会陷入僵局。如果卖方在固守调整两次的起价后,仍有两次或三次价格调整的可能,买方亦应照此对阵,但每一台阶大小要视交易金额而定,卖方多以5%左右为一档,或把价格分先后几次来调,以制造“台阶”,保护期望价格水平。买方还价的档次也是根据交易金额而定,要是项目小,报价水平不大,则还价的台阶不宜太多,以免浪费时间;若项目小,但水分大,买方可用“台阶”去挤压,无论两次还是三次还价,没有“台阶”的做法是不行的。因为精明的商人不会相信“开口价”、“不二价”,卖方不觉得已把买方“挤干”是不会罢休的,所以买方的还价一定要留有退路。

还价时间,也是买方“退”的时候,应十分讲究,否则会影响“退”的档次。时间“火候”掌握得好,可少退一个台阶,反之,则会多退。从原则上讲,要求双方靠拢,他不进你不退,具体要求是:

- 走在对方后面。即让对方先出价,自己后还价。
- 把好“火候”。时间早晚对谈判心里有一定影响。
- 看准条件。以卖方价格条件改善的状况为还价前提。

5.2.3 还价的基本要求及若干技巧

1. 还价的基本要求

(1)澄清对方报价的基本含义

这是老生常谈,但也确是谈判者在参与谈判过程中最易疏忽的内容。必须问清对手的每一项报价的真实含义(从对手角度理解的含义),知道对手对报价的所有理由(在以后的还价中将“火力”集中到那些理由上),尤其要控制好自己情绪,不能冲动。

(2)做好还价的各项准备

除了掌握有关产品(项目)生产(流通)程序、技术要求、质量标准、对手企业资信及市场环境、竞争状态等一般性资料以外,还有一个重要内容就是对谈判双方力量的把握。“力量是谈判进程中最本质的东西”,盖温·肯尼迪认为,“谈判技巧本身就是力量平衡的另一种表现形式”。

有的人在谈判中宁愿心平气和而不喜欢剑拔弩张,这是可以理解的。但它丝毫也改变不了双方力量的对比,谈判者就是根据对双方力量的判断来指导自己行动的。这也为我们指出了谈判中的“力量”的最重要的独特特征，即它完全是主观的，就像风一样，看不见，摸不着，只能凭感觉得知。从某种意义上讲，力量是客观存在的东西，但力量也存在于人们头脑之中。

你不可能“安全”地假定，与你谈判的对手对市场信息的掌握或对于市场走向的看法都和你一致。也不可能假定自己对市场的了解一定正确，即使大多数人对市场走向持相同看法，那也不见得就一定正确。要是对方对当前局势的看法与你截然不同，那你就遇上了难题。你搞不清对方的态度是如实反映了双方力量的对比呢，还是只不过是虚张声势想压迫你改变立场?

确实，我们可以设想，对手在谈判中的任何举动或策略，其意图或多或少都是在影响我方对双方力量对比的看法。哪一方能更技巧地让对手形成力量对比对你方有利的看法，则这一方在谈判中所获也必将更多。换句话说，只要你认为力量在对方一边，那他根本不必说话就把力量抓到手了(连你也在他的掌握之中)。

【小思考】

力量就在你手中①

假如你是位失业的电脑程序技术员，从广告中得知某公司正招聘程序员，名额只有一个。当你来到该公司人事处的接待室时，只见里面已经挤满了人。

那么，你的被聘机会是大了些呢？还是小了些?

很自然，你一定会感到有点胆怯，信心大减，因为毕竟来应聘的人太多了。

但是应聘的人真有那么多吗?

对这个问题的回答只能是：你怎么知道的?

你怎么知道那些人是为了什么排队?

你怎么知道自己不是公司找了一个多星期也未能找到的来应聘的惟一电脑程序员?

竞争这一职位的人多固然将减少你的被聘机会，但又焉知也许根本就没有人与你竞争呢？排队的人也许都是来参加接待员面试的。

如果你以为那些人全是你的竞争对手而心存怯意，那么你很可能就只能以较低的工资被雇用了。也许那些排队的人全都是被公司临时雇用来吓唬你的，好让你接受年薪低于5000镑的工资待遇。

(3)统筹兼顾，松紧适宜

统筹兼顾是指把价格与商务、技术、售后服务保证等各方面的条件、数据

① [英]盖温·肯尼迪：《谈判的真理》(第三版)，中国宇航出版社2003年版。

资料综合起来，作为讨价还价的筹码，而不应该只把目光盯在价格上，要学会一点一点地啃。在南美丛林中有一种食人蝇，它们就是用啃的办法使人致死的。松紧适宜是指过松、过于迁就对方，自己会吃亏，尤其是当对方使用硬式谈判时；但过紧，一旦对方感到受不了，有可能因愤怒而退出谈判，双方均无所得。所以，还是“当止则止”、“过犹不及”。

2. 还价的若干技巧

(1)“投石问路”

所谓“投石问路”是指在了解对方报价后，不急于还价或提出我方报价，而是提出各类与价格有关的带假设性条件的问题，请对方明示，并在对方的答复中寻求最有利的还价信息。应该说这类信息越多就越有利于作出还价选择。如：

问：这种商品你的售价是多少？

答：每件 100 元。

问：有折扣吗？

答：可以打 9 折。

问：那我买两件呢？

答：那就 170 元(每件 8.5 折)。

问：我想为我朋友多买些，买 10 件的话，你能不能多优惠？

……

在实际商务谈判中，“投石问路”式的提问有：

- 假如我们的订货数量增加 1 倍呢(或减半呢)？
- 我们的订货合同时间从半年延长至一年呢？
- 我们增加(或减少)保证金呢？
- 我们改为现金支付(或分期付款)呢？
- 假如原材料由我们提供呢？
- 假如部分生产设备由我们提供呢？
- 假如我们提供技术力量支持呢？
- 假如我们自己提货呢？
- 假如把装运期提前一个月呢？
- 假如改变一下你们产品的规格呢？

……

应该说，作为答复的一方，对这类问题的回答是比较棘手的，基本上处于被动状态，或者在对方步步紧逼式的提问中，不自觉地先行让步。因此，要予以充分重视，一般应对技巧如下：

• 要考虑仔细后再作答。不要对“假如”马上作出反应(关键在于事先要有充分准备)。

• 找出对方(投石方)真正意图所在。如可以回答：“你看这样好不好，把你的打算都告诉我，我再尽可能给你提供优惠。”

• 也要求对方以实际订货数量、时间为条件，再给予答复。“你到底要多少？”、“你确保以现金支付吗？”、“你现在就决定订货吗？”也丢一块石头给对方。

一个高明的谈判者，可以将对方所投出的“石头”变成一个很好的机会。针对对方这种想知道更多资料的要求，可以趁机向其提出自己的建议。例如，多订几年合同，更多数量的订货，购买备用零件等。

(2)“吹毛求疵”

即为迫使对方降低心理期望值并最终让步，可以在对方报价的具体理由上寻找问题(缺陷)，让对方觉得理由确成问题，而不得已作出退让。

“吹毛求疵”式的提问一般可采用比较法，如：

• “××厂同类产品的性能明显要比你们好，可价格也和你们一样啊。”

• “你们设备的预热时间要半小时，对生产效率影响太大了，对于我方生产规模的提高很不利。”

• “这类产品的技术性要求较低(仿造者和竞争者会很多)，做代理的压力很大，说不定辛苦一场，反而为他人做了嫁衣裳。”

• “外壳是很漂亮，但硬度不够，很容易损伤。”或“硬度是不错，但外壳不够美观，感觉不够时尚。”

对“吹毛求疵”法的应对：

• 仔细倾听，寻求对方提问中的漏洞和不实之词。实事求是地加以解释。“对不起，我想你可能有些误会，××厂的产品寿命可只有两年啊，而我们保证三年以上。”

• 对方某些难题，某些有争议的问题，应直截了当地提出反对意见。“不错，我们的价格是比同类产品要高10%，但用料是完全不同的，我们都是用进口钢板制作，这是质量说明书，请你过目。”

• 对于有些不好回答或不愿回答的问题，要适当回避。可以适当转移话题，介绍自身产品独特优势。

• 向对方建议一个具体且彻底的解决方法，回避枝节问题。

• 不要轻易让步，一旦发现对方无理挑剔，及时予以反击。“您需要的那种既有硬度,又很时尚的产品我们也有,瞧这是价目表,它的售价要比你现在看到的这种产品高出1/3。”

• 也用“吹毛求疵”策略,提出一些针对性问题和要求,以加强己方的报价力量。“你的技术要求我们可以满足,但我们的价格你能满足吗?”

(3)数字战术

数字是权力的一项很微妙的来源。人们对各种繁琐的统计数字总有着一种敬畏心理,因为它代表着某种权威,而不敢轻易怀疑它。如“我厂产品去年的市场占有率已达到23.2%”;“××报将我厂产品列为十大畅销产品系列”。收集数字的人常常控制着决策,也影响着谈判的力量平衡。

我们会经常听到有的对手在叙述或报价解释中不时吐出一连串统计数字:GDP、市场占有率、竞争同行的业绩、消费者评估排名。甚至××年×月×日在××地发生的××事,使人惊讶他那计算机般的头脑。尤其是当我们听到那些数据来自一些权威机构或媒体公开报道的时候,更加不自觉地就信以为真,不敢有所怀疑。统计数字具有催眠的力量,它们本身并没有好坏可言。挖掘得愈深,愈能显出它的真正意义。而隐藏在数字里的,可能是故意制造出来的事实、解释、假设和个人的价值判断。可是,这一切你却无法从表面轻易看出。所以,对于统计数字要保持审慎的怀疑态度。

数字战术的另一种方式就是化繁为简。一般人都有一种怕麻烦或怕伤脑筋的弱点,这种弱点有时会被善于把握心机的谈判对手所利用。譬如说,我们都喜欢接纳一个整数,而不愿处理含有小数或分数的数值,因为整数便于记忆,而且它代表的一个完整的观念或数值的自然分界线。因此,当谈判对手指出:“我们不妨采用四舍五入法将9.99879元化为10元!”你很可能不假思索地予以承诺。但是,你仔细思考一下:假如每公斤的价格你多付0.00121元,10万公斤的购买量将令你多付1210元,“小数怕长计”的道理就在于此。

5.3 僵局与破解

僵局是指商务谈判的参与各方对所谈问题的期望值差距过大,且各方互不让步,而使谈判出现一种僵持的局面。谈判陷入僵局后,谈判的双方情绪都比较激动,判断处理问题时,常是以情绪而不是以理智作出选择,甚至出现面子之争,使双方的分歧越来越大,导致谈判的最终失败。因此僵局是谈判道路上的最大障碍。但我们也应认识到,僵局是谈判过程中的必然环节,是每个谈判者必须正视的问题，谁都不希望出现僵局，但谁也没必要害怕僵局的出现，因为惧怕而主动妥协，试图避免僵局的行为是谈判中的愚蠢举动。

确实，当适时达成协议或限期达成协议是一种重要的考虑因素时，僵局将成为一股巨大的压力，往往使谈判者章法大乱，甚至“病急乱投医”——以巨大兼快速的让步，试图排除这种压力。因此，了解僵局的成因及破解措施是谈判者必须熟知的内容。

【补充阅读资料】

僵局的应对①

托马斯·克斯尔发表在《哈佛商业评论》上的一篇题为《在谈判中不能输给客户》的文章中，讲述了“当客户变成野蛮的暴君”时谈判者应该如何做。他综合各种情况提出了八项战略建议：

- 准备放弃点。
- 当受到攻击时，注意倾听对方的发言。
- 在需要讨论时追溯问题的来源。
- 确定公司的需求。
- 直到确定双方的受益程度后才提出解决方案。
- 将最困难的问题留到最后解决。
- 采取“高起点，慢退出”战略。
- 不要陷入感情的泥淖中。

5.3.1 僵局成因分析

1. 立场之争

在交锋初期，双方往往不是在分歧中寻求解决问题的途径，而是各自坚持立场，不作妥协，力图以硬式谈判迫使对手就范，致使气氛逐渐紧张，甚至上升到面子问题，而不再顾及双方利益，则达成协议的可能性愈发减小，双方也都要为此付出巨大代价，僵局致使两败俱伤，这点在国家间政治、军事、主权谈判中更为常见。中英关于香港问题的谈判也历经十多轮次，中间几度形成僵局，还是邓小平同志“一国两制”的伟大构想，才使香港问题得到了圆满的解决。

2. 强迫性压力

在商务谈判中，个别谈判者凭借企业自身经济实力或个人争强好胜的性格及谈判技巧向对手施压，以求最大获利。这种强迫手段与谈判原则相悖，也

① [美]罗伊·列维奇等：《谈判实务》(第二版)，人民邮电出版社 2004 年版。

易给谈判带来更大风险。因为接受那种无谓的风险或损益期望值失衡的风险,就意味着接受不公平,屈服于强权,可是谁也不愿束手就缚,僵局就因此而形成,往往压力越大,僵局就越发难以被打破。

3. 沟通障碍

这是指双方在交流、商洽过程中,可能遇到的由于主观与客观的原因所形成的理解上障碍。产生沟通障碍的原因通常有以下几方面:

• 双方文化背景差异。如日本人常说的“嘿”其实并无任何意思,不能理解为“好的”、“行了”;我们中国人也常说“是的”,它也不表示同意或接受,而只是一种客气的口语。

• 语言沟通障碍。如一方长时间陈述、解释不给对方发言机会,对方自然会感到失望和不满,形成潜在僵局;反之一方长时间沉默,对对方叙述不置可否,使场面非常难堪,导致对方猜疑,也会形成僵局。

• 内容上理解错误。如“原木制作”可以理解为“用原木板材制作”也可理解成“用原木加工成纤维合成板制作”。一旦在达成基本意向后才发现认识误差,就极易给双方造成“对方不讲信用”、“出尔反尔”、“故意作梗”的感觉而导致僵局。

4. 人为故意制造

像上述“奇袭”策略导致的僵局,也属人为故意制造,人为制造僵局的出发点有两种:其一,处于不利地位时,改变双方地位态势。由于双方实力差距,弱小的一方无法与对方抗衡,在整个谈判过程中往往处于不利地位。希望运用僵局达到提高自身地位的目的。其二,在处于平等地位时,争取有利的谈判条件。即利用僵局向对方施压,降低对方期望值,再利用折衷方法达成协议。

5.3.2 僵局应对原则与防范

1. 僵局应对原则

• 冷静思考

谈判者在处理僵局时要防止和克服过激情绪所带来的干扰。一名优秀的谈判者必须具备头脑冷静、心态平稳的良好素养。只有这样才能面对僵局而不慌乱。只有冷静思考,才能理清头绪,正确分析问题,从而有效地解决问题,打破僵局;相反,靠拍桌子、大嗓门来处理僵局是于事无补的。

• 欢迎不同意见

不同意见既是谈判顺利进行的障碍,也是一种信号,它表明实质性的谈判已经开始。如果谈判双方就不同意见互相沟通最终达成一致意见,谈判就会成功。作为一名谈判人员，不应对不同意见持拒绝和反对的态度；而应持欢迎和尊重的态度。这种态度会使我们更加平心静气地倾听对方意见，从而掌握更多的信息和资料，也体现了谈判者的宽广胸怀。

● 避免争吵

争吵无助于矛盾的解决，只能使矛盾激化。一旦谈判双方出现争吵，就会使双方对立情绪加重，形成敌对情绪，从而很难打破僵局。即使一方在争吵中获胜，另一方无论从感情上还是心理上都很难与对手持相同的意见(俗话讲的那种"下不了台阶")，谈判仍有重重障碍。

● 加强沟通

一方面双方多沟通信息，争取信息共享，这样会减少双方因信息占有量不均等所带来误会的可能性；另一方面，通过经常性沟通密切人际关系，减少敌视心态。此外还应注意沟通的方式方法，如多倾听、多探求、少冲动、少辩论。

2. 僵局防范

僵局一旦形成不外乎两种结果：一是打破僵局继续谈判，二是谈判告吹。对于后一种结果是双方(尤其是僵局制造方)所不愿看到的，这就是僵局的风险；而对前一种结果而言，打破僵局也很困难。当事人一般都会这样想：是我先主动有所表示呢？还是静候对方呢？如果双方都是以不变应万变，让对方去费脑筋，那僵局还是无法破解。毕竟僵局会给双方都带来极大的心理压力。就好像一对夫妻因为琐事而吵架，事后双方都有些负疚感，但谁先主动向对方示好呢，显然也很难。所以，应对僵局最根本的办法在于事先防范僵局的形成。

● 以互惠的谈判模式取代传统的谈判模式

如 1967 年以色列发动"六日战争"占领了西奈半岛，为此埃以开始了长达 11 年的谈判，但一直未能达成一致意见，埃及认为西奈半岛是经希腊人、罗马人、法国人、土耳其人及英国人长期占领后收回没多久的领土，不能再沦入他族之手。而以色列认为决不能将西奈半岛归还埃及，以免埃及坦克随时可以直冲进入以色列，双方互不妥协。1978 年，美国总统卡特出面与埃及总统萨达特和以色列总理贝京进行为期 12 天的"戴维营谈判"，通过互相探寻对方需求，最终达成协议，以色列将西奈半岛交还埃及，而西奈半岛大部分地区变成"非军事区"，使埃及获致领土完整，以色列也得到了国防安全保证。

● 报价时采用"多项齐头并进策略"

即指同时谈论有待解决的多个项目，如将价格、付款条件、交货方式、售后服务等项目一一展开，进行全方位谈判。若其中一项谈不拢，可转移到另一项，或是当某一项不得不作退让时，可设法由其他项目获得补偿。

这种策略的主要缺点是进展缓慢，且容易扰乱头绪，但却能较好地避免僵局的发生。

5.3.3 僵局的应对

1. 为对手找台阶

在僵局状态中让步是一件有损"面子"的事，你须刻意留意对手的这种心理顾忌，可能的话，设法给他提供一些足以打破僵局的可选择的"台阶"。

2. 改变议题

换一个新议题继续谈判，将僵持不下的议题暂且搁置一旁，以等待情绪高潮的到来，由于议题与利益间的关联性，等其他议题谈判成功后，在较友好的气氛和情绪高潮时，回过头来再谈原先曾陷于僵局的议题，效果就会大不一样。

3. 寻找第三方案

双方在坚持各自的谈判立场互不相让时，谈判会陷于僵局，此时双方应共同放弃所坚持的原方案，而寻求一种可以兼顾双方利益的第三方案，或者提出几种方案由对方选择。一般而言，第三方案的提出既是对双方利益的兼顾，也是暗示双方想要"双赢"就必须顾及对方利益，这点在原则式谈判中尤为明显。

4. 更换谈判人员

往往主谈人会因为僵局影响到面子而不轻易改变立场，有时还会产生一种抵触情绪，而影响到全场谈判(有时对手也可能因对己方主谈人产生厌恶情绪而不愿跟"他"谈判)。适时更换主谈人，以全新姿态进入谈判，因为他没有原先谈判人的心理压力，对于僵局气氛的改变会相当有利。

5. 改变谈判地点

原来的谈判环境使人不由自主地会想起刚才发生过的争执，给人一种压抑的感觉。改变谈判环境可使谈判气氛得到缓和，使谈判在轻松的环境下进行，往往环境会直接影响到人的心情。舒适的环境会让人产生豁然开朗的轻松感，知道埃以和平谈判的地点吗？就是在美国总统的休闲地——戴维营进行的。

6. 休会或暂停

借休会暂时休息，使双方都能冷静下来，各自检讨自己的行为举止，冷静考虑立场与利益之关系，以免在续会后重蹈覆辙。同时提议休会或插入其他非业务性活动，如就餐、喝茶、娱乐活动，也有利于双方身心放松，改变一下谈判场合的沉闷气氛，使参与各方以新的精神状态重新开始谈判。

关于暂停，每个喜欢NBA的球迷都知道，在NBA比赛中，暂停技巧更让人神往。那些著名的教头总能在这短短的两分钟里给球队注入某种“魔法”，使其反败为胜，还不时涌现“终极杀手”、“零点四秒先生”之类神奇之举和能将对手一剑封喉的绝招。

谈判是力的较量，是信息的比拼，也是一场脑力竞赛活动。要保证自己随时保持清醒与理智，暂停是必要的，也是正常的，甚至可以说是谈判者必须采用的一种谈判策略。

对手突然改变了谈判风格、临时调换了谈判人员、向你提出了最后通牒，或者自己感到了疲劳、团队内部出现了不和谐音、你也感到思路乱了……假如所有这一切问题来临，你该怎么办？暂停！赶快暂停！让谈判定格。

“当你按下暂停键，你就定格了这次谈判——就像用遥控器定格电视屏幕中的镜头一样。你真正地或从心理上离开它，在心里过一遍你已做过的工作，在计划上查一下谈判中还剩下什么。休息一下，这也许是纯脑力的，也许是其他感知不到的方面。但是你给了自己时间，让你在继续谈判之前做一回顾，确定你没有遗漏什么，这样你能避免被逼到死胡同里去。按下暂停键，你就避免了用感情控制或破坏谈判。”①

在你觉得必要的时候，适时暂停至少有三项作用。其一，及时听取他人(或专家)的意见，获取更多的信息；其二，让自己在某一段远离谈判，重新整理已被对手干扰甚至影响的思路(犹如电脑中的杀毒)，使自己从当局者迷暂时变成旁观者清；其三，在作出决定之前，给自己一个思考的时间，哪怕只有几分钟。套用一句俗话：话语在出口前先在嘴里转一下。因为一旦说出来发现有误，想收就难了。

【补充阅读资料】

该暂停时就暂停②

在每一个关键时刻使用暂停键，这样可以回顾谈判全过程，或者决定什么时候结束这次谈判。每当你感到有压力或紧张时，一定要使用暂停键。至于暂停的时间，就在你参与谈判之日，便是可以随时暂停之时。

你的暂停键的价值在于暂停期间做了些什么。在这简短的时间中问自己一些确切的问题。每一次谈判的情况都不同。一般来说，你需要考虑每一个

① [美]迈克尔·唐纳逊等：《如何进行商务谈判》，企业管理出版社2000年版。

② 同①。

特定的细节。你也许要用这些时间看一下谈判中要用的其他五项基本技巧:

- 准备　你需要其他附加信息吗?
- 作限定　考虑到谈判中又得到的信息,你先前所作的限定是否依然可行?
- 聆听　你是否听到了其他人说的每一件事?它是否与你的肢体语言和谈判中的其他事情相关?
- 弄清楚　你是否希望把有些事情弄得更清楚或表达得更直接?
- 掌握何时结束　在接受最后提议之前,你是否还有足够的时间去改变它?

当你能够察觉你已经按下暂停键,也能察觉你在其间做了什么,就会自动地做如上回顾。有时你给大脑一次休息。有时,你给参与谈判的每个人暂停机会,特别是事情激化的时候。

暂停的时机一般有:

- 想检讨自己所听到的与所观察到的事物时。
- 为构思问题时。
- 为思考新的论点与自卫方法时。
- 为探索变通途径时。
- 为检讨策略及战术时。
- 为构思较好的印证性陈述时。
- 为讨论可能的让步时。
- 为决定如何对付对手之索求,或是否增加己方对对手之索求时。
- 为核对规章时。
- 为分析价格、规格、时间、与条件之变动时。
- 为进行成本分析时。
- 为制止对手提出尴尬的问题时。
- 想排斥讨厌的谈判对手时。
- 体力不支时或情绪紧张时。

暂停的方式。即以什么理由要求暂停,可以有多种方法。如在生意场合,搬出一个人,说你在给出最后回话之前必须和他商量,这是一个委托方的借口,可以给你暂停,简单说一句:“我不得不和我的同伴(或家人或顾问或其他人)讨论,明早九点半以前回到这儿来。”

一般常用的暂停方式有:

- 令对手澄清其立场。

• 预先安排不速之客或电话在紧要关头插进。

• 上厕所，泻肚是良好的借口。

• 声称口渴或肚饿。

• 更换己方之成员。

• 声称手头上欠缺供作支持论点的资料或数据。

• 表示不知，要求得到更多的借口而拖延时间。

• 以无法得到专家意见为借口而拖延时间。

• 提供文件以令对手埋首其中。

• 借助翻译人员或第三者以延缓时间。

• 事先与己方成员取得协调或默契，以便采取一致的方法答复对手所提出的问题，例如将所有的问题疏导给某一特定成员，而让其他成员获得时间作较充分的思考或答复。

• 时时要求休息或休会。

• 找一位能够“短话长说”的人充当成员。

7. 借助调解人或提请仲裁

有时僵局往往须由第三者出面才能调解，特别是与双方都认识的同仁作调解是破解僵局最常用的办法。正如前面例子中那对争吵的夫妻一样，有一个中间人出面，会使双方都有台阶可下，矛盾也就消失了。

中间人、第三人此时可以起到如下作用：

(1)提出符合实际的解决办法；

(2)出面邀请对立的双方继续会谈；

(3)刺激、启发双方提出有创造性的建议；

(4)不带偏见地倾听和采纳各方的意见；

(5)综合各方观点，提出妥协的方案，促进交易达成。

需要注意的是，充当第三者的必须是双方信任的、公正的人，或者是协议执行过程中，不能获得较大利益且在协议条款的内容中并无直接利益的人。

有时对一些技术性专业问题也可由各方专家(非谈判人)直接参与商量，也容易找到共同点，形成解决问题的新方案。而有些僵局确属无法解脱的，则可请行业协会或第三者进行仲裁。

8. 适当的妥协让步

在谈判陷入僵局时，作出适当的妥协让步是打破僵局的最直接办法，即首先作出高姿态，在某些条件上作出适当让步，然后要求对方同时让步。当然，自己先让步的是那些非原则问题或对自己不是很关键的问题。由于妥协是谈判中最具诚意的表示，因而在自己作出妥协后，对方也会作出一定的让步，从而达成共识。否则的话就可以指出对方缺乏合作的诚意。毕竟，对于谈判的任何一方而言，坐到谈判桌前的目的是希望通过合作，寻求双方共同利益，而不是"准备吵一架"。

9. 以硬碰硬法

如发现对方试图故意制造僵局，向你施加压力，并迫使你退让的话，则可以采用以硬碰硬法。

• 提醒对手，谈判的每一方都可能因僵局之持续而受害，并及时向对方发出警告：故意制造僵局必将损害双方利益与人际关系。

• 离开谈判桌，以显示自己的谈判立场，甚至针对性地采用冒险战术：中止谈判，撤离会场。

除此之外，破解僵局的办法还有许多，如：高层会谈或建立高层"热线电话"；成立联合研究小组；或者讲个笑话将气氛调整得轻松些。

总之，僵局是谈判双方都能感受到的共同压力，也影响着双方的最终利益目标，应慎之又慎地予以对待。

本章小结

• 交锋阶段是谈判的核心与高潮阶段，也是谈判双方为追求自身利益与对方展开激烈冲突的关键性环节，它对谈判最终结果的形成是决定性的。

• 前续谈判之总结包括确认各方在主要交易条件上的分歧、判断对手的谈判实力及谈判风格三部分。

• 盖温·肯尼迪认为："世上没有不能变的价格。"

• 对于对手的报价首先不要干扰，要全面理解，即使对手报价极不合理，也不应予以全面回绝。

• 还价可以逐项还价、分组还价也可以总体还价。

• 还价的起点、次数和时间应视对方报价状况而定，一般而言，起点应与对方报价的预留幅度对等；次数则不能"一步到位"。

• 谈判的力量"是谈判进程中最本质的东西"。力量是客观存在的，但力量也存在于人们头脑之中，哪一方能更技巧地让对手形成力量对比对你方有利的看法，则你方在谈判中所获也将更多。

• 在市场上无论买方还是卖方都拥有控制对方的力量，只要能让对手感到有竞争压力，就肯定可以减低对方的力量，增加你方的力量。

• 还价应注意统筹兼顾、松紧适宜，尤其要做到"当止即止、过犹不及"。

●僵局是指商务谈判的参与各方对所谈问题的期望值差距过大，且各方互不让步，而使谈判出现一种僵持的局面。

●面对僵局应运用：为对手找台阶、改变议题、改变地点、寻找第三方案等策略，力求解脱僵局，特别要重视暂停策略的运用。

思考与练习

1. 假设你是某种零件的制造商。有一家工厂已积欠你三批零件的货款达半年之久，现在该工厂又要求你供应第四批零件。面对这种情况，你怎么办？

(1)告诉该工厂的会计部负责人，除非他清偿前三批货款，否则第四批零件将无法交货。

(2)一面交货，一面催收积欠的货款。

(3)告诉该工厂内使用零件单位的负责人，除非清偿前三批货款，否则第四批零件将无法交货。

2. 由于某真空管制造厂所运交给你的一批真空管，无法通过你的品质控制检验。你遂将这批真空管送到自己的检修场进行矫正性加工。此时你将如何与该真空管制造厂进行谈判？

(1)要求该厂将你的加工费用从你所赊欠的账款中扣掉，并警告该厂以后所运交的真空管一定要符合规格。

(2)将你的加工费用从你所赊欠的账款中扣掉，并付清欠款。

(3)付清你所赊欠的全部账款，但要求该厂保证将来运交的真空管一定得符合规格。

假如你采取上列三种对策之中的第(1)种，但该厂坚持要求你付清全部账款。其所持的理由是，你所要求的加工费用太过昂贵，而且通不过你的品质控制检验的那些真空管应该送回该厂再做检验，必要时该厂将替换新的真空管给你。面对这种情况，你应该怎么办？

(4)再度拒绝付款，并坚持你所收取的加工费用是合理的，而且它必须先予扣除。

(5)警告该厂，假如再坚持要求你付清全部的账款，则以后将拒绝与之往来。

(6)付清你所赊欠的全部账款，但要求该厂保证将来运交的真空管一定得符合规格。

案例分析

就这样谈判[①]

纳尔逊先生是伦敦地区的一名律师，他的合伙人委托他买了一台电脑，他的问题是：有一种型号的电脑正是他们需要的，但钱不够，比对方开价还差2400镑。他想把这件事办得漂亮一点，但绝不愿再为此多支付1个英镑！

一天晚上，纳尔逊乘着酒兴去找那位电脑商谈判，他展开想像的翅膀为谈判想了一套极具说服力的说辞。

他先是叫对方把电脑性能再详细说一遍，并请他在本周晚些时候为他的合伙人再次演示。

对方认定他是诚心想买，也就老老实实地如实回答，但却错误地透露了急于做成这笔生意的愿望（说是想为在旅店推销这种电脑打开销路）。

这正是纳尔逊想诱使对方上钩的一个诱饵，但他却假装没想到，只是含糊地暗示，要是电脑果真如对方所说的那么好用，则的确在这一行里可谓不乏销路，云云。

一周后，演示如约进行。事后，他告诉对手，合伙人已原则上同意买下这台电脑，只是为成交价规定了一个上限：最多不得超过11500镑。

他说："到了这个线，就一个子儿也不会再加了。"还装模作样地拿出合伙人会议的记录给对方看，说那是大家的一致决定。

这又是一着妙棋。

纳尔逊不无遗憾地对对方说，电脑价格是11500镑，加上使用培训费500镑和一年维修费1900镑，加到一起是13900镑，早过线了。还告诉他，合伙人已指示自己，要找别的厂家看看有没有更为合适的电脑。

他对对方说，你这种机器的确先进、适用，遗憾的是自己的其他合伙人不大懂行，"这不，下周又约了别的厂家来演示机器了"。

这个消息令对方大为吃惊（但他不该把吃惊显露出来）。可想而知，他马上急急忙忙地为自己辩护，说是卖价并没有超出限额（还是11500镑），而且又走了一着错棋，作出让步说，机器软件可以免费提供，培训费也可以酌情减少，还说，付款期限也好商量。

电脑商错就错在他说的这些都没有触及正题：那11500镑的上限问题还是无法解决。但纳尔逊仍把他的让步全部记录在案，以备不时之需。

① 改编自[美]盖温·肯尼迪：《谈判的真理》（第三版），中国宇航出版社2003年版。

纳尔逊在总价不能超过 11500 镑这一点上寸步不让。他的道理很充分(有文件为“证”),遗憾也很真诚——另找便宜的电脑的确“多此一举”,但为预算所限自己无能为力!

电脑商被套住了:要想做成交易只能降低要价,但 2400 镑又不是个小数目,总得有个理由才好向老板交代。于是便向纳尔逊说,还得和上级商量一下才能决定。

对他而言,这句话是不该讲的,这岂不暴露出自己在谈判上无权作出决定吗?要是换个说法,说是“需要好好考虑再说”也许更为明智一些。何况这样做还另有一种危险:要是有个卖便宜电脑的竞争者趁机而入,岂不把到了手的鸭子弄飞了(市场上是不乏便宜电脑的)。

3 天后,电脑商打来电话,说是公司愿以“特别”优惠价 10500 镑出售,“为了表示对本产品的信心,1900 镑维修费也可以推迟一年交付”。

全部价款加起来只有 11000 镑,“比你们的最高限额还低了 500 镑呢,这可不能再让了”(这表明纳尔逊的计谋已经得逞)。

但对方也有个条件:得允许他们在向其他旅馆推销产品时以你们已经用过作为招揽,而且由于“不言而喻”的理由,对“特别”优惠价应予“保密”。

提示:

- 注意带点的重点部分,并分析其所包含的策略。
- 如果你是那位电脑商,你会采取哪些对策?
- 纳尔逊的谈判行为还有可改进(完善)之处吗?

第6章　让步妥协阶段

学习目标

通过本章教学,你应该达到以下目标:

了解让步的基本内容和方式,正确理解让步、妥协在谈判过程中的意义;把握让步的原则,学会在谈判当中让步、妥协的基本做法;树立不要轻易让步的正确理念,懂得让步的策略;掌握让步的技能与技巧,具备灵活运用让步策略以取得谈判成功的能力。

谈判是一项合作的事业,是一个解决谈判各方利益冲突的过程,因此可以认为,在各方利益的获取过程中适当的让步、妥协是必要的,也是必需的(正所谓"施"与"受"兼而有之)。

从概念上分析,谈判中的妥协是指谈判一方为实现(或保护)自身利益目标而向对方作出的一种理解和让步的行为过程。让步是指"你原本想得到的但是又不得不同意放弃的谈判元素",如果迅捷的产品运输是你最期望得到的利益承诺,你就需要在价格上有所退让同时支付一些额外的报酬。

所以我们姑且这么认为,妥协是谈判过程中的一个必要且必需的环节,甚至可以将谈判理解为一个谈判各方相互妥协退让的过程。它存在于谈判的各个阶段之中,如谈判前期的日程安排、人员选择标准、时间及地点确定;导入时期的报价顺序及交锋阶段的还价方式等等。从某种角度看,理解与合作也是一种妥协,而让步则是妥协的具体表现形式,当然其前提是让步和妥协不能与你的基本利益需求相左。

【补充阅读资料】

妥协的功能

谈判中的妥协有两个主要功能:抵御冲击、推动谈判。

● 抵御冲击

在整个谈判过程中,冲突跌宕,谈判双方均会全面推进,以求己方利益最大化。在谈判冲突的争论中,某些妥协的出现肯定会改善谈判的情绪和气氛。这种缓和将减少谈判压力、分散谈判攻击火力,起抵御谈判冲击的作用。

● 推动谈判

谈判中的妥协不仅是单方的谈判成果,也是双方的谈判成果。由于谈判的追求无不在妥协中实现,因而,当出现妥协时,随之也就有了谈判成果。谈判成果又激发谈判的深化和发展,推动谈判进程。因此,在一定意义上讲,妥协就是谈判成果。无论妥协来自单方还是多方,均能起到推动谈判的作用。当妥协来自一方时,必然推动另一方的谈判,因为对另一方来讲,可以是一个谈判成果;当妥协来自多方时,反映了各方均有所收获,自然会促进多方的谈判进程。

6.1 让步的原则与内容

6.1.1 让步的基本含义

如前所述,让步是一种为达成交易目标而作出的妥协或某种牺牲,这是交锋阶段的必然过程,也是谈判双方在交锋过程中必须考虑到的,但让步涉及到双方的切身利益,切不可随意进行,它可能会带来其他利益(如双方让步或对方大于你的让步),也可能带来负效果(如大于对方的让步幅度,甚至助长了对方的自信心)。因此,让步也是谈判双方需共同面对的一个极微妙的"难题"。

让步不是错误,更不是投降。说到底,谈判就是讨价还价,而让步是讨价还价的组成部分。"我们必须牢记,谈判的目的不是说服对方,而是让对方感到双方都有利可图。千万别指望对方会牺牲自己的利益,无偿地满足你的要求,这是不现实的。"[①]

在现实生活中,也确有视让步为投降的。如晚清政府在面对八国联军侵略者时,更是步步退让,次次投降,签订了一个个丧权辱国的不平等条约,李鸿章也留了个千古骂名。这是我们所有商务谈判者应引以为鉴的。

再从让步的可能性与现实性两方面分析:

首先,谈判双方在报价中存在的谈判"虚头"使让步成为可能。按照通常的做法,报价不会是谈判任何一方的实际谈判目标,而且,很显然是高于谈判

① MBA 核心课程编译组:《谈判与沟通》,九州出版社 2002 年版。

目标所推算的成交条件。但这个高出的部分决不是谈判者所必须要求得到的,乃是谈判者为以后谈判留下余地的策略。对于这点,谈判者都清楚对方开价中有虚头,因而才有讨价还价的过程产生,才有把握使对方让步,同时自己也愿意作一定限度的让步。

其次,让步就利益目标而言,存在着三种可能的结果。

第一种:让步,但却一无所获。

原因有两方面,自身方面,你以让步作为赢得对手好感的手段,你"善意"地理解了对手,而对手却毫不领情,或者说在谈判中你在"施"的同时,却没能获得所期望的"受"。更有甚者,你迫于协议的压力,而忘却了利益的核心地位:"拙劣的谈判者不一定谈不成交易,但谈成的只能是大上其当的交易。"①

第二种:让步,但同时有所获取。

这是一种针锋相对式的谈判,即所谓"退一步、进一步"。

"你想付款期限放宽一些吗?那么你就得多买!"

"你想降低价格吗?那么你现在就得买!"

"你想免费送货吗?那么我们星期天才能发货!"

其依据是许多谈判专家推荐的"同步法则":你报价 160 元,我报价 100 元,则按同步法则你下降到 150 元,我也让步至 110 元,最可能的成交价则会在 130 元上下。

对此,笔者更赞同盖温·肯尼迪的观点:"谈判中没有让步必须对等的'规矩'(这样的规矩万不可信),也没有只因对方作出了让步,就必须以让步回报的道理。"如果遇到的谈判对手是位爱作单方面让步的人,那真是你的福气!最好的对付办法就是不为所动。该怎么坚持还怎么坚持。他要是要求你让步的话,你就要他再作些让步,让得越多越好。

你这样做时也许有点"于心有愧"、觉得行事不够"公道"。(之所以会有此想法,大概属于人性中的不可思议之处吧!)人们总以为在谈判中,双方"必须"对等行事,都牺牲一点谈判开始时的立场。但在实践中看,如此看待"谈判"实为错误。

因此要注意,当谈判的一方降低其要求,另一方没有必要也同等相退让。比方:对方一下子便将报价降低了 20%,你怎能知道他的报价不是在"漫天要价"呢?之所以不赞成同等回报,道理正在于此!因此,笔者并不同意在谈判中实行所谓"对等法则"。

---

① [英]盖温·肯尼迪:《谈判的真理》(第三版),中国宇航出版社 2003 年版。

第三种：让步，但大有所获。

应该说，这是一种近乎于理想主义式的让步，甚至让人觉得是天方夜谭，但在谈判现实中也不乏此例。这种让步行为的依据是，将所有对手希望满足的条件（有些在我方眼里是无所谓的“微利”或“无利”）都视作让步的筹码，提醒对手：“想要这些筹码吗？那你得给我点回报，这些筹码好重要哦。”如果你很精明的话，你就能够把差不多所有的谈判问题都变成增值的让步问题。

确实，让步有时可以获得更大的利益。谈判的任何一方在任何时候作出的任何让步都不可能是无任何条件的，其目的在于诱使对方在获得让步的满足后，同时作出让步，并且这种让步时常能获得比让步前更大的利益，这也是我们所推崇的让步方式。

6.1.2 让步的原则

1．不要轻易让步

人们总是比较珍惜难以得到的东西，而不会欣赏很容易就到手的成功，这是人类的一般心理，越是不容易得到的东西就越觉得珍贵。因此，假如你真想让对方快乐地得到满足，就让他们去努力地争取每一样他希望得到的东西，并付出代价，哪怕某些让步对己方是无所谓甚至没有损失的，如果这类“细微”的让步恰恰是对方所看重的，就应慎重不要轻易放弃，要让对方懂得我方每次作出的让步都是重大的让步，让对手在获取到每一份利益同时，也送上一份快乐、开心和成就感。

2．千万别以让步作为赢得对手好感的手段

你的这种“善意表示”常被对手视作是“弱点的暴露”，是胆怯、心虚的表示，对手甚至会想到凭什么对我这么好？肯定有什么不可告人的企图，我要加倍小心了。

要让对手认同你，并建立起良好的人际关系，只有通过“搏力”，通过据理力争和激烈的冲突才能获取，这也是人际关系的基本原则。我们可以假设这样一个实景：在大雨中，一个青年女子在匆匆行走，她没有伞也没有雨衣，你在她身旁走过，想真心帮她（助人为乐），于是，你脱下身上的雨衣（主动让步）递给她，你猜猜下面可能会发生什么？“她会接受并表示由衷地感谢还会满怀激情地看我一眼”——那是你一厢情愿！这也说明你很可能就是以让步作为赢得对手好感的那种谈判手；“她很可能会冷冷地白我一眼，理也不理地走得更快了，我还隐隐听见她骂了一句，流氓！”对了！这才是很可能的结局，不过也证明你已具备了正确的谈判意识。

3. 毫无异议地接纳对手首次要求的条件是最为不明智的让步

哪怕其首次喊价完全符合你的要求，也要再咬一口，而且也完全能够得到这一口。反之，毫无异议地接受，很可能使对手感到茫然和失落，并开始怀疑自己报价不够高，报亏了，而开始加诸各种附加条件并变得强硬起来。

台湾学者邓东滨在《陷阱与对策》一书中介绍了这么一个实训情景：

你有一部半新不旧的轿车想出售。你认为它若能卖得5万元，则感心满意足。就在你前往报社刊登售车广告的那天下午，有人提议以6万元的现金购买你那部车子。此时，你最明智的举措是什么？

(1)毫不犹豫地接纳他的提议。

(2)告诉他3天之后再答复他，因为你希望先看看广告的效果如何。

(3)跟他讨价还价。

显然，(3)是最明智的举措；(2)的后果是一旦3天以后广告效果不理想，你的退路在哪里？回头去找那位主动报价者，他还会那么老实地拿着6万元等你吗；选择(1)会怎么样？对手在思考若干分钟(让茫然的脑子清醒一下)后说，让我先看看车子……于是无休止的压价策略源源不断地出来了。

4. 让步应有明确的利益目标

让步的根本目的是为了保证和维护已方的利益，而不是为了达成某一个书面协议，可以说让步和坚持已方利益目标是统一的，不是矛盾的，不作出让步也就坚持(实现)不了已方的利益目标，而让步也应以获取利益目标为前提。无论是用让步来“放长线钓大鱼”，或以让步来巩固和保持己方在谈判中的有利局面，都不能忘记利益目标。

记得在一次有关谈判策略的讲座会上，有学员问笔者：“怎么理解牺牲眼前利益(让步)，为了长远利益的关系？”笔者反问：“‘放长线钓大鱼’的道理谁都明白，但你想过没有，一旦你放了长线，却没钓到大鱼，甚至连鱼钩鱼线都被鱼儿拖跑了，又该怎么办？”该学员沉默了，实际上所谓的长远利益说到底关键是你能否把握它的风险性。

5. 设法令对手在重要问题上先作让步

己方可以在对方强烈要求下，在非原则性的、次要的、较小的问题上作相应退让，请注意：所有这类非原则性的、次要的、较小的问题的定义是对双方而言的，如果你方的次要问题却是对手的核心问题，则不可轻易放弃。要求对方降低供应价格，己方在供应时间上(在允许范围内)给对方一个稍长的期限。如：“考虑到你方生产能力，我们同意你方延至下个月供货，但价格至少应再下降2个百分点！”

6．一方的让步必须与另一方的让步幅度相对应

如果要己方让步，对方必须先作出让步，合作关系的维系是双方共同的责任，需双方共同承担，至于让步的幅度，则视我方拟让步区间大小而定。（这里不能理解为相同幅度，由于双方报价差异，拟让步区间不同，同等幅度让步，对报价较实在的一方很不利。）

7．不要做太多与太大的让步

一方面让步次数过多，影响到谈判者自身的信誉和诚意（“怎么说没了，又让出来了？你不是一个诚实的人！”）；另一方面，让步过多或过大必然影响到自身利益目标的保证，更为不利的是太多与太大的让步，会提升对手的谈判期望水准，让他有信心“再咬一口”，“人心不足蛇吞象”，当你的过多让步吊起了对手的胃口时，你真的会“吃亏在眼前”了。“经常、过快的让步使另一方感到：在讨价还价上他们没有认真地考虑。另一方会感到要价太低。如果当时更聪明一点的话，他们可以得到更多。也许这是事实，如果他们真这样想，对你又有什么好处呢？没有！更为糟糕的是，他们会在下一次与你谈判时竭力避免这种错误，或者他们会在交易的其他方面谋求补偿。”①

8．要期望得高些，别怕说“不”字

既然你对谈判充满自信，就要用行动来维护自身期望目标，对对手的各类要求（包括一些无理要求），要敢说“不”，直接否决且理直气壮。心理学研究表明：在人们对某件事件连续性予以否决后，对方会对其原有期望值进行重新评估并下调，在本书开头章节，描述了为什么孩子是天生的谈判高手时，其中一条就是他们敢于大声地说“不行！”。

有的谈判者面对老熟人、老朋友、老客户等时，该说“不”的地方不好意思说，生怕对方面子下不来。其实，该说“不”的地方不说“不”，不是对方没有面子，而是你马上就会没有面子。因为你应该说“不”的地方，往往是你无法兑现的要求或条件；你不加重申“不”，就意味着你承诺了你无法兑现的要求和条件，这不就意味着你马上要失信于对方，马上就会没有面子了吗？

【补充阅读资料】

国际谈判提示：作让步的10条指南②

1．在重要的问题上不要首先作让步。

2．不要接受对方的第一次开价。

---

① ［美］迈克尔·唐纳逊等，《如何进行商务谈判》，企业管理出版社2000年版。

② ［美］弗兰克·L.阿库夫《国际商务谈判》，上海人民出版社1995年版。

3. 使对方降低最初的过高要求;不要以还价来答应对方的过高要求。

4. 作小的让步。不要对对方期待过高。

5. 作让步时要缓慢地进行(就像醇酒一样,时间愈长愈好)。

6. 通过作让步使对方觉得这对您没有什么好处,可是对对方自己却很有好处。

7. 在您认为重要的问题上推迟作出让步。

8. 作有条件的让步(譬如,要有回报,或者只是在能够解决所有问题的条件下作让步)。

9. 对自己获得的让步感到庆幸。不要感到心虚。

10. 不要觉得您应该对获得的每一个让步都给予回报。

6.1.3 让步的具体内容

1. 商务谈判中的让步

卖方可以给买方的让步:

- 降低商品的供应价格或某些项目的价格。
- 对购买量大的给予必要的优惠。
- 接受托收方式,简化支付程序。
- 如对方付现则给予某种折让。
- 接受买方提出的包装条件或运输要求。
- 在对方要求期限内完成交货。
- 保证商品质量有新的发展和提高。
- 在特定期限内,采取价格稳定政策。
- 提供良好的售后服务。

买方可以给卖方的让步:

- 及时支付货款(甚至付现)。
- 给予卖方某些有偿的技术援助。
- 迅速反馈关于卖方商品的市场信息,帮助卖方不断提高产品适销性。
- 批量采购,并与卖方订立长期合同。
- 协助卖方进行广告宣传及渠道拓展。
- 形成良好合作关系,让渡部分区内市场。
- 增加采购数量,帮助卖方减少库存,把市场铺开。
- 自己提货并负责运输。
- 改为简易运输包装或不要运输包装。

2. 国际商务谈判中对让步的理解

(1)让步的次数及对于让步的反应

在不同的文化里,起初让步的次数是不同的。一项研究发现,日本谈判者在每半个小时谈判会上作让步的次数(6.5) 少于来自美国的谈判者(7.1)或巴西的谈判者(9.4),一般来说,让步越少越好。

此外,注意对方会以应该"公平"的理由要求你作出让步。不管什么时候当对方告诉你说,因为他们对你的报价非常"公平"或"合理",所以要求你作让步时,不要相信他们。这常常是一种使你感到内疚的操纵战术。

从对讨价还价的理解看,各国也不尽相同(如表 6-1 所示)。

表 6-1　来自不同国家的谈判者如何看待您作出的某个大的让步

谈判者所在国	可能的反应
美 国	"我明白了。"
荷 兰	"我不能信赖你。"
日 本	"这伤害了融洽。"
瑞 士	"此人没有作充分准备。"
沙特阿拉伯	"生意就该这么做。"

(2)耐心是对付让步的重要手段[①]

美国谈判实务专家特德·克莱因是这样强调坚毅耐心在国际商务谈判中的重要性:"我告诉我的人民,倘若你用头撞墙,那将使你头破血流。可是倘若你不断地用头顶墙,那总有一天墙会倒塌。"

耐心是与让步联系在一起的,因为急躁的谈判者往往提出更多的反建议和作出更多的让步。老练的谈判者比稚嫩的谈判者提出的反建议要来得少。

耐心还可能是对方的战术之一,因为对方试图以自己的耐心来消耗你。他们指望你会变得焦灼不安,然后作出你本不愿作出的让步,不要做牺牲品。要采取这些反措施:

- 给予自己充足的时间。
- 放松自己,使自己感到自在。
- 让你国内的同事做好长期谈判的准备。
- 认识到对方可能比你更强硬。

① [美]弗兰克·阿库夫:《国际商务谈判》,上海人民出版社 1995 年版。

• 考虑确定最后期限。

3. 最具策略性的让步内容

• 注意倾听对方所说的话。
• 好好地招待对手。
• 尽量给他最圆满的解释，使他满意。
• 如果你说了某些话，就证明给他看，提供给他详尽的资料。
• 即使是相同的理由，也要一再地说给他听。
• 对待他温和有礼貌。
• 多说"我会考虑您的意见"。
• 向他保证其他顾客的待遇都没有他好。
• 尽量重复地向他指出这次交易将会提供给他最完善的售后服务。
• 向他说明其他有能力及受尊敬的人也做了相同的选择。
• 让他亲自去调查某些事情，甚至陪同他。
• 如果可能，向他保证未来交易的优待措施。
• 让公司的高级主管亲自出马，使买主更满意且增加信心。
• 让他了解商品的优点及市场的情况。

莎士比亚曾说："获致高度满足的人，即是支付高度报偿的人。"只要你能善用这些毫无损失的让步，则你很有可能因令对手获致高度满足而赢取谈判的最大成功。

【补充阅读资料】

"两字"禅①

在谈判中什么都可以忘记，惟一不可忘记的是这条最为重要的指导原则：在提出任何建议或作出任何让步时，务必在前面加上"如果"。

"如果"你把要价减少 20%，我可以签订单。

"如果"你承担责任，我可以马上把货物放行。

"如果"你放弃现场检验，我可以如期交货。

"如果"你答应付快递费，计划今晚就能送到。

"如果"你马上下订单，我可以同意你的出价。

用上"如果"这两个字就可以使对方相信你的提议诚实无欺。加上条件从句后，对方无法不相信你的提议决非单方面让步。正如人们说的：这两件事是捆在一起的。

---

① [英]盖温·肯尼迪：《谈判的真理》(第三版)，中国宇航出版社 2003 年版。

要养成每次提议都冠以“如果”从句的习惯。这能给对方送去如下信息：“如果”部分是你的要价。

6.2 让步的方式

首先我们要明确，让步的方式与幅度应具有不可测性，以免对手根据你所显示的类型向你施加压力。

具体地在让步过程中还要牢记，第一步不要大；让步应分几项进行，不要一次就让到底线；让步幅度逐次减少，给对手一种“水分”真的没了的感觉。见表6-2所示的例子：

假定卖方在原来报价的基础上，最大让价数额为60元，如分成四步（最高进行），应如何退让。

表6-2 让步次数及幅度例表

让步数额 让步方式	第一阶段	第二阶段	第三阶段	第四阶段
(1)	0	0	0	60
(2)	15	15	15	15
(3)	8	13	17	22
(4)	22	17	13	8
(5)	26	20	12	2
(6)	49	10	0	1
(7)	50	10	(-1)	1
(8)	60	0	0	0

6.2.1 冒险型让步

该方式在让步的最后阶段一步让出全部可让利益。该方式让对方感觉一直没有什么妥协的希望，因而被称作坚定的让步方式。如果买方是一个意志比较软弱的人，当卖方采用此方式时，买方可能早就放弃讨价还价了，因而得不到利益；如果买方是一个意志坚强、坚持不懈、不达目的不罢休的人，那么买方只要不断地迫使对方让步，即可达到目的，获得利益。这种方式在运用时，买卖双方都要冒着可能形成僵局的危险。

(1)特点:让步态度比较果断,往往被认为是强硬策略。在开始时寸步不让,态度十分强硬;到了最后时刻,则一次让步到底,促成和局。

(2)优点:在起初阶段寸步不让,坚持几次“不”之后,足以向对方传递我方的坚定信念。如果谈判对手缺乏毅力和耐心,就有可能被制服,使我方在谈判中获得较大的利益。再者,在坚持了几次“不”之后,一次让出我方的全部可让利益,对方会有险胜感。所以他会特别珍惜这种让步,不失时机地握手言和。再次,会给对方既强硬、又出手大方的印象。

(3)缺点:由于谈判让步的开始阶段一再坚持寸步不让的策略,则可能会失去合作伙伴,具有较大的风险性。同时,易给对方传递己方缺乏诚意的信息,进而影响谈判的和局。此外,在最后一次的大幅让步,极易导致对手在产生险胜感的同时,会重新估量谈判的结束时间,甚至要求继续还价。

(4)适用:适用于对谈判投入少,依赖性低(如品牌生产厂商面对新经销商),在谈判中占有优势的一方。实践证明,谁在谈判中投入少,依赖性低,谁就有承担谈判失败风险的力量,或在某种意义上说,不怕谈判的失败。总之,此种让步方式有利,也有弊;有时在卖方一再坚持“不”的情况下,很有可能迫使恐惧谈判的买方作出较大的让步。

6.2.2 规律型让步

这是一种等额地让出可让利益的让步方式。此种方法只要遇到耐心等待的买主,就会鼓励买方期待进一步的让步。

(1)特点:态度谨慎,步子稳健,像挤牙膏一样,挤一步让一步,让步的数量和速度都是均等、稳定的,国际上称这种让步方式为均衡性让步方式。

(2)优点:首先,由于此种让步平稳、持久,本着步步为营的原则,因此不易让对方轻易占到便宜。其次,对于双方充分讨价还价比较有利,容易在利益均沾的情况下达成协议。再次,遇到性情急躁或无时间长谈的对方时,往往会占上风,削弱对方的议价能力。

(3)缺点:首先,每次让利的数量相等、速度平稳,给人的感觉平淡无奇,容易使人产生疲劳厌倦之感。其次,该谈判效率极低,通常会浪费大量的精力和时间,因此谈判成本较高。再次,对方每讨价还价一次,都有等额利润让出,这样会给对方传递一种信息:只要耐心等待,总有希望获得更大的利益。

(4)适用:等额让步方式目前适用极为普遍,在缺乏谈判知识或经验的情况下,以及在进行一些较为陌生的谈判时运用,往往效果比较好。对于一些商务性质的谈判,讨价还价比较激烈,分利必争,价格的谈判也就采取步步为营的原则。

6.2.3 诱发型让步

(1)特点:比较机智、灵活,富有变化。在商务谈判的让步过程中,能够正确处理竞争与合作的尺度,在较为恰当的起点上让步,如果买方已知足,即可收尾。如果买方仍要穷追不舍,卖方再大步让利,在一个较高的让步点上结束谈判。

(2)优点:起点恰当、适中,能够向对方传递合作、有利可图的信息。其次,使谈判富有变化,如果谈判不能在期中完成,则采取大举让利的方法,使谈判易成功。再次,在二期让步中减缓一步,可以给对方造成一种接近尾声的感觉,容易使对方尽快拍板,最终能够保住我方的较大利益。

(3)缺点:首先,让步这种方式是一种由少到多、逐步扩大让步方式,易鼓励对方继续讨价还价。其次,由于二期让步就已向买方传递了接近尾声的信息,而后又作出了大步让利,让人感觉不诚实,因此,对于友好合作关系的谈判来说往往不利。再次,由于初期让步比较恰当,给对方留下了很好的印象,可二期让步却向对方传递了一个不真实的信息,还吊起了对方的胃口,因此,这是一种最为不明智的让步行为。

(4)适用:这种方式适用于竞争性较强的谈判中,由谈判高手来使用。该策略在运用时要求技术性强,又富有变化性。同时又要时刻观察谈判对手对我方让步的反应,以调整我方让步的速度和数量,实施起来难度较大。

6.2.4 递减型让步(一)

这是一种小幅度递减的让步方法。即先让出较大的利益,然后再逐期减让,到最后一期让出较小的利益。

(1)特点:比较自然,坦率、符合商务谈判活动中讨价还价的一般规律。以较大的让利作起点,然后依次下降,直到可让的全部利益让完为止。因此,这种让步策略往往给人以和谐、均匀、顺理成章的感觉,是谈判中最为普遍采用的一种让步方式。

(2)优点:首先,易为人们所接受,给人以顺乎自然,无需格外劳神之感。其次,由于让利采取先大后小的方式,这往往有利于促成谈判的成功。再次,让步的程度上一步较一步更为谨慎,一般不会产生让步上的失误。第四,达成的协议是在等价交换、利益均沾的条件下完成的。

(3)缺点:第四次让步幅度过小,不利于向对手施加成交压力。让步由大到小，对于买主来讲，越争取利益越小，因而往往使买主感觉不十分良好，故终局情绪不会太高。其次，这是谈判让步中的惯用方法，缺乏新鲜感。

(4)适用：此种让步方式一般适用于商务谈判的提议方。原因是提议方对谈判的终局更为关切，理应以较大的让步作出姿态，以诱发对方从谈判中获利的欲望。

6.2.5 递减型让步(二)

这是一种从高到低的，然后又微高的让步方式。这种让步方式往往显示出卖方的立场越来越坚定，表示着卖主愿意妥协，但不会轻易让步，也告诉买方，让步的余地越来越小，到最后，以一个适中的让步结束谈判。

(1)特点：合作为主，竞争为辅，诚中见虚，柔中带刚。在初期以高姿态出现，并作出较高的礼让，向前迈进两大步，然后再让微利，以其适中的让步结束谈判，效果往往不错。

(2)优点：首先，由于谈判的让步起点较高，富有较强的诱惑力。其次，大幅度的让步之后，到三期仅让微利，给对方产生获胜感而达成协议。再次，如果三期所作微小让步仍不能达成协议的话，再让出最后稍大一点的利润，往往会使对方很满意而达成协议。

(3)缺点：一是让步策略的一开始让步过大，容易造成我方软弱可欺的不良印象，加剧对手的进攻性。二是头两步的大让利和后两步小让利形成鲜明对比，也容易给对手造成我方诚意不足的印象。

(4)适用：适用于以合作为主的谈判。以互惠互利为基础的谈判，在开始时作出较大的让步，有利于创造出良好的合作气氛和建立友好的伙伴关系。

应该说第四种和第五种都是较高明的让步方式。第四种的报价幅度低于第五种；而第五种的最后一步要优于第四种。

6.2.6 危险型让步(一)

这是一种开始时大幅度递减，但又出现反弹的让步方式，此种方式在初期让出绝大部分可让的利益，目的是表示我方的诚意。

(1)特点：给人以软弱、憨厚、老实之感。这种方式在让步初期即让出绝大部分利益，二期让步即达到我方可让利益的边际，到三期拒绝让步，这就向对方传递了该让的利已基本让完了的信息。如果对方仍一再坚持，再让出最后一小步，以促成谈判的成功。

(2)优点：首先以求和的精神，让出多半利益，因此有可能换得对方较大的回报。其次,三期让步时作出了无利可让的假象,这有可能打消对方进一步要求我方再一次让利的期望。再次,最后又让出小利,既显示了我方的诚意,又会使通常的谈判对手难以拒绝签约,因此往往收效不错。第四,尽管其中藏有留利,但客观上仍表现了以和为贵的温和态度。

(3)缺点:一是开始时表现软弱,大步让利,如果遇到贪婪的对手,会刺激对手变本加厉,得寸进尺。二是这种方式可能由于三期让步遭受拒绝后,导致谈判僵局出现。

(4)适用:这种方式适用于在谈判竞争中处于不利境地,但又急于获得成功的谈判一方,它使我方有三次较好的机会获得达成协议的可能。

6.2.7 危险型让步(二)

这是一种在起始两步全部让完可让利益,三期讨回(反要价),到四期出让小部分利益的让步方式。这是一种最具有特殊性的让步方式,也是最富有戏剧性的方式。

(1)特点:风格果断诡诈,又具有冒险型。一期的大部分让利和二期的小部分让利后,便把可让利益全部让完。三期并非消极拒绝,而是反要价,讨回一部分原先出让的利益,然后再从另外的角度进行讨价还价,在第四期再让出该部分利益。可见,这是一种具有很高技巧的让步方式,只有非常富有谈判经验的人才能灵活运用。

(2)优点:首先,开始两步让出全部利益,具有很大的吸引力,往往会使陷入僵局的谈判起死回生。其次,若前两期的让利尚不能打动对方,则干脆逆向思维,反要价回来一部分,使对方认定我方确无退路。再次,对方一旦上路,并为谈判付出了代价,则再在最后阶段出让那小部分利益,以促成终局。

(3)缺点:首先,开头两期的全部可让利益的让出,会导致对方期望值增大,在心理上强化了对方的议价能力,犯了让步之大忌。其次,三期的反要价,在谈判让步原则中是一种违规行为,极易出现谈判破裂的局面。

(4)适用:这种让步方式一般适用于陷于僵局或危险期的谈判。由于我方处于危险境地,又不愿使已付出的代价付之东流,因此不惜在初期就大步相让,以牺牲自己的利益为代价来挽救谈判,以促成谈判和局。

6.2.8 愚蠢型让步

这是一种一次性让步的方式,即一开始就让出全部可让利益的方式。

(1)特点:态度诚恳、务实、坚定、坦率。在谈判进入让步阶段,一开始即亮出底牌，以达到以诚取胜的目的。

(2)优点：首先，由于谈判者一开始就向对方亮出底牌，让出自己全部可让利益，比较容易打动对方采取回报行为，以促成终局。其次，率先大幅度让步，富有强大诱惑力，会在谈判桌上给对方留下美好印象，有利于速战速决，降低成本。

(3)缺点：这是最为不明智的让步方式，与利益与人际关系都没有好处，由于这种让步操之过急，给对方传递一种可能尚有利可图的信息，导致对方继续讨价还价(谁会相信你在首次那么大幅度让步之后，会"真的没有了"呢)。其次，由于一次性的大步让利，可能失掉本来能够力争到的利益。

(4)适用：不鼓励使用。

以上八种让步方式基本上概括了实际谈判中的各种让步行为。从实际谈判的情况看，采用较多的是第四种和第五种，适应一般人心理，易为对手接受。第六种、第七种让步方式，其运用时需要有较高的艺术技巧和冒险精神。有可能作少量让步，迅速达成交易，也有可能因运用得不好而造成僵局。第二种方式在实际中采用得较少，而第一种和第八种方式则基本上不采用。

6.3 让步的策略

6.3.1 迫使对手让步的策略

我们可将谈判中的需求利益目标分为三个层次：一是必须达成的利益目标；二是希望达成的利益目标；三是乐于达成的利益目标。对于第三类目标，在必要时完全可以放弃；第二类目标在迫不得已情况下方可放弃；而对于第一类目标则是毫无讨价还价余地，哪怕谈判破裂也在所不惜，体现在双方交锋与妥协过程中，就需通过灵活运用各种策略来达成谈判目标。

1. 竞争武器

竞争是一种权力，也是谈判中最常用的策略，当某一方存在多个竞争对手时，其谈判的力量就会大大减弱。

对卖方而言，他们总是存在着一种竞争同行的威胁，都担心竞争对手会超越自己或抢占市场，即使知道自己要比竞争对手的实力强也同样担心，这就是买方的机会。他们常用的办法是，多找几个卖家了解行情，熟悉价位并适当比价，或者召集几家招标，或者故意告诉对手其竞争者的价位和心态，同时尽量配以时间压力,不过早签约。

有时在对手无竞争者时,也可运用此方法来迷惑对手(如利用假报价单或来自第三者的“传说”),迫使对方让步。

当然对卖方来说,也可运用竞争武器告诫买方。不要听信买方发出的那些竞争对手之类的话(他讲了那么多关于竞争者的美言,为什么还要找你谈判呢),只要他把你拉到谈判桌前,面对面坐下来,就说明你拥有着吸引他的力量(比如说老客户、地域最近、供货最及时,甚至是买方的某种偏爱等等)。

2. 软硬兼施

俗称唱“双簧”,即事先安排好有人唱白脸,给你微笑,请你让步;有人唱红脸,给你愤怒,让你惧怕。

具体方法是,先由唱红脸的登场(不是企业决策人),采取硬式谈判向对手穷追猛打、傲慢无礼、唇枪舌剑且寸步不让,从气势上力图压倒对手,迫使对手让步,甚至不惜激怒对方,让对手产生极度不安,甚至产生恐惧、反感心理。此时,唱白脸的登场,以合情合理的态度善待谈判对手,调和双方矛盾,给予对手安慰,如有必要也会训斥“唱红脸”者的粗暴行为,以最大限度顾全对手的面子。同时,巧妙地暗示,如对手无法跟他取得谈判成果,则那位可恨又可怕的“仁兄”又将出场。

一般情况下,对手一方面真的不愿与那位“红脸的”再度交手,另一方面又迷惑于“好人”之礼遇,往往会愿意与“好人”达成某种妥协,甚至产生一种:“我是要让你(红脸)看看,你想要的条件别想得到,我情愿给这位‘好朋友’更多的优惠,也要气死你。”(天知道是谁气死谁)

前美国富豪霍华·休斯为采购一批飞机亲自与飞机制造厂代表进行谈判,他要求在契约上载明他所提出的三十四项要求,而且其中的十一项是他非得到不可的,且报价极“凶”,态度蛮横,两方各不相让,最后,休斯被“赶”出谈判地!事后休斯派其私人代表出面,并面告该代表,假如能为他获得那十一项非得到不可的要求,则他将感到满意。该代表经过一番谈判后,竟然争取到了休斯所希望的三十四项中的三十项(包括那重要的十一项),被问及原因,该代表说:“每次谈不拢时,我都问对手:‘你到底希望是和我解决这个问题?还是留待霍华·休斯与你解决!’结果对方无不接受我的要求。”

红脸白脸的实质是一种“单项选择”,即在两种选项中择其一,而其中一项明显优越于另一项。作为谈判者,心里应该清楚,无论白脸还是红脸,其最终目的是为了从你身上得到他们想要的东西。红脸、白脸只不过是达到其目的的一种策略而已。

对付红脸白脸术的技巧有：

• 以其人之道还治其人之身。我方也以红脸对红脸，以白脸对白脸的办法来对付，实行针锋相对。

• 不予理睬。不去理会对方的这种策略，坚持己方的原则。

• 向对方的上司提出抗议，表示不满。

• 退出会谈。

• 公开谴责，甚至不妨指桑骂槐、影射对手企业的诚信。

迈克尔·唐纳逊就说："不要被'好警察'的假象所迷惑。事实上他比坏警察更易令你上当。如果你还抱有怀疑，记住，他们是一伙的，不要做无意义的事情，他们的活动都是别有用心的。好警察可能是两者中较为讨好的，但实际上他们是一丘之貉。"

3. 分而克之

在集体(团队)谈判中，对于我方的观点和立场，对手阵营中总会有人表示强烈反对，有人感觉有一定道理。有时，对手团队中有人性格豪爽喜欢硬式谈判，也会有人性格懦弱，更倾向软式谈判。这就给了我们分而克之的机会。

如医疗器械销售商，一般先不直接向医院采购主管推销，他会去做医生，尤其是主任医师的动员工作(专业人员一般不擅长谈判)，然后再向采购主管推销，此时采购主管就会面临内外双重压力。具体措施为：

• 善待对方阵营中的"不同政见者"，即以各种方式给予这类对手以支持和鼓励，如肯定其观点，对他的观点中某些与我方不利的部分也以温和、委婉方式予以说明和解释。

• 重视他的发言等，甚至接纳他所开出的部分条件，以提高他在对手阵营中的地位。

• 以强硬方式对付对手阵营中的"中坚分子"。如不把让步优惠给他；坚决否定他的所有要求；甚至向其主管抱怨他的所作所为不利双方的进一步合作，使他逐渐丧失上司的支持与信任。

在我国北宋时期，金国为侵占大宋江山，就采用了分而克之的策略，对主战派代表岳飞采用硬式策略(不断发动战争)，给宋皇朝以压力；而当主降派秦桧出面时，则暂停侵略并与对方和谈，以提高秦桧在宋皇朝中的地位，最终成功地消灭了北宋皇朝。

4. 示弱与情绪化

所谓示弱即干脆以弱者形象来反衬对手的高大无私。正如人们所讲的"女为悦己者容"，男人也一样。喜欢听恭维的话是一般人的通病。从心理上分析，人们也总是同情和怜悯弱者，不愿落井下石。

在谈判实力悬殊的情况下，脆弱的一方往往会显示无助与谦卑的姿态满足对手“君临天下”的感觉，无形之中就会对脆弱一方“手下留情”。对付办法也很简单，不管对方以什么面目出现，自己谈判目标的达成才是最优先的考虑。要记住：“对你没有确切了解的人的任何恭维都可能是别有用心的。”

情绪化是指运用非常态手段，使对方失控，而不愿再作仔细考虑，期望早点结束这场“磨难”。非常态手段有：用愤怒反驳对手要求；用眼泪博取对手同情；借人身攻击激怒对手；借制造罪恶感使对手产生赎罪心理。

5. 威胁

“有些谈判对手会在谈判中运用对立型（硬式）战略，向谈判者施加压力，让谈判者作出对自己不利的决定。采用恶劣手段的诱惑源于对立型（硬式）模型：从对方取得信息，但不提供信息；探听另一方在此交易中如果保持现状将得到的收益，如放弃此交易将付出的花费等等。”①

采用威胁策略逼迫对手让步是一种很危险的“战术”，且极易导致人际关系的根本性伤害。从实用性分析，威胁只有对懦弱者才会发生作用，而面对强硬者则会直接导致僵局或谈判中止。况且谁都明白，因迫于威胁而就范者都会心有不甘，想着总有一天能“捞回来”（报复），使威胁者的长远利益受损。

我们往往把采用威胁战术的谈判者称为蛮横无理者。通常，蛮横的人运用他们的地位和力量，进行很明显的威吓。一个房东也许是个蛮横的人，但他受到保护租户权利的严格限制；一个债权人也是如此，威吓策略曾一度是债权人的一种手段。当你面对蛮横人的时候，要知道谈判给予你的同等权利。和气讲话的同时，要运用中止谈判的大棒。

其实，蛮横者内心都很怯懦，无法忍受别人发现他们的弱点。全世界的蛮横者们对他们自己的力量和真实的境况都缺乏信心。因此，他们通过威胁他人，树立起强壮有力的假象，这种补救措施经不起长时间的考验。就算在短时间内，如果对方知道了蛮横者的真实面目，并撤出交易，这种措施同样不能奏效。

记住，对方越蛮横，就说明他越害怕和胆小，在对方朝你大喊大叫时，你还可以按动你头脑中的暂停键，想想你下一步该怎么办，然后平静地向对方提出来。有时候，在下一轮谈判一开始时就指出对方的畏惧之处，也很有效。通常，对方会否认他的胆怯，但会安静下来，一旦撕破面具，你就能够找到谈判的

① ［美］罗伊·列维奇等：《谈判实务》（第二版），人民邮电出版社 2004 年版。

核心。

如何对付威胁：

• 故意不理会它，当做你不晓得这回事。

• 向对手的上司或老板抗议。

• 将它当做一种“开玩笑”，并显示你不寄以关心。

• 向对手证明，威胁伤害不了你。

• 告诉对手，他的威胁足以令他蒙受比你更大的损失。

• 顽固地坚持到底。

• 以“既成事实”对付即将向你提出的威胁，这样可令其威胁毫无用武之地。

6. 最后通牒

即当对手不肯接受我方条件时，为迫使对手让步，给谈判规定最后期限，超过此期限对方仍不能接受我方条件达成协议的，则我方可宣布结束谈判：“行就行，不行就拉倒。”

当谈判对手在获得最低利益目标与满意利益目标之间，或在眼前利益的放弃与长远利益的获得之间犹豫不定时，最后通牒是较为有效的策略。

“最后通牒”是一种高风险度的策略，除非在对对手心理的把握上你有充分的信心。罗伊·列维奇等在《谈判实务》一书中指出：“最后通牒一般具有三个要素：(1)需求；(2)试图营造紧急状况，迫使对方只能顺从；(3)如果对方不顺从，则以惩罚作为威胁。最后通牒也许能够取得成功，因为考虑到有一些(任何事物)总比什么都没有要好(谈判失败)，但研究表明事实并不是这样的。”道理很简单，一旦对手被逼急了(触到了真正痛处或被压到不能接受的价位以下)，很容易导致谈判破裂。如美国通用电器公司从1947～1968年间，一直用此法与工会就工人工资标准进行谈判，但1969年工人们失败感累积到了极点，终于爆发了大罢工。

在运用“最后通牒”策略时，应注意的问题：

• 知道自己处于一个强有力的地位，其他竞争者都不如你的条件优越，对方基本没有选择，非你不可。

• 已运用了各种办法，仍不能取得效果，不得已而用之。

• 你确实已把条件降到了最低限度。

• 当对方经过旷日持久的谈判，已无法承担由于失去这笔交易所造成的损失，而非达成协议不可时。

在实际运用时，如果配以委婉的解释和令人信服的理由，再加上允许对方有充分的时间考虑自己的立场,就会使事情好办得多。

另外还应注意几点:

• 要具体地表达“最后通牒”的要求和内容(即放一个梯子,让对手能“下来”)。

• 用实际行动告诉对方,这不是虚张声势。如收拾行装、回旅馆结账、订车船票、安排出差等。

• 让谈判团队中的决策人发出“最后通牒”,对于对手的威慑力最大。

6.3.2 阻止对手进攻的策略

1. 局限

即借口受到某些局限,而使对手某些要求无法满足,其潜台词:“对不起,我很想帮你,但我真的爱莫能助。”

局限包括下列几种:

• 权力限制

“我无权批准这么大的一笔开销,只有总经理才能这样,不过他目前出国了,要一个月后才能回来。”

“很抱歉,我无权确认这项条款。”

“不!不行!我不能,更无权答应你的这项要求,这要头儿亲自来定。”

从某种意义上说,受限制的权力才会成为真正的力量,一个受了限制的谈判者比大权独揽的谈判者更处于有利境地。至少他可以随时以权力有限为由说“不”,迫使对手只能根据他拥有的权力来考虑问题,尤其是对达成协议有迫切需要时,不得不对他的一些要求作妥协。

所以说,谈判中最有实力的,不是那些当时可以有权处理和决定一切事情的人,而是那些无权者(权力有限者)。“在开始谈判时就承认你没有最后发言权,这常常是有益的。让别人明白你必须从上司那里得到认可,通过这种方法,别人不会对你动怒。”①

【小思考】

找经理要折扣

进商场购物,当听到营业员说无权打折时,找经理是一个有效的举措。

为什么经理会给你折扣呢?

第一,他有这个权。而手上有权的人总免不了要用上一用,借以表示他的

① [美]迈克尔·唐纳逊等:《如何进行商务谈判》,企业管理出版社 2000 年版。

地位的确比售货员高出一头。

第二,你去找他时,他也许手头正有急事待处理,认为犯不着为了点微小的折扣和你浪费时间。因为他在标价中的赚头也许是45%,即使给了你5%的折扣,还有40%可赚。而要是不给折扣,你就不买,他连那40%也赚不到了。

所以,对他来讲,合理的选择是同意打折扣。这点区区小事实在用不着他为此分神。

第三,他也许是从售货员一步步爬上经理位置的。提升来自会做生意,会做生意则源于乐于此道。所以他虽然已经坐上了经理的交椅,但仍免不了手痒,愿意亲自动手做成一笔生意,这对于当经理的人是个少有的一露身手的机会。你要求和他当面谈,可说是正中了他的"下怀",他还得感谢你哩!

提问:对此你有同感吗?理由是什么?

• 政策局限

"我们公司从来不谈价格优惠,实在抱歉。"

"我也很想在价格方面给你优惠,但你知道公司的规定,是不允许价格有任何变动,所以我爱莫能助。"

"所有产品销售、运费都由买方负责,这是公司一直以来的规定,我也不能改变。"

• 技术局限

"目前我们已经满负荷运作,生产量也达到了极限,因此,提前交货绝对不可能!"

"你的设计要求至少目前在国内是没有厂家能够达到的!"

"国产机的制冷效果只有这个水平,要不你买进口机芯的。"

除此之外,还有其他局限策略:如资料局限、时间局限、场地局限等等。

对任何一种局限都要有心理准备,局限绝非神圣不可侵犯,它们也是可以改变的,凡是可以改变的东西就都有谈判余地。

2. 先例

即用过去的先例阻止对手的攻击。一般情况下,人们都习惯于某种思维定势,即所有人都是这样做的,我也自然应当这样。

• 与对手过去谈判的先例

"过去我们之间一直都订1年契约,为什么这次你非要求订3年契约不可呢?"(对付:"过去我们的经销量才多少啊,拜托,没有3年以上契约时间,我可不打算投入更多了。")

• 与他人在过去谈判的先例

就拿我们有十几年关系的老客户××公司来说，我们给他的折扣也一直都是25%，因此，超过25%的折扣是不可能的。（对付："可他们1年才销售多少啊！我1年的销售量占你们厂生产量的五分之一啊！"

• 以外界通行之事例为先例

"其他同类型公司今年加薪幅度为20%，而本公司只调高15%，这是不合理的。"（对付："你知道去年他们加了多少吗？去年他们一分没加，而我们去年已加了10%！"）

"目前一般家具厂的供应价都可以比出厂价低8%，你们的供应价为什么就等于出厂价呢？"（对付："你难道没有发现我们的出厂价要比他们的供应价还低吗？"）

对付办法：抓住环境市场条件的变化，已使上述"先例"不再适用，应建立新的思路，可以反问。

3. 期限

期限对大多数人都具有催眠作用，在期限的压力下，一般人都会调整预定策略，甚至改变主意。

商务谈判中，除截止期以外，还有许多可以运用的"期限"：

• 卖方常常可借下面期限"逼迫"买方购买

"下月1日起我公司将调整出厂价格。"

"我们现在的优惠供应条件本月20日截止。"

"如你不能在3月底前订货，则我们无法在6月份前供货。"

"明天下午下班之前，你还不交付押金，则我们将与其他买家接触。"

• 买方也可借"期限"逼迫卖方就范

"假如你愿意减价，请你早点告诉我，因为我准备在星期三发出订单。"

"这星期五之后，我将不再负责采购事宜。"

"这是我方的生产日程，假如你无法如期供料，则我们将向其他供应商采购。"

"所有大宗采购事宜均须总经理批准，但他将于后天出国考察。"

本章小结

• 谈判是一项合作的事业，是一个解决谈判各方利益冲突的过程，因此在各方利益获取过程中适当的让步、妥协是必要的，也是必需的。

• 妥协是谈判过程中的一个必要的环节，让步则是妥协的具体表现形式，前提是让步和妥协不能与你的基本利益需求相左。

• 不要轻易地让步,也不要以让步作为赢得对手好感的手段,让步应有明确的利益目标,而毫无异议地接纳对手首次要求的条件是最为不明智的让步。

• 期望值要高,不要怕说"不"字,不要做太多与太大的让步,一方的让步须与另一方的让步幅度相对应,更要设法令对手在重要问题上先作让步。

• 让步的方式有多种,我们提倡递减型让步,忌讳规律型让步与诱发型让步,严禁危险型让步、冒险型让步,唾弃愚蠢型让步。

• 在让步的策略选择上要多管齐下,既要迫使对方让步,也应阻止对手进攻。

思考与练习

1. 某一规模庞大的买家对你的报价采取这样的回应:"你所报的价格偏高,在其他供应商竞争极为激烈的今天,你应该调低你的价格!"面对这种要求,你应采取什么样的回应?

(1)为了得到订单,遂削价迁就他。

(2)问他"我的报价到底比别人高出多少?"

(3)提议他不如向其他的供应商采购。

(4)要求他把其他供应商的报价单拿给你看。

(5)问他到底希望你怎么做。

2. 你经营一家饮料公司。你正与某连锁性超级市场的采购主任进行业务磋商。该采购主任要求你所提供的万事可乐汽水每打必须削价1元。否则他将改向其他饮料公司购买不同品牌的汽水。该连锁性超级市场每年向你采购的万事可乐汽水多达8000万打。面对他的要求,你将怎么办?

(1)礼貌地拒绝他。

(2)接纳他的要求。

(3)提出一个折衷的解决办法。

(4)表示你要考虑。

案例分析

谈判者最不该做的事[①]

在苏格兰西部,有一位生意人,名叫安古斯·麦克塔维希。他想买一条更

① 改编自[英]盖温·肯尼迪:《谈判的真理》(第三版),中国宇航出版社2003年版

大一点的船来替代自己那只较小的船。他看上了俱乐部主席正待出售的游艇。该艇索价十五万三千镑。这是因为主席也想换条更大的船以显示自己的阔绰和身份。

安古斯从出售旧游艇和向银行贷款中能凑到的买游艇钱大体有十四万五千镑左右。有天下午他在俱乐部里正好碰上了那位主席，两人谈得很投机。他表示有兴趣买下主席的游艇，主席豪爽地回答："你老兄是俱乐部里有名的好会员，这笔交易就定了。"

安古斯留了后手，说道："我凑到手的钱满打满算只有十四万三，你看怎么样？"他以为接下来有一番讨价还价了，哪知主席却满口应承："成！十四万三就十四万三！成交了！"

两人起身握手后就分头去办过户手续。他们都懂法律，知道在苏格兰，口头协议也具有法律效力。

可是，成交后还没有几分钟，安古斯的心里就打起了鼓，觉得这宗交易肯定有猫腻，要不然，对方怎么会答应得那么痛快呢？他不但没有兴冲冲地给太太打电话报告喜讯(太太也是位驾船能手)，反而忧心忡忡地怀疑自己上了当。

太太要是听见自己花十四万三买下了要价十五万三的游艇会怎么想？她该问价钱是怎么砍下来的，自己又作了些什么让步呢？该怎么说呢：如实告诉她，痛快得很，总共没有花上十五秒钟时间？那她肯定不会相信，要么是怀疑自己多花了钱，少报了账，在冒充好汉，要么就会怀疑游艇有大毛病，否则对方不会那么急于脱手的。

这艘船他过去曾驾驶过好几次，也的确发现过一些毛病，不过似乎问题都不大，可是这么容易就到了手，他就觉得问题严重了，兴许还有当时没有发现的更大毛病呢。他心里堵得慌，不但没有做成称心交易后的喜悦，反而还好像吃下了一只酸得令人掉牙的柠檬。

此时，那位主席的心里又有何滋味呢？也许不会比安古斯好多少吧！

那么主席夫人对丈夫不到十五秒钟便把要价十五万三的游艇卖了十四万三又将作何感想？她会说，多么糊涂呀，哪有这么做生意的？(真应了妈妈以前的担心——难怪世人常说，每位成功的人士背后总有一位担惊受怕的丈母娘。)

而安古斯也会一直琢磨：主席眼都不眨便应下了十四万三，要是再侃侃价呢？或者开价只出十四万一，十四万甚至十三万(为什么不行?)，会是个什么结局？他想呀想的，怎么也想不出个所以然来。

由于想不出究竟，他就心烦，对做成的交易，一点高兴劲也没有了。

那么,主席欣然接受安古斯的第一次开价,到底对安古斯有什么不好呢?

不好就不好在它伤了安古斯的心!

一宗好买卖变成了坏交易。

是这位主席破坏了安古斯作为谈判者的自信。他自己要是认真反思,相信也会如此。这宗买卖不是皆大欢喜,而是双方都惹了一肚子怨气。

要是他像平时谈判那样子讨价还价的话,则即使安古斯掏出更多的钱,也会是个双方都高兴的结果。

主席在这次交易中,既少卖了钱还落了个不痛快,这是怎么搞的?

设想他当时侃价的话,会出现什么局面?应该如何侃价,此处姑且不谈,只要他侃就行。

假定经过一番唇枪舌剑,卖价提到了十四万五(甚至还更高一点,反正安古斯可以再向银行去借)。对这个结果,安古斯会高兴吗?

答案是:会!

他将立刻跑回家向太太夸耀自己在谈判中的出色表现:硬是用十四万五的钱买到了开价十五万三的游艇,足足砍下了八千多啊!

他还将尽量缩小游艇的毛病("不过是些正常磨损而已,从总体上看,这艘船牢固得简直比得上军舰"),而且会为拥有如此"豪华"的游艇使得全家增光而乐得合不上嘴。

总之,他将高兴得昏昏然,飘飘然。

主席先生也将是这样,毕竟又从对方手上挤出了两千镑(也许更多)嘛。他的夫人当然也会高兴,至少不至于还心怀委屈了,主席先生终于证明了自己的确具有谈判的天才!

即使最后的成交价还是十四万三,上述情景仍然不会两样。

为何如此?

因为即使主席没能把卖价侃上去,但他总能迫使安古斯多少作出让步(比方:先交一部分现钱,其余的两天之内付清;只卖船,其他可移设备包括雷达都不在内,如此等等)。做交易嘛,就是要做得双方都高兴。

这宗交易之所以弄得大家都不痛快,问题不是出在钱上,而是出在达成交易的过程上。直到如今,事情早已过去了十多年,但双方一提起此事,还都是耿耿于怀。至今安古斯还喋喋不休地诉说买"伊莎贝拉"号上了当(和其他"上过当"的人表现如出一辙)。

提示：

- 谈判双方的最大错误是什么？为什么？
- 如果你是安古斯，你也会有他一样的感受吗？
- 回忆自己学习(工作)经历，有无同类事件发生。
- 切记谈判的基本法则：让双方都感到满意。

第7章 结束阶段

学习目标

通过本章教学,你应该达到以下目标:

了解结束谈判的全过程,懂得谈判结束或退出的信号;掌握结束谈判的方式和技巧,把握最后一次报价的时间和分寸;正确理解谈判结果输赢的含义,达到能正面评价对手的基本要求;具有结束谈判所拥有的基础理论知识和实际操作技能,具备为结束谈判起草文本的能力。

在各方共同经历了实质性磋商、交锋及讨价还价各个环节,尝试了可能运用的各种策略与方法后,无论最终是否成交,通常可以认为谈判已转入到结束阶段。

结束阶段的显著标志是谈判各方所表达的观点更趋向真实性,也更具理智,许多非核心问题的协商已达成一致观点,或核心问题上的差距已缩小至参与各方愿为之继续再努力一把的程度,谈判的态势(无论成功与否)基本明朗化。

7.1 结束的方式

7.1.1 可能的谈判结果

依照谈判成功与否的三条基本原则要求(假定谈判本身的效率如何已被参与各方认同),可以这样认为,就相互间在交易条件上的差距而言,谈判过程可能是一个收敛的过程(即通过谈判,分歧缩小,并逐步趋于一致),也可能是一个发散的过程(分歧反而扩大,无法达成统一)。不管何种过程,都是谈判的正常结果，只不过前者是一场成功的谈判(各方利益得到兼顾前提下)，后者则是一场不成功的谈判，但这决非失败(为保护切身利益而舍弃协议不能认为是失败)。图 7-1 为谈判目标矩阵图。

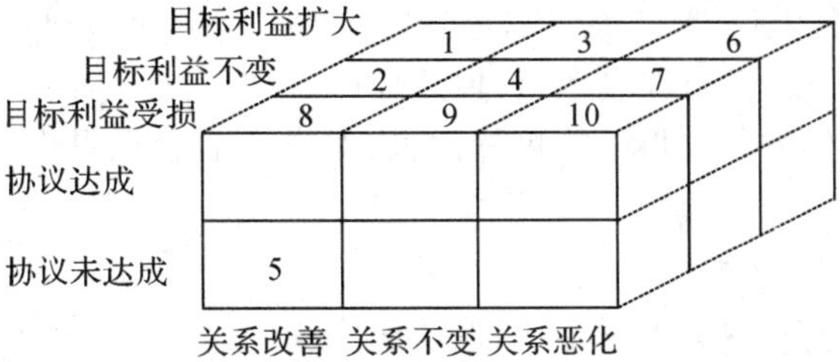

图 7-1 谈判目标矩阵图

按谈判的满意率高低，矩阵中各单元顺序如下：

1. 最佳结果

目标利益扩大，双方关系改善且达成协议。

这是最满意的谈判结果，也是真正意义上的“双赢”。

2. 次佳结果

目标利益不变，双方关系改善且达成协议。

这也是较为满意的谈判结果，也可视为广义概念上的“双赢”。

3. 再次结果(一)

目标利益扩大，双方关系不变且达成协议。

应该说这是一个不错的谈判结果，毕竟取得了满意的收效，也没影响到双方关系。

4. 再次结果(二)

目标利益不变，双方关系不变且达成协议。

是一个一般性的谈判结果，双方都能接受，尽管都不是非常愉快。

5. 再次结果(三)

未达成协议但双方关系改善。

有一个较为满意的谈判过程，虽没达成协议，但“买卖不在仁义在”，双方都会为此而珍惜。

6. 不理想结果(一)

目标利益扩大，双方关系恶化，但达成协议。

这是一个明显的“单赢”谈判，没什么值得庆贺的，除非你是一个不讲诚信的企业。

7. 不理想结果(二)

目标利益不变,双方关系恶化,但达成协议。

还不如上一个！只能说是一个非常勉强的谈判结局。

8. 最愚蠢结果(一)

目标利益受损,双方关系改善,但达成协议。

你是一个"好人",好得不能再好的人,对方企业会记得你,你的老板可能会对你失望。

9. 最愚蠢结果(二)

目标利益受损,双方关系不变,但达成协议。

你是两面都没讨好,无论是对手还是你老板。

10. 无法想像结果

目标利益受损,双方关系恶化,但达成协议。

那真是一个无法想像的结果,还能说什么呢？"赔了夫人又折兵!"但愿你老板的气量会比周瑜大一些,不过你自己可能要准备卷铺盖了。

7.1.2 结束谈判的方式

1. 结束谈判的三种方式

依照谈判目标达成状况不同,结束谈判的方式也可分为三种。

(1)双方成交结束谈判

当然它包括了实现全部交易目的的完全成交和实现部分交易目的的部分成交。

应该说这是谈判最理想的结局,也是参与谈判各方都能认可的"双赢"结果,符合在冲突中寻求合作、以合作结束冲突的谈判基本原则。

(2)结束(中止)谈判,将问题留待将来解决

即谈判各方在对未能达成交易表示遗憾的同时,又表示出对各方将来再度合作的共同期望,正所谓"买卖不成仁义在"。

注意这种结束方式包含着两种含义:其一,参与各方经过交锋及讨价还价,各方都本着认真负责的态度参与谈判,但由于各方需求目标差异过大,确实无法达成协议(其中没有人为制造的成分),而只能结束;其二,客观环境变化使本次谈判已无继续必要而选择结束,如在外贸谈判中,国际市场行情发生重大变化;谈判中某一方的最高决策层下达中止命令或企业发生重大事件等。

这种结束的方式不能等同于失败的谈判,至少它达成了人际关系建立与改善这个目标,所以从另一个角度看也属于一种成功的谈判。

(3)一方退出,谈判结束

即由于某一方缺乏合作诚意,迫使另一方退出谈判,这是最令人不快的结束。

在决定退出之前,首先要冷静考虑,搞清迫使你决定退出的原因,是对手人为制造麻烦,还是对手真有难言之隐。如果匆忙确定退出,结果却发现对手真的是确有苦衷,则很可能你会因此负疚。这种情况在个人感情、家庭纠纷及伦理道义方面尤为普遍,当双方都想为对方承受某种磨难,而又不想让对方知道时,就会产生上述结局。

即使是因对手人为原因而结束谈判,也不必将对手当做真正的敌人而横眉冷对,不应与你所不屑的人一般见识,应按正常的礼仪规范要求结束谈判,保持一种正常人之间的礼貌,正如人们所常说的那样:"他可以不仁,我不能不义。"迈克尔·唐纳逊建议,在退出之前,写一封总结信,理由是因为这个过程可以给你足够的时间整理和纠正自身。你可以借机回忆你所提出的观点,如果有错误,一目了然并容易纠正。写信还可以使你预见对方的失误。

2. 发出谈判结束信号

许多研究表明,当一方发出结束谈判信号后,会直接加快实质性谈判内容的进程。确实,在此时,参与方真正感受到了时间的压力,认识到此时不讲效率,也许以后就没有讲效率的机会了。生意谈判中,有经验的人会体验到,约90%的时间都花在讨论无关紧要的事上,而关键性和实质性的问题却是在最后不到10%的时间里谈成的。

【补充阅读资料】

结束谈判的时机[①]

在谈判桌边,坐在对手对面也许会让人感到不舒服。注意要不失时机地结束谈判。下面列出几种最不应失去的时机,千万不要错过!

- 一份双方均可接受的协议已经摆在桌面上。
- 对方想结束谈判。
- 一个双方都面临的最后期限即将到来。
- 所有的谈判目标已经达成。
- 你有更好的方案。

上述几种情况的惟一麻烦是,你得等待合适的时机到来。如果你一开始就觉得结束谈判有困难,等待合适的时机就更加重要了。尝试结束谈判的首

① [美]迈克尔·唐纳逊等:《如何进行商务谈判》,企业管理出版社2000年版

次努力的最佳时机，是在你刚刚坐下的时候。

谈判者常用的结束信号有：

• 谈判者用最少的言辞，阐明自己的立场。谈话中表达出一定的承诺意思，但不包含讹诈的成分，“好，这就是我最后的主张，现在就看你的了。”

• 谈判者所提出的建议是完整的，绝对没有不明确之处。这表示，如果他的建议不被接受，除非中断谈判，否则没有别的出路，“这是我们研究再三后提出的最好的建议，就到此为止吧”。

• 谈判者在阐明自己的立场时，完全是一种最后决定的语调，坐直身体，双臂交叉，文件放在一边，两眼紧盯对方，不卑不亢，没有任何紧张的表示。

• 回答对方的问题尽可能简单，常常只回答一个“是”或“否”，使用短词，很少谈论据，表明确实没有折衷的余地。

• 一再向对方保证，现在结束对他最有利，告诉他一些好的理由，“你已经得到了你最需要的”！

3.运用变通的策略结束谈判

谈判时，在最后一项条款再也没有希望妥协的情况下，变通是结束谈判的一个极好的方法。变通是指你诱使对方在你希望的那一点上让步，以达成交易。

下面就是需要运用变通策略的情况：

对方正在提出最后的要求。他们不能再作进一步的让步了，不再作出比以前更多的妥协了。你不想在这一点上让步，因为交易会对你不利。如果你让步，你就没有足够的力量来完成交易。

此时你应该做的是：

• 暂停一下。确定对方并没有虚张声势，他们确实不能再让步了。

• 回顾一下整个交易。找出你没有达成目的之处，或找出一例条款，此条款应能修改得对你有利。

• 把对方的要求同你作的让步联系起来。在谈判中，如果对方能满足你在第二步中的要求，就同意在那一点上让步。你在诱使对方作出让步以前也许没有考虑过，但是变通总是可以接受的。

使用变通的策略，能让你感到自己像一个真正的谈判高手。它能使你真正解决问题。变通的策略能使你摆脱困境，并促使谈判尽快结束。

7.2 最后一次报价

在谈判结束之前，双方的利益分歧已相当细微，但这时还有最后一次报价，即最后的让步与获取。

作为交锋阶段讨价还价的延续，此时的报价与前阶段相比较有很大的不同，必须妥善把握好让步的时间与分寸。

7.2.1 让步时机和幅度的选择

最后一次让步应在整个谈判过程的最后阶段提出，提得过晚，对对方影响不大，让步作用发挥不了，反而招致对手疑虑："怎么这时候还有退让幅度？那就继续谈吧。"提得太早，则对方会认为谈判尚未结束，更要延长谈判时间了。

因此，这种终局性让步应有以下几个特点：

第一，为了防止被对方仅仅看作是又一个回合的普通让步，要掌握好时机，不要过早提出，而应该在谈判接近尾声，对方也有意结束谈判的时候为宜。

第二，这种让步要使对方感到，我方在交易条件上作了一个幅度较大的让步，已经达到难以接受的地步，但为了最后表明我方诚心诚意地想达成协议，还是无可奈何地作出了这一让步。

第三，强调让步的严肃性和终局性，甚至可以肯定地说："好，这就是我方的最后想法，现在就看贵方的了。"而给对方施加结束谈判的压力。

对于最后作出的让步，我方必须无条件地坚持。对方或许会利用一些战术来验证我方的坚定程度，甚至是胁迫，我方也要保持镇定自若，注意自己的行为和态度。"没有了！打死我也没有了！不要就拉倒！"谨防在最后关键的时候失去信用。

具体操作方法：

1. 将让步分两次进行

主要部分略大，次要部分略小。主要部分在最后期限之前作出，以便对方有足够的时间来品味；次要部分安排在最后时刻，作为最后的"甜头"。这犹如一桌丰盛的酒宴，最后让步中的主要部分恰似最后一道大菜，掀起最后一个高潮。而次要部分亦如酒宴结束前上的一碟水果，让人心满意足。

注意，在主要部分让步后，应要求得到对手的相应回报，可以将我方的让步与我方向对手提出的"讨价"捆绑起来："我看这样吧，你们负责运输与保险，我们再将进价提高零点五个百分点。”

次要部分让价则是姿态性的，故其幅度应比以往每次让步的幅度都小。

2. 应考虑双方人员的级别

对方接受最后让步的人员的级别不同，则我方在让步幅度上也可以有一定差异，但应以尊重对方不同层次的谈判人员为前提，最后的让步可以由己方一般的谈判人员作出，也可在双方高层领导参加最终谈判时，由高层领导作出最后的让步，但高层领导也同样应注意让步时机的把握。

- 要达到一定幅度，能够满足较高职位的领导的心理平衡，维护自身地位和尊严的要求。

- 不宜过大，既不至于损害己方普通谈判人员的形象，也不至于使对手的高层领导指责其下属谈判人员没有做好谈判工作。“对方还有这么大的让步空间，你们就都想结束谈判啦，真是无能！”

在作出结束阶段的最后让步时，别忘了，应向对方表明让步的终局性，而且到此为止，决不退让半步。

7.2.2 让步与要求并提

一般情况下，除非是对方在全面接受我方要求的基础上，我方可作出最后的让步，否则，让步应与要求并提，让对方知晓并希望对手有所响应。这点在实际谈判过程中颇有实效性，即争取最后“再咬一口”。一般可以在临签约之前，突然提出一个小小的请求，要求对方再让出一点点。由于谈判已进展到签约阶段，各方谈判人员已付出很大的代价，也不愿为这一点点小利而伤了友谊，更不愿为这点小利而重新回到磋商阶段，因此往往会很快答应这个请求，以求尽快签约。常用技法如下所述。

1. 示意对手：我方最后的让步是自己个人的意思，很可能不符合企业高层领导的要求，因此只能在对方相应回报的情况下作出最后的让步，否则本人无法向领导交待（“示弱”与“献媚”策略并用）。

买方：“我们愿意接受你方价格问题上的建议，虽然我们为此将可能受到上司严厉批评，但在交货期上，无论如何必须提前一周，否则我们更难交账了。”

卖方：“你已经把价格压到了出厂价以下，所以付款比例务必请从 4-3-3 改为 4-4-2（即货款在签约时、交货时和半年期保质期末的支付比例）。

中介人：“房子售价高出了你预期出售价近 10%，我的佣金怎么着也该增加些吧？”

2. 声明己方让步之承诺，要以对方相应承诺为条件

卖方："我考虑到了你对交货期的要求，尽管会有较大生产压力，但应该说还是能想办法给予满足，只要你同意开具信用证。"

买方："进货量这么大等于是帮你们在吃库存呀，怎么着你的供应价也得给我再优惠一点啊！"

7.3 结束谈判

张蓝博士在《MPA 谈判手册》中指出，要迅速达成协议就要注意以下几条：

(1)协议应考虑对方并为对方接受。要从对方的立场考虑他们的利益，提出使对方满意的方案，这样才能迅速地达成协议。

(2)给对手获得签协议的新理由。新理由的内容很多，可以是各种信息，可以是新政策，也可以是新的营业方式等等。谈判人员要想迅速达成协议，应为对手找到理由，使对方及其上司满意。

(3)从易于统一观点或对方有经验的问题出发。谈判前先考虑双方易于谈判的部分，把这部分作为谈判的开始。这样，下面的问题就容易解决了。另外，尽可能了解一些谈判对手的经历及爱好等，选择对方有经验的问题出发，对方能迅速作决定。

(4)谈判中不要太多地讨价还价。要把握谈判大局，围绕谈判的决定性问题展开。在细节问题上不浪费时间。损失小利益获得大利益，如果以不让别人占半点便宜的心态谈判，谈判就寸步难行。

(5)谈判前多筹备几种谈判方案。难以达成主要协议时，可先考虑次要协议，然后再协商主要协议。还可改变协议的范围，根据谈判中的实际情况及时改变方案，这也很正常。

7.3.1 签约前的最后总结

在交易达成之前，各方都有必要对本次谈判进行最后的回顾和总结，其主要内容包括：

- 明确是否所有的预期内容都已谈妥，是否还有一些未能得到解决的问题，以及这些问题的最后处理；
- 明确所有交易条件的谈判结果是否已达己方期望的交易或谈判目标；

- 最后的让步项目、幅度及目的是否达到；
- 着手安排交易记录事宜；
- 整个谈判过程还存在着什么问题；
- 合同文本准备齐全了吗。

这种回顾的时间和形式取决于谈判的规模及复杂程度，可以安排在一天谈判结束后的20分钟休息时间里，也可安排在一个内部会议上。

7.3.2 准备合同文本

尽管联合国关于国际贸易协议的形成有明文规定，协议并不限于书面协议，但一般情况下协议应该是书面的，特别是朋友或是同事之间尤其要以书面的形式将谈判内容明确下来。因此，必须要有专门的人负责记录、整理协议内容并以书面的形式确定下来。在此，建议争取合同的起草工作。

自己撰写协议草稿有几个好处：

(1)对方还没有谈到，你已经主动提出来。其他各方就不用花费时间、精力来做文秘工作。

(2)双方(尤其是对方)已声明无所谓的一些细节条件，如首笔货款支付是签约之日起3天内还是1周内之类，可以让己方更有利些。

(3)国际商务协议中的应用语言应争取以母语为母本，翻译文本肯定会出现对细节问题表述上的误差。如规定使用英语的，也以我方为主起草更有利。

(4)对协议的表现形式有一定的控制权，或者至少你可以控制它的准备和提出过程。可能是你负责整个撰写工作，也可能你只是负责协议的打字工作，不管做什么，你可以保证是按你的标准进行的。这样做不管是否存在差异，但对对方来说并无大碍。

要特别强调，合同文本务必完全尊重谈判事实，完整反映谈判参与方在谈判过程中所取得的权利和义务。谈判的成果要靠严密的协议来确认和保证，协议是以法律形式对谈判成果的记录和确认，它们之间应该完全一致，不得有任何误差。任何擅自更改谈判结果的行为都是极不道德、缺乏诚信的行为。

7.3.3 正面评价对手

“对对方在谈判中的共同努力表示你的谢意。通过建立一个正面的赞许环境，让每个人都得到这类赞许。你可以谈双方已经建立的关系，提及对方的努力工作，让对方知道你欣赏他们的工作。如果显而易见你在谈判中占了很大便宜，不要炫耀，不要让对方有一种牺牲的感觉。类似的行为只会反过来伤及自己；总有一天，他们会找到一个机会加倍索回的。”[1]

在西方有这么一个寓言：寻求真理的人爬上智者住的山洞，问他：

“生命的秘密是什么？”

“正确的判断”，智者答道。

寻求真理的人摸摸自己的下巴，说：“我明白了。但怎样才能作出正确的判断呢？”

“经验”，智者说。

“啊，没错。但怎样才能得到经验呢？”

“不正确的判断”，智者说道。

任何人都喜欢被赞美、称颂，讨厌被批评、指责。在谈判过程中也一样。

除非对手太过恶劣，不仅使协议无法达成，人际关系也被恶化。一般情况下，一切谈判在最后结束之前不要忘记给对方以正面评价。

(1)这是谈判目标的基本要求，谈判目标不仅是利益目标的实现，还有人际关系的建立与改善。

(2)用正面评价代替“抱怨”，效果会显著不同。一场谈判结果可能会因为对手能力胜过了你，而让对手更多得益，此时，你就应该好好自我检讨，虚心学人之长，正面评价对手显得完全正常；如果对手不是因为能力因素“赢”了你，让你不服气，抱怨也解决不了任何问题，何不乘机向对方表示由衷的祝贺和钦佩，给对方戴上高帽子，有助于改善人际关系。

(3)就算在利益上获得良多，也别忘记向对方作正面评价，哪怕对方在利益上被你欺负得够呛，你在内心窃喜：“对方是个笨蛋”，但外表上绝不能有一丝显现，还是要正面评价对方。否则，对手会有一种失落感：“我是否谈判能力太差？企业吃了大亏？”“不行！我下回要捞回来。”对对手的尊重也是作为人的一种基本礼节，虚荣心是每个人都有的，以正面评价满足对手的虚荣心理更是一种与己无损的“让步”，对手在“收受良多”后，很可能在真正利益上还会作出让步。

从另一角度看，谈判是双方共同努力的过程，没有对手的投入，就不可能有你成功的感觉，这难道不值得你向对手表示尊重和感谢吗？

7.3.4 对谈判过程的反思

每次谈判结束后，自我评估是你应该进行的最重要的活动之一，不要计较

① [美]凯尔·安德森：《谈判商务商手》，广东经济出版社1998年出版。

结果。

想想你所处理的最令人满意的谈判。回忆每一个步骤,并把它放到你想像的空间中重演一遍,想像当时如果你不那么做会产生什么后果。这个练习可能有点像白日做梦,但是在谈判结束时重温一下过去的谈判,你下次的表现就会有所改进。

评估不成功谈判可以使你发现错误,可能你会意识到如果没有结束这个谈判就好了。谈判中的一个问题预示着在谈判结束时会出现更多更大的问题。对成功的谈判的自我评估与不成功的一样重要。即使你在游戏中获胜,也还有需要改进和提高的余地,而且评估一个获胜的游戏是件有趣的事。

本章小结

- 结束阶段直接关系着谈判的最终结果,也影响到参与各方实际利益目标的最终确认及人际关系的最终状况。
- 结束阶段的显著标志是谈判各方所表达的观点更趋向真实性,也更具理智,谈判的态势基本明确化。
- 我们期望谈判的结果是各方皆大欢喜的“双赢”,但实际谈判结果是不确定的,可能是“双赢”,也可能是“单赢”,还可能是“双输”。
- 如果谈判是以我方退出的方式结束,也应有个愉快的结尾,即按正常礼仪规范要求结束谈判,就像古代先哲们说的“他可以不仁,我不能不义”。
- 在双方都认为可以结束谈判时,应向对方发出结束信号,但要注意信号的准确性、方式的合理性和意思表达的完整性。
- 最后一次让步时应做到让步与要求并提。
- 最后一次让步可分两次进行;要明确表达让步的终局性,还要注意考虑对手的职务,应以满足相对职务领导的心理平衡为原则。
- 合同文本的起草与准备也要引起注意,争取以己方负责起草为佳,但应严守诚信。
- 正面评价对手是谈判者的基本要求,也有助于人际关系的建立与改善,在谈判终了时不要“抱怨”。

思考与练习

1. 假设你身在东京,并正与一家专门制造电缆的日本公司进行有关长期供应契约的谈判。该谈判已陷于僵局数天,你发觉双方翻来覆去地都在维护既有的立场,此时你怎么办?

(1)等候对手提出新方案。

(2)稍作退让以打破僵局。

(3)改变谈判的主题。

(4)提议休会。

2. 假设你是小型货车的制造商。你最近与一买家经过了马拉松式的谈判,最后终于取得买卖协议。但在签订协议书之前,该买家又提出了一个最后要求:小型货车要漆成红、蓝两色。这两种颜色正是你心目中即将使用的颜色。面对这个"额外"的要求,你怎么办?

(1)告诉买家,如他要求这两种颜色,则他须付额外的费用。

(2)告诉买家,一切"OK"。

(3)问买家,这两种颜色到底对他有什么重要性。

案例分析

中美知识产权谈判①

进入20世纪90年代以后,中美贸易摩擦频繁,诸如美国给予中国最惠国待遇问题、中美贸易逆差问题、美国对中国输往美国的产品实施反倾销调查等等。有关这些摩擦的谈判曾几度陷入僵局,又几度起死回生,中美之间有关知识产权争端的谈判同样经历了这样的过程。

自改革开放以来,我国经济持续高速发展,并在短短的十几年里,建立了比较完善的知识产权保护体系,完成了一些发达国家通常需要几十年甚至上百年才得以完成的立法历程。同时,我国政府通过司法和行政两个途径坚决打击侵犯知识产权的违法行为。但不可否认,知识产权制度在我国也只有十多年的历史,在全民中加强保护知识产权的法律意识还需要一个过程,因此,我国知识产权侵权问题在有些地方比较突出。

尽管中国知识产权保护水平在不断提高,但美国对中国的压力仍不断升级,动辄挥舞其"特殊301条款"大棒,以贸易报复相威胁。美国1974年贸易法301条款(1988年改为特殊301条款)规定,美国贸易代表有权将没有对美国的知识产权给予充分有效的保护和未对持有知识产权的美国人给予公平的市场准入的国家,列为重点国家,经过6个月调查,谈判达不成协议则实行贸易报复。美国曾用此条款对付过巴西、印度,还曾把欧盟、印尼、泰国等列为"重点观察国家"。1991年11月美国将我国列为重点国家,并宣布了15亿美

① 改编自王海云等:《商务谈判》,北京航空航天大学出版社2003年版。

元的报复清单，后经磋商得以解决。1994年6月30日，美国再次将我国列为“重点国家”，对所谓中国侵犯知识产权的行为进行调查，并扬言，在6个月里一经调查属实，就将进行贸易报复。

自从美国将中国列入“重点观察国家”之后，中美两国就知识产权保护问题开始展开谈判。其中关键的问题是，美国对中国在保护知识产权方面所做的努力和所取得的举世公认的进展熟视无睹，片面夸大个别中国企业侵犯知识产权方面的问题。美国贸易代表肯特甚至指责中国“至今不愿采取必要的措施保护美国的知识产权”，“侵犯知识产权的行为已经愈加恶化”；并将这场争端同中国复关问题联系起来，“如果中国不在知识产权上满足美国的要求，美国就无法支持它复关”，以此来要挟中国作出让步。并开出了包括许多干涉我国立法、司法和内政等无理要求在内的要求中国作出让步的要价单。例如，美方要求中国立即关闭29个CD厂；每周打击两次侵权行为并向美国报告，直到美国满意为止；修改民法，对涉外案件的一审期也修改为与美国一样的6个月；修改诉讼费的收取办法，变按一定比例收取为按固定费用收取；取消涉外商标代理；国家版权局对国家机关所使用的计算机进行调查，调查结果向美国政府、报社等公布；每季度向美国报告一次中国查处侵权的情况；立即授予知识产权部门搜查、没收、销毁侵权物品和设备的权力等等。

面对美国的漫天要价和不断施加压力，我方代表团根据我国的法律和有关的国际公约，坚持有理、有利、有节的原则，在关系到我国国家内政和国家尊严的问题上，决不让步；在其他问题上，则保持充分的灵活性。从1994年6月30日到1994年12月31日这一段时间，双方共进行了七轮谈判，终于由于美方态度僵化强硬，谈判最终破裂。

在1994年行将结束时，美国贸易代表肯特单方面宣布，如果中国不能在1995年2月4日之前满足美方提出的有关保护美国知识产权方面的要求，美国将对中国实行贸易制裁。肯特宣布的这份总价值约28亿美元的中国商品清单，其中电子产品9.86亿美元，木材和家具6亿美元，陶瓷制品1.76亿美元，以及鞋子、玩具、箱包等中国主要出口到美国的商品。一旦制裁措施生效，美国将对这些来自中国的商品征收高达100%的惩罚性关税。

针对美国宣布准备采取对中国报复性的贸易制裁，中国政府毫不示弱，作出了迅速而激烈的反应，拟订了初步反报复清单：第一，对于进口产于美国的各种游戏机、游戏卡、录音带、激光唱盘、烟酒、化妆品加征100%的关税；第二，暂停进口产于美国的电影、电视及其录像、激光视盘；第三，暂停与美国音像制品协会、国际知识产权联盟、商业软件联盟的贸易合作关系；第四，暂停受理美国音像制品、制造公司在华设立分支机构或办事处的申请；第五，暂停受理美国化学、药品制造商根据中国《化学药品行政保护条例》所提出的申请；第六，暂停受理美国公司所属子公司在华设立投资公司的申请；第七，暂停受理美国公司正在进行的选择大型汽车合资项目的谈判。这些报复措施拟于美国正式对中国出口产品进行报复时生效。

在中美双方先后宣布报复制裁清单后的一个多月，双方又坐到了谈判桌前，但这轮谈判历经10天，双方仍未能达成协议。尽管中方在此轮谈判磋商中，表现了极大的诚意，就专利、商标、产权等多个问题进行了广泛、深入的讨论；同时，为了尽早消除双方在知识产权方面存在的分歧，中方在磋商各具体条款时，表现出了充分的灵活性。但由于美方不断提出新的要求，有些甚至超出了此次谈判的范畴，致使谈判无法继续进行。

1995年2月3日，中美知识产权的谈判再度破裂。2月4日，肯特单方面宣布对我国出口到美国的电子、家具、自行车等价值10.8亿美元的产品实施贸易报复，该措施将于2月26日正式生效。同一天，我国以牙还牙，立即公布了对美国的反报复措施，提高了某些产品的关税，暂停影视产品的进口，暂停受理开办投资公司的申请等等。以上措施将与美国对我国出口产品贸易报复措施生效时生效。双方紧张对峙的局面，到了一触即发的时刻。

无论是从最初公布的美国对华贸易报复清单，还是其后"缩水"了的报复内容，如果美国真的对华实行报复，对中国有关的企业影响是很大的。从最初的28亿美元到后面的10.8亿美元，都不是一个小数目。即使从中美两国进口贸易额上做一简单分析，也可看出报复对谁的影响更大。我国对美国出口300多亿美元，进口才10多亿美元，如果双方进行贸易报复，对中国的影响之大是显而易见的。中美之间的巨大的贸易逆差，一直是令美国头疼的问题，长此以往，美国难以承受。而知识产权产品的出口又是美国的强项和增长较为迅速的领域，所以美国对此非常关注也是可以理解的，其要求保护知识产权同样是符合情理的。由此我们也不难明了美国要求保护知识产权和打击侵犯其知识产权的行为的决心之大，在一定程度上是很难动摇的。

当然，中国对美国采取的反报复措施，对美国的影响也较大。尽管中国对美国实行反报复，具体涉及到多大的贸易额和资金数字，难以作出具体的统计，但稍加统计一下，数目也不小。如对美国的各种游戏机、游戏卡、录音带、激光唱盘、烟酒、化妆品加征100%的关税以及暂停进口产于美国的电影、电视及其录像、激光视盘等等，这些在中美贸易中的比重可以说是微乎其微的，因此对美国来说无关痛痒。但暂停与美国音像制品协会、国际知识产权联盟、商业软件联盟的贸易合作关系，这作为一种无形的报复，虽然难以用数字来统计其具体的影响程度，但确实能在较大程度上影响美国的利益。因为随着中国产业的高科技化，诸如高科技软件等知识产权方面的贸易额将越来越大。再加上中国反报复清单中的其他措施，对美国的影响也很大。因为控制了美国对华投资，便抑制了美国对华的出口。以汽车工业投资为例，如果美国福特汽车在华投资20亿美元，就必然带动几十亿美元的美国设备产品对华的出口。

综上分析，美国的报复可以说是直接的、现实的，它抓住了中国在中美贸易中中国有着巨大顺差、中国产品对其有着较大的依赖度性弱点。因此，在相互报复中，中国在对进口产品的限制方面，没什么杀伤力的武器，也正是由于这个原因，美国在谈判中才态度强硬，不肯让步。

而中国的反报复可以说是间接的、长远的，尽管中国对从美国进口的商品没有直接的报复手段，但中国是个潜在的，而且越来越接近现实的巨大市场，而这个大市场是许多竞争者窥视已久的，如果美国放弃了，将给美国带来无法估量的损失。所以将美国公司拒之门外，确实是对美国利益最要害的一击，美国不能不对中国的反报复措施予以认真的考虑。

正是考虑到上述因素，就在1995年2月4日美方单方面宣布了对华贸易报复措施的同时，美国贸易代表肯特致信当时的外经贸部部长吴仪，邀请中国派代表团去华盛顿恢复谈判并建议2月13日进行两国知识产权磋商。2月5日，吴仪部长复函肯特大使，同意美方建议，并提出在北京举行磋商。就这样，在离正式实施制裁的2月26日还有11天的2月15日，中美两国谈判代表在北京就知识产权问题举行了第九轮磋商。经过艰难的谈判，双方在制裁就要正式实施的前夜，在北京于2月26日终于达成协议。但这次中美知识产权磋商未签订协议，而是中方全面介绍了“有效保护及实施知识产权的行动计划”，由外经贸部部长吴仪与美国贸易代表肯特以换函的形式结束了这场中美知识产权磋商和一触即发的贸易战。

在这次谈判中，中方坚决驳回了美方企图干涉我国司法、立法和国家主权的无理要求，但在知识产权的保护和对侵犯知识产权行为的打击、外国人在中国建立音像制品合资企业和复录企业、取消音像制品的进口数量限制方面做了重申和让步。

国内外对这次中美知识产权问题的圆满解决，给予了积极的肯定，普遍认为中美两国都是赢家。第一，避免了一场一触即发的贸易战，使中美两国的经贸关系避免了走向对抗；第二，保证了我国出口美国的市场，从而可以继续扩大出口,进一步发展对外贸易;第三,对港、澳、台地区的稳定有积极的影响;第四,为全面改善中美经贸关系奠定了基础;第五,对中国复关和加入WTO有积极的促进作用;第六,执行知识产权法律,有力制止知识产权侵犯行为,有利于完善市场经济体制。

从谈判学的角度而言,美国在这次中美知识产权谈判中,凭借“特殊301条款”,以及美对中有巨额贸易逆差和保护美国知识产权为由,态度强硬,漫天要价,大有不达目的不罢休的气势;而中方在谈判中始终坚持有理、有利、有节的原则,在原则问题上决不让步,在非原则问题上则保持较大的灵活性,以其用小的让步来化解中美之间的争端。当然随着谈判的进行,美方强硬的谈判策略中也显露出灵活性。而中方自始至终在保持灵活性的同时始终坚持不能以牺牲国家利益和主权及尊严为代价,因此中方在面对美方的贸易报复时,迅即进行反报复,这既可说是一种谈判策略,也可以说是中方坚定的原则性和不愿轻易让步的一种气势的表现。在这场谈判中,美方的进攻和中方的防御、美方的强硬和中方的灵活、美方的漫天要价和中方的让步策略、美方的灵活性和中方的原则性,这一系列的矛盾,在中美双方的协调下,实现了矛盾的统一,堪称谈判范例中的典型。

提示:

- 体会在谈判中什么可以谈,什么不可以谈。
- 理解合作与冲突原则的把握。
- 以硬制硬谈判策略的运用。

第8章 谈判口头语言

学习目标

通过本章教学,你应该达到以下目标:

了解语言沟通的内容和形式,正确理解语言沟通在谈判中的重要性;懂得在谈判中如何倾听、如何提问、如何答复、如何叙述,把握语言沟通的技巧;掌握说服的方法和艺术,具备综合运用听、问、答、看、叙及辩的素质;初步具有驾驭语言与人谈判的能力。

人际沟通一般有两种形式:一种是口头语言,另一种是动作与情感语言。

在人们的社会交往中,语言沟通是惟一手段,语言直接影响着人与人之间的关系,口头语言更是如此。俗话说,一句话可以使人笑,也可以让人跳,说话者如果讲错了话或讲了错话,会使其所发出的信息被错误地理解,即便你在沟通的其他方面,使用其他多种技巧,也不可能获得沟通的成功。

商务谈判的过程实际上是语言沟通的过程,尤其是口头语言交流信息的过程。好的谈判者并不是一味固守立场,追求寸步不让,而是要与对手充分交流,从双方的最大利益出发,创造各种解决问题的方案,用相对较小的让步来换取最大的利益,而对手也是遵循相同的原则来取得交换条件。这其中口头语言在达成预期利益目标和改善人际关系两方面的作用是显而易见的。

8.1 倾听

"听"是我们了解和把握对方观点和立场的主要手段与途径。

美国科学家富兰克林曾经说过:"与人交谈取得成功的重要秘诀,就是多听,永远不要不懂装懂。"作为一名商务谈判人员,应该养成有耐心地倾听对方讲话的习惯,掌握聆听技巧,这也是一个商务谈判人员是否拥有良好个人修养的标志。

8.1.1 倾听技巧

倾听作为人类活动中最简单的生存行为,也恰恰是人类最有效的一种沟通方式,却往往不受重视。有关研究表明,听的人通常只能记住不到50%的讲话内容,而对讲话人所阐述的全部内容中通常只有1/3是按照原意听取的,1/3是曲解了,另有1/3则完全没有听进去。

西方有句谚语:上帝给了一个嘴巴,两个耳朵,就是要你多听少说。在谈判中倾听,一方面可获得对方更多信息,从中可以发掘事实真相,而且还可探索对手动机所在;另一方面倾听本身也是一种良好的沟通行为,既向对方表示对他的说话十分感兴趣,又表示对对方的尊重,获得对手的好感,从而建立起良好的人际关系。

谈判涉及到不同的文化时,积极地倾听尤其变得富有挑战性。

倘若交往对手来自上下文联想程度较高的国家,譬如日本、中国、沙特阿拉伯、希腊或西班牙等,倾听对美国人来讲更加具有挑战性。在这些文化中,信息均埋藏在所表达的上下文里。美国前国家半导体新加坡工厂管理部主任麦克·麦克马洪发现,新加坡人不乐意对问题作直接回答。他指出:"我应该非常认真地倾听才能弄清楚他们头脑里到底在想什么。"凯尔·安德森在《谈判商务高手》里提供了这么一份数据,见表8-1:

表8-1 老练谈判者与一般谈判者的提问与倾听

谈判行为	老练谈判者	一般谈判者
问题,作为所有谈判行为的百分比	21.3%	9.6%
积极倾听		
□测试理解	9.7	4.1
□概括	7.5	4.2

8.1.2 有效倾听的障碍

专家认为"听"有两种形式,即积极地听和消极地听。

所谓积极地听,就是在交谈中与说话者密切呼应。比如,表示理解或遗憾,支持或反对,愉快或难过等等。

所谓消极地听,就是指在一定的交谈中,听者处于比较松弛的状态中,即处于一种随意状态中接受信息。比如,平时家庭中的闲谈,非正式场合下的交谈等等。

积极地听,既有对有声语言信息的反馈,也有对无声语言信息(即表情、姿态等)的反馈。而消极地听则往往不是同时具有这些明显的姿态反馈和表情反馈。

妨碍有效聆听的听力障碍主要有:

• 生理障碍:正常讲话速度是每分钟120～180个字,而大脑思维的速度却是它的4～5倍,所以思想容易开小差,往往"听而不闻"。

• 专注自身利益:人们往往只注意与自己有关的内容,或是考虑自己对对手某一观点的应对,而忽视其他讲话内容。

• 立场差异导致曲解:人们往往依据自己的情感和兴趣来理解对方的表述,而导致误解。

• 谈判人员的精力和注意力的变化呈现一定的规律性:一般来说,谈判开始时精力比较充沛,但持续的时间较短,约占整个谈判时间的8.3%～13.3%,谈判快要达成协议时,又出现精力充沛时期,时间也是很短,约占3.7%～8.7%。

• 自身知识差异:受收听者的文化知识、语言水平的限制,特别是受专业知识与外语水平的限制,而听不懂对方的讲话内容,或无法理解对方表述的全部意思。

• 环境障碍:外界因素的干扰,如气候、声响、光线、气氛等的干扰,常会使人们的注意力分散,形成听力障碍。

作为谈判人员来说,无论是从短期看还是从长期看,努力排除这些听力障碍,是必要的也是必需的。"听"确实存在着听力障碍,为了能够听得清晰、听得准确,必须克服这些障碍。

8.1.3 学会聆听

所谓聆听不光指用耳朵去听,而且还指运用自己的眼睛去观察对手的动作与表情,用自己的心去为对手的话语作设身处地的构想,以及用脑子去研究对手话语背后的动机,正所谓:耳到、眼到、心到、脑到。切忌漫不经心,显出不耐烦的样子,或急不可耐地打断对方,或左顾右盼伸懒腰、看手表,这些都是不礼貌行为,也影响到信息的获取。

聆听是一种非常复杂的活动。一般地说,聆听包括如下四个步骤:

第一步,全神贯注地听谈话内容,并注意说话者的音调;

第二步,将注意力集中在理解说话者的谈话内容上;

第三步，分析、核实和评估收到的信息；

第四步，决定怎样对说话者作出恰当的反应。

商务谈判中必须想尽办法克服听力障碍，掌握听的要诀，提高收听效果。

1．“听”的要诀

“听”的要诀与技巧主要包括：

• 避免“开小差”，专心致志，集中精力地倾听。精力集中是聆听艺术最基本、最重要的问题。我们必须注意时刻集中精力去倾听对方讲话，用积极的态度去听。主动与讲话者进行目光接触，并作出相应的表情，以鼓励讲话者。比如，可扬一下眼眉，或是微微一笑，或是赞同地点点头，抑或否定地摇摇头，也可不解地皱皱眉头等等，这些动作配合，可帮助我们精力集中，起到良好的收听效果。

• 通过记笔记来达到集中精力。做笔记不但有助于聆听，而且有集中话题及取悦对方的优点。如果有人重视你所说的话并做笔记，难道你不会受宠若惊吗？谈判过程中，人的思维在高速运转，大脑接受和处理大量的信息，加上谈判现场的气氛又很紧张，所以只靠记忆是办不到的。记笔记，一方面，可以帮助自己记忆和回忆，而且也有助于对方发言完毕之后，就某些问题向对方提出质询，同时，还可以帮助自己作充分的分析，理解对方讲话的确切含义与精神实质；另一方面，通过记笔记，给讲话者的印象是重视其讲话的内容，当停笔抬头望望讲话者时又会对其产生一种鼓励的作用。

• 在专心倾听的基础上有鉴别地倾听对方发言，去粗取精，去伪存真，抓住重点，获得良好的听的效果。

• 克服先入为主的倾听做法，抑制争论念头。你和你的对手之所以为对手，意味着你们之间有意见不一致之处。然而，打断他的谈话，即使只是内心有此念头，也会造成沟通的阴影。学习控制自己，抑制自己争论的冲动。放松心情，记下要点以备后续讨论之用。

• 创造良好的谈判环境，使谈判双方能够愉快地交流。有利于己方的谈判环境，能够增强自己的谈判地位和实力。对于一些关系重大的商务谈判，如果能够进行主场谈判是最为理想的，如果不能争取到主场谈判，至少也应选择一个双方都不熟悉的中性场所。

• 注意不要因对方抢话，急于反驳而放弃聆听。

• 不可为了急于判断问题而耽误听，不要立即下判断。如果立即给对手下结论，即使是思想最无偏见的人也不免心存偏见。诚实地面对、承认自己的偏见，并且聆听对手的观点，容忍对方的偏见。

• 听到自己难以应付的问题时，也不要充耳不闻。商务谈判中，可能会遇到一些一时回答不上来的问题,这时,切忌不可持一种充耳不闻的态度。既要有信心,又要有勇气去迎接对方提出的每一个问题,用心领会对方每个问题的真实用意,找到摆脱难题的真实答案。培养自己的急中生智、举一反三的能力;应多加训练,多加思考,以便自己在遇到问题时不慌、不乱。

• 建立协调关系。试着了解你的对手,试着顺着他的观点看问题。这是提高聆听技巧的重要方法之一。

• 表现兴趣的态度。让对手相信你在注意聆听的最好方式,是发问和要求阐明他正在讨论的一些论点。

• 简要说明讨论要点,包括主要论点。这是有效的沟通方法,不过在简述要点时不要做评论和批判。

• 分析对方。端详对方的脸、嘴和眼睛。将注意力集中于对方的外表。这能帮助你聆听,同时,能完全让对手相信你在聆听。

• 对准焦点。试着将注意力集中于对手谈话的要点。努力地检查、思索过去的故事、轶事和统计资料,以及确定对手谈话的本质。

• 使用自己的话语求证于对方。要避免任何可能产生误会的最好方法,是把主要利益用"自己"的话表达,由对方加以证实。只有运用此方法,你才能准确地沟通。

2. "口头线索"

除上述要点外,还有一些特别的"口头线索"应引起倾听者注意。在一些商务谈判中,这些"口头线索"常被提到。下面是几句"口头线索":

• "顺便说说"。一个说"顺便说说"的人,某事突然出现于心田,他想赶快告诉你以免遗忘。此用语表面上看似这句话不重要,但是实际上,使用这用语的人真正要说的是,讨论中的论点对他们是很重要的,请注意听。

• "坦白地说"。这措词很奇特。逻辑上,以"坦白地说"开头的论点暗示着对手在其他论点上并不坦白、诚实。不过,使用此措词的人真正要说的是:"我要你特别留心我即将要说的话,因为我认为这句话很重要。"此措词并不和坦白、诚实有绝对相关之处,只是一条线索,显示你对手就要说些重要的话,值得你注意倾听。

• "在我忘记之前……"。此措词类似于"顺便说说",表面看来并不重要,不过隐藏着对手很重要的论点。如果你仔细想想,会觉得此措词实在荒谬可笑,不过它被使用的频率颇高。你应视它为信号,表示就要提及对谈判来说颇为重要的事。

这里所列举的"口头禅"看似简单,其实不然。想想其中要点,并考虑如何运用在你的谈判上。一旦你成为一位好的聆听者,你会发现人们愿意和你说话,而你的知识也会大有长进,获得人们的敬重。

此外,须注意的是,谈判不是辩论,也不是演讲比赛,对于对方发言中的一些无关紧要的错误,或者发觉对方所展示的专业能力不如自己的时候不应贸然打断,否则就是一种不尊重他人的行为,也易破坏良好的洽谈气氛;更不要争辩,可以以适当的提问点明"我记得好像是那样……"。良好的倾听习惯等于是告诉对方"你是一个值得我倾听的人",无形之中提高了对方的自尊心,加深彼此的感情。有时为了防止思想开小差,可以做些记录,顺着对方思路提一些小问题。或主动地向对方反馈(亦即以口头语言、面部表情或动作向对手表达你对他话语的了解程度或者要求对手澄清或阐述他的话语),同时,随时留心对手的"弦外之音"(可以用提问求证)。

总之,倾听表示你对对手的尊敬,它是一种只有好处而决无坏处的让步。

8.2 发问

发问(又称提问)是商务谈判者获取信息的重要手段。通过发问,可以发现对方的需求,了解对方的心理,因而发问是商务谈判中语言沟通的重要内容。

发问是令自己"多听少说"的一种最有效的方法,发问的最主要目的在于开启话匣,以利沟通之进行。

通过发问我们要达到以下诸多目的:

- 收集资料:"你可否说一下你方所希望的付款条件?"
- 透视对方之动机与意向:"为什么你们要付现金而不用银行汇兑?"
- 提供资料:"你应该知道我公司各分销店设置计划?"
- 鼓励意见之参与:"对这个问题你怎么看?"
- 提供反馈:"我可以这样理解你所表达的意思吗……?"
- 鼓励对手对某一问题进行思考:"你是否认为扩大行销网络在当前是一种明智举措?"
- 言归正传:"不知各位对刚才的提议还有没有其他意见?"

商务谈判的发问内容丰富,有着不同的方法和技巧,只有熟练掌握这些内容,才能达到提问的目的。就谈判、说服的效果而言,发问的确扮演着十分重要的角色。

8.2.1 发问形式

1. 发问是交流的重要保证

罗伊·列维奇等在《谈判实务》一书中认为，保证交流的清晰、澄清谣传和纠正信息扭曲的通用方法是发问。杰勒德·尼尔伦伯格强调，发问是在谈判中获得信息的基本要素；提出好问题可以使谈判者获得关于对方观点、支持性论据和真实需求的大量信息。

商务谈判中的发问有以下几种：

- 澄清式发问。这是针对对方的答复，重新措辞，以使对方进一步澄清或补充其原先答复的一种问句。其作用在于确保谈判各方能在叙述"同一语言"的基础上进行沟通。
- 强调式发问。该发问方式旨在强调自己的观点，强调本人的立场。
- 探索式发问。这是针对对方的答复，要求引申或举例说明，以便探索新问题、新方法的一种发问方式。它不但可以进一步发掘较为充分的信息，而且可以显示发问者对对方答复的重视。
- 间接式发问。间接式发问即借助第三者的意图来影响或改变对方意见的发问方式。比如："某某先生对你方能否如期履约关注吗？"
- 强迫选择式发问。这种问句旨在将己方的意见抛给对方，让对方在一个规定的范围内进行选择回答。比如："原定的计划，你们是本周实施，还是下周，请给我们答复？"在使用强迫选择式发问时，要语调温柔，措辞得体。
- 正面式发问。正面式发问旨在通过己方的提问，使对方对问题作出证明或理解。比如："为什么要更改原订的计划？"
- 多层次式发问。这是含有多种主题的问句，即一个问句中包含有多种内容。比如："您能否将这个协议产生的背景、履约的情况、违约的责任，以及双方的看法和态度谈一谈？"这个问句因含过多的主题而致使难以周全把握。许多心理学家认为，一个问题最好只含有一个主题，最多也不能超过两个主题，才能使对方有效地掌握。
- 诱导式发问。这种问题旨在开渠引水，对对方的答案给予强烈的暗示，使对方的回答符合己方预期的目的。比如"已经到期了，对不对"？这类问句几乎使对方毫无选择余地按照反问者所设计好的答案作出回答。

在整个谈判中，尤其在谈判开始阶段，提出好的问题是重要的。您的主要目标是接收信息。向您的对手发表精彩演讲，阐述您的建议，这也许使您感觉不错，但是，它远不如像提出问题那样能使您获得信息内容和满足对方的情感需要，从而有助于实现您的目标。

老练的谈判者所提出的问题是一般谈判者提问的两倍多。他们会比一般谈判者更积极地倾听对方。

在发问时应该考虑到这一点：不要做使您国际同行为难的事情。在诸如美国、加拿大、澳大利亚、瑞士、瑞典及德国等文化中，问题可以直接而且坦诚；而在日本、台湾地区、巴西或哥伦比亚，则更注重间接方式。

8.2.2 注意事项

1. 应注意避免的问题

商务谈判过程中并不是任何方面的问题都可以随便提问的。

一般不应提出下列问题：

• 带有敌意的问题。

• 有关对方个人生活、工作方面的问题。多数国家和地区的人对于自己的收入、家庭情况、女士或太太的年龄等问题都不愿回答。我国情况相反，在商务谈判时问候一下对方个人生活以及家庭情况等等，往往容易拉近关系，从而博得对方的信任感和亲切感。

• 对方品质和信誉方面的问题。

• 故意表现自己而提问。要知道，故作卖弄的结果往往是弄巧成拙，被人蔑视。

2. 发问要诀

为了获得良好的提问效果，需掌握以下发问要诀：

• 注意发问时机，在他适宜答复时才发问。

• 按平常说话的速度发问，太急会令对手以为你不耐烦。

• 应该预先准备好问题，最好问一些对方不能够迅速想出适当答案的问题，以期收到意想不到的效果。同时，预先有所准备也可预防对方提问。

• 在对方发言时，如果我们脑中闪现出疑问，千万不要中止倾听对方的谈话而急于提出问题，这时我们可先把问题记录下来，等待对方讲完后，有合适的时机再提出问题。

• 要避免提出那些可能会阻止对方让步的问题，这些问题会明显影响谈判效果。

• 如果对方的答案不够完整，甚至回避不答，这时不要强迫地问，而是要有耐心和毅力等待时机到来时再继续追问。这样做以示对对方的尊重，同时再继续回答问题也是对方的义务和责任，因此在时机成熟时，对方也不会推辞。

• 在适当的时候，我们可以将一个已经发生，并且答案也是我们知道的问题提出来，验证一下对方的诚实程度，及其处理事物的态度。同时，这样做也可给对方一个暗示，即我们对整个交易的行情是了解的，有关对方的信息我们也是掌握很充分的。这样做可以帮助我们进行下一步的合作决策。

• 既不要以法官的态度来询问对方，也不要问起问题来接连不断。

• 由广泛问题入手再移向特定问题，从而缩短沟通时间，形成良好气氛。

• 所有询问都应围绕一个主题。

• 提出敏感性问题，应附以发问理由："最近听其他人说……"

• 应给对手足够的时间答复。

• 提出问题后应保持沉默，闭口不言，专心致志地等待对方作出回答。

• 要以诚恳的态度来提出问题。这有利于谈判者彼此感情上的沟通，有利于谈判的顺利进行。

• 注意提出问题的句式应尽量简短。

【补充阅读资料】

应该避免的词语和词组①

这些词：	可能引起这些反应：
你总是/你从未……	我总是，我从未？也许我有时或偶尔那样行事，但并非总是或从未。
你需要明白的是……	我会让你知道我是否需要明白它。
要有道理……	我不认为我不讲道理。(你在你一生里是否见过有人告诉你："我不想讲道理，我想我要让你知道这一点？")
冷静下来！	如果他们是冷静的，用不着你告诉他们这一点！
不用说……	那么你为什么要说呢？
显然地……	你已经垄断了一定的市场，知道什么是显然的，什么是不显然的。
事实是……	你知道什么是事实，我不知道？
你不能告诉我……	你肯定我会告诉你的——也就是说，你只需听着！
听着……	我会选择这样做的，但是不想被人指点这样做。
正如你所知……	也许我知道，也许我不知道。
大多数人会……	你是不是在暗示，如果我与你意见不同的话，我就有些怪？

① [美]凯尔·安德森：《谈判商务高手》，广东经济出版社 1998 年版。

8.3　答复

8.3.1　答复的重要性

有问必有答,人们的语言交流就是这样进行的。

问得不当,不利于谈判;答得不好,同样也会使己方陷入被动。通常,同样的问题会有不同的回答,不同的回答又会产生不同的谈判效果。有时,对方会故意提出一些尖刻的问题,旨在把其对手问倒。这时,如果是较为出色的谈判人员,便会用一个妙答,使自己逢凶化吉,起到妙手回春的功效。

为了能够有效地回答好每个问题,在谈判前,我们可以先假设一些难题来思考,考虑得愈充分,所得到的答案将会愈好。许多有谈判经验的国家,比较重要的谈判往往事先都要进行模拟谈判,自己组织一组人员扮演谈判对手,让对手尽情地发挥,借以发现在一般情况下难以发现的问题。

在商务谈判中,当对方向你提出问题的时候,你必须作出相应的回答;否则,对方会认为你没有诚意而使商务谈判陷入僵局。而巧妙的回答可以做到既不泄露机密,又不致使商务谈判陷入僵局。因此,商务谈判者必须把握回答的原则和策略。

商务谈判中的问答,是一个证明、解释、反驳或推销己方观点的过程。

谈判桌上的双方是在各方的实力基础上斗智斗勇,商务谈判回答问题的要诀就在于知道该说什么、不该说什么,而不必考虑回答的问题是否切题。谈判过程好比是桥牌的叫牌过程,目的在于尽可能多地通过回答问题,来了解对方的实力与信息,而尽量避免过早地暴露自己的底细。因此,在回答问题时要有艺术性和技巧,谈判人员必须熟练地加以掌握和运用。

8.3.2　答复的技巧

谈判中答复问题,是一件很不容易的事情。因为,谈判者对回答的每一句话都负有责任,都将被对方理所当然地认为是一种承诺。这便给回答问题的人带来一定的精神负担和压力。因此,一个谈判者水平的高低,很大程度上取决于其答复问题的水平的高低。

答复问题,实际上也是叙述,因而,叙述的技巧对于回答问题通常也是适用的。但是,答复问题并非孤立地叙述,而是和提问相联系,受提问制约,这就决定了答复问题应当有其独特的技巧。

1. 回答问题之前,要给自己留有思考时间

为了使回答问题的结果对自己更有利,在回答对方的问题前要做好准备,以便构思好问题的答案。有人喜欢将生活中的习惯带到谈判桌上去,即对方提问的声音刚落,这边就急着回答问题。在谈判过程中,绝不是回答问题的速度越快越好,因为它与竞赛抢答是性质截然不同的两回事。

回答的准备工作包括三项内容:

一是心理准备。即在对方提问后,要利用喝水、翻笔记本等动作来延缓时间,以稳定情绪,而不是急于回答。

二是了解问题。即要弄清对方所提问题的真实含义,以免把不该回答的问题也答了出来。

三是准备答案。答案应只包括那些该回答的部分。

人们通常有这样一种心理,就是如果对方问话与我方回答之间所空的时间越长,就会让对方感觉我们对此问题欠准备,或以为我们几乎被问住了;如果回答的很迅速,就显示出我们已有充分的准备,也显示了我方的实力。其实不然,谈判经验告诉我们,在对方提出问题之后,我们可通过点支香烟或喝一口茶,或调整一下自己坐的姿势和椅子,或整理一下对方的问题。这样做既显得很自然、得体,又可以让对方看得见,从而减轻和消除对方的上述那种心理感觉。

2. 把握对手提问的目的和动机,然后决定怎样回答

谈判者在谈判桌上提出问题的目的是多样的,动机也是复杂的。如果我们没有深思熟虑、弄清对方的动机,就按照常规来作出回答,往往是效果不佳。如果我们经过周密思考,准确判断对方的用意,便可作出一个独辟蹊径的、高水准的回答。

比如,人们常常用这样一个实例来说明:建立在准确地把握对方提出动机和目的基础上的回答,是精彩而绝妙的。谈判人员如果能在谈判桌上发挥出这种水平,就是出色的谈判人员。

有人认为,商务谈判中的回答应该是有问必答,准确无误。这是一种错误的认识。因为对有些问题来说,回答得越全面、越准确,就显得回答者越愚蠢。因此,商务谈判回答的要领是明确该答什么、不该答什么、该答多少和不该答多少。根据这一要求,有些问题应全部含混回答,有些问题则暂不回答,有些问题要拒绝回答。而这种划分的依据,一要看对方的真正意图,二要看我方回答的方式和范围,三要看回答这一问题的后果。

3. 不要彻底地回答问题，要留有余地

商务谈判中并非任何问题都要回答，要知道有些问题并不值得回答。

在商务谈判中，对方提出问题或是想了解我方的观点、立场和态度，或是想确认某些事情。对此，我们应视情况而定。对于应该让对方了解，或者需要表明我方态度的问题要认真回答，而对于那些可能会有损己方形象、泄密或一些无聊的问题，谈判者也不必为难，不予理睬是最好的回答。当然，用外交活动中的"无可奉告"一语来拒绝回答，也是回答这类问题的好办法。

总之，我们回答问题时可以自己对问题的前提加以修饰和说明，以缩小回答范围。

对方的提问可能是一系列的问题，从而决定了不可能通过一个问题的回答来全部解决；对方对商务谈判条件的要求也是有层次的，不可能满足了一个条件就再没有其他条件的要求。因而在商务谈判回答中必须注意掌握尺度，留有余地。

有时对方提出的某个问题我方可能很难直接从正面回答，但又不能以拒绝回答的方式来逃避问题。这时，谈判高手往往用避正答偏的办法来回答。即回答这类问题时，注意避开问题的实质，而将话题引向歧路。

4. 幽默诙谐，随机应变，巧应妙答

对于有些问题如果正面回答可能不利，这就要求用幽默的语言来回答问题，因为幽默的语言可以使谈判人员在含蓄委婉的回答中渡过难关。同时，用幽默的语言可以在回答问题出现错误时把责任推给第三者，在别人抓住自己的弱点提问时可以通过自我欣赏解围。可见，使用幽默语言会活跃气氛，可以取得事半功倍的效果。

由于商务谈判对手的提问目的不同，方式各异，因而在回答对手提问时也必须随机应变，根据对手的不同要求作出巧妙的回答。做到该明确回答的明确回答，该与其周旋的与其周旋，该拒绝回答的拒绝回答，并且在回答的方式、回答的语言、回答的风格上要灵活选择、慎重使用，以提高回答的质量，增加商务谈判的实力。

【小案例】

汉朝有一位官员，为人正直、纯朴，廉洁奉公。一次有人问他："你有没有私心？"

这话其实是很难用"有"或"没有"来回答的 。这个官员深知问话者的动机，便用十分策略的方式回答道："过去，有一个人送给我一匹千里马，被我拒绝了。事后，每当朝廷让我们王公选荐人才的时候，我心里总是想到这个人，不过我始终没有推荐他。我哥哥的儿子病了,我一夜去探望了十次,回到家就躺下睡觉了 。我儿子有病的时候,我虽然不需要去照顾他,可是我一夜都睡不着觉。这样看来,怎么能说没有私心呢?”

显然,他的这番回答,一语双关,一方面表明自己也是有私心的常人,另一方面说明自己在处理公事时,又不为私心所左右。所谓情在理中,令人折服。

5. 对于不知道的问题不要回答

参与谈判的所有的人都不是全能全知的。谈判中尽管我们准备得很充分,但也经常会遇到陌生难解的问题,这时,谈判者切不可为了维护自己的面子勉强答复。因为这样不仅有可能损害自己的利益,而且对维护自己的面子也是丝毫无补的。

有这样一个实例,国内某公司与外商谈判合资建厂事宜时,外商提出有关减免税收的请求。中方代表恰好对此不是很有研究,或者说是一知半解,可为了能够谈成,就盲目地回答了,结果使己方陷入十分被动的局面。

经验和教训一再告诫我们,谈判者对不懂的问题,应坦率地告诉对方不能回答,或暂不回答,以避免付出不应付出的代价。

6. 答非所问

答非所问在知识考试或学术研究中是不能给分的 ,然而从谈判技巧的角度来研究,却是一种对不能不答的问题的一种行之有效的答复方法。

我国古代有一个精明的骗子,他从别人那里借来一匹马,便牵去与一个财主进行交换。财主问:“你的马是从哪里来的?”他回答道:“我想卖马的念头有两年了。”这两句话的回答是答非所问的,换马的骗子就是这样运用灵巧的方式,于是此人的计谋便得逞了。

谈判中,我们并不主张像这个骗子一样在谈判中行骗,谈判必须是建立在相互信赖的基础上。但是在双方利益相冲突时,如何巧妙地回答对手有关利益分割方面的问题,倒是应该从这一例中得到点借鉴。

7. 顾左右而言他

有时,对方提出的某个问题我方可能很难直接地从正面回答,但又不能以拒绝回答的方式来逃避问题。这时,谈判高手往往用避正答偏的方法来回答。“对于你方这个问题,我记忆中大致的印象好像是……具体我记不清了。”

8. “重申”和“打岔”

商务谈判中,要求对方再次阐明其所提的问题,即谓重申。重申可以是没有听明白的问题,也可以是听清楚了但还来不及思考的问题。打岔的方式则是多种多样,可以借口去洗手间,或去打个电话等等。

有时可以以问代答，如同把对方踢过来的球又踢了回去，请对手在自己的领域内反思后寻找答案。这是对付那些在国际商务谈判中难以回答的问题的方法之一。“在回答你方问题之前，我想请对方先回答我一个问题……”

商务谈判中，要求对方再次阐明其所提的问题，实际上是为自己争取思考问题时间的好办法。在对手再次阐述其问题时，我们可以根本不去听，而只是考虑如何作出回答。当然，这种心理不应让对手有所察觉，以防其加大进攻的力度，此时，可以用心不在焉的方法应对。

8.4 叙述

商务谈判中的“叙述”是一种不受对手提出问题的方向、范围的制约，且带有主动性的阐述，是商务谈判中传达大量信息、沟通情感的一种基本方法。也是基于己方的立场、观点、方案等，通过陈述来表达对各种问题的具体看法，以便让对手有所了解。

8.4.1 入题

1. 叙述的种类

商务谈判中的叙述从内容上分为开局叙述和总结叙述两种。

开局叙述是各方对谈判观点的第一次陈述。叙述的前奏是寒暄，还没有接触谈判的实质内容。而叙述则是对谈判观点的介绍，主要是说明自己参与谈判的基本立场及要求。通过对这些内容的说明，使对方明了自己的观点，以便在此基础上寻找共同点，使谈判朝着成功的方向前进。

总结叙述是在谈判的每一个阶段或全部谈判结束前作的陈述。其中心内容是对已取得的成果进行肯定性的总结，通过得体的总结性叙述，可以为以后的谈判打下良好的基础。其特点是切题、中肯，观点鲜明和留有余地。无论成功与否，都不下绝对性的结论。

2. 把握开场的重要时机

开场进行的一切活动，一方面能够为双方建立良好关系铺路，另一方面又能够了解对方的特点、态度和意图。因此，在这个阶段，必须十分谨慎地对所获得的对方印象加以分析。不仅如此，还要立刻采取一些重大措施，用自己的方式对他们施加影响，并使这些影响贯穿于谈判的始终。

商务谈判人员最好把准备工作做得既周密又灵活。当坐下来转入正式谈判前,应该充分利用开局阶段从对方的言行中获得有用的信息。在这个阶段中,能够很快地掌握对方洽谈人员的信息。

对方谈判经验和技巧无须语言就可以反映出来。比方说,他的姿势、表情以及他"入题"的能力。如果他在寒暄时不能应付自如,或者突然单刀直入地谈起生意来,那么可以断定,他是谈判生手。谈判高手总是留心观察对方这些微妙之处。对方的谈判作风,同样地可以在开场阶段的发言中反映出来。一位经验丰富的谈判人员,为了谋求双方的合作,总是在开始时讨论一般性的题目;另一种具有不同洽谈风格的人员,虽然他的经验同样丰富,但其目的是为了对谈判产生影响,他显然会采取不同的方式。一进入谈判,他就极力探求双方的优势和劣势,探听哪些是自己必须坚持的原则,以及在哪些问题上可以让步,他不仅要了解"自己"的情况,甚至对每一个对方人员的背景、价值观,每一个人有把握的和担心的事,以及是否可以加以利用等问题,都要搞得一清二楚。这些信息能成为他在以后的谈判中使用的武器。如果把谈判比作游戏,而且彼此商定,游戏以一方的胜利而告终,那么他的举动是无可厚非的。

3. 入题方式

"万事开头难",尤其是面对陌生的关键对手。因此,如何选择话题的切入点就是一个关键问题。下面谈几种入题方式。

(1)迂回入题。或者从当前社会热点(共同关心)的问题切入,或者从双方情况介绍切入。

(2)先谈一般原则问题,后谈具体问题。如会期、总体方案、大致意向等(一般适用于大型洽谈活动)。

(3)细节切入。如商贸经销业务洽谈,以价格为核心包括付款条件、交货地点、方式、结算方式、促销费用、展厅布置费用、人员费用、年终返利、花色品种要求等等,可以先回避价格,谈其他条件,待诸项达成共识后,再切回到价格问题。这时,对方会有较大的压力,因为一旦价格谈不拢,则前期工作全都将前功尽弃。

【补充阅读资料】

商务谈判提示:有助于建立牢固关系(或至少使您摆脱困境)的15个句子①

1. "我很高兴见到您。"

2. "您能更详细地告诉我您的计划吗?"

---

① [美]罗伊·列维奇等:《谈判实务》(第二版),人民邮电出版社2004年版。

3. “我还有一些问题想请教您。”

4. “如果您能考虑乙的话,我们会考虑甲。”

5. “让我来总结讨论我们目前的立场。”

6. “我非常高兴能再次见到您。”

7. “您能进一步告诉我您的担心吗?”

8. “让我告诉您我的担心是什么。”

9. “我们没有取得进一步的进展,这使我感到失望。”

10. “对于我们所取得的进展,我深表感激。”

11. “谢谢您。”

12. “我能进一步回答关于我们组织和方案的问题吗?”

13. “我们将以什么方式来达成这笔交易?”

14. “与您做生意我感到非常愉快。”

15. “自从我们签订合同后我就没有与您交谈过。我前来与您联系,是想看看事情进行得如何了。”

8.4.2 叙述技巧

1. 叙述的原则

通常,要求谈判中在叙述问题、表达观点和意见时,应当态度诚恳,观点鲜明,语言生动、流畅,层次清楚、紧凑。但这只是对一般情况而言的,具体地讲,谈判中的叙述还应把握以下几项原则:

(1)叙述应简洁,通俗易懂。商务谈判中叙述的目的在于让对方相信己方所言的内容均为事实,并使其接受己方的观点。为了达到这一目的,说出来的话要尽量简洁,通俗易懂,使对方听了立即就能够理解。

(2)叙述应具体、生动,使对方集中精力、全神贯注地倾听。

(3)叙述应主次分明,层次清楚。

(4)叙述应基于客观事实,使对方相信并信任我方。

(5)叙述的观点要准确,力戒含混不清,前后不一致。

(6)叙述时发现错误要及时纠正,以防造成不应有的损失。

(7)重复叙述有时是必要的。

总而言之,商务谈判中的叙述,应从谈判的实际需要出发,灵活把握上述有关叙述应遵循的原则,以便把握好该叙述什么、不该叙述什么,以及怎样叙述等等。

2. 叙述要点

谈判入题后,双方要各自阐述己方的观点,这是谈判中的重要环节,不可轻视。一般来说,叙述要抓住以下几个要点:

(1)用对手听得懂的话语进行沟通。如运用了专业术语,也应加以解释,很多情况下对手绝不会同意任何一项他们不明白的事。

(2)不要随便发表与谈判主题无关的意见。这易导致对手反感,尤其是一旦你的离题话有漏洞、有问题,对手会因此看轻你。

(3)不要拐弯抹角而回不到主题。该切入时当切入,否则只会给洽谈带来障碍。

(4)第一次就要叙述准确,切莫冲口而出,一旦解释有误,就会大大削弱你的谈判力。

(5)以肯定性措辞表示不同意。可通过强调对手所轻视或忽视的好处来表达。“不! 我认为贵公司经销我方品牌不仅有经济上的直接利益,更有品牌形象的提升。”

(6)避免使用含上、下限的数值。在谈判中任何数值都应用绝对数字表达,不能使用“3%～5%的折扣”之类的语言。因为对手首选的区间数值中肯定是对他有利的那个点值,而且还会在此基础上开始讨价还价。

(7)在谈判终了,达成了协议时,应给对手以正面的评价。不论结果是什么,对参与谈判的人来说,都取得了某种益处(也许有程度大小之分,至少不是达成了协议吗?),此时,对谈判对手表示谢意或感激是极为必要的。如赞赏对手的风度、品格,夸耀对手的谈判艺术,向对手以私人名义发出邀请,等等。

另外,叙述及问答中非语言艺术的运用也相当重要,包括声调强弱、音量高低、语调快慢及语气的情感性。美国传播学家艾伯特曾提出一个公式:信息的全部表达=7%语调+38%声音+55%表情。在不同主题不同程度冲突中的配合运用对洽谈程序的控制会起到相当大的作用。如与一个结巴者谈话你急还是他急呢?

8.5 说服

商务谈判中,很重要的工作就是说服,常常贯穿于谈判的始终。

谈判中的说服,是综合运用听、问、答、看、叙及辩的各种技巧,改变对手的起初想法,接受己方意见的一种沟通行为。

谈判之前，任何一方都有设法说服对方的意图，然而实际操作起来，到底是谁能说服谁，或者彼此都没有被说服，或者相互说服，达成了一种折衷意见，这三种结局往往是事先不好断言的。谈判者只有进入谈判实际中，才能一比高低，得出答案。

说服不是简单地说，而是要通过说及其他手段，向对方展示事物发展的各种可能性，说明利弊和利害得失，促使对方接受某种事实或观点。说服是谈判过程中双方沟通的重要组成部分，说服无效的结果可能是争执乃至威胁，致使双方关系僵化，使谈判变得更加困难。

有效的说服是帮助对方去认识其尚未认识到的威胁与机会，促使其接受某种观点或方案的过程。说服不等于威胁，也更需要说服者具备高超的说服技巧，使对方心悦诚服。

生活中，人们常常有这样的感觉，即同一件事，不同的人去做，其结果会截然不同。有时明明自己的观点是正确的，却不能说服对手，有时甚至还反过来被对手"驳"得哑口无言。其实，要想说服人，不仅要掌握正确的观点，而且还要掌握微妙的交往技术。我们从谈判者行为心理角度，结合商务谈判实践，提出以下有关说服的内容。

8.5.1 巧妙的洽谈气氛

1. 建立良好的人际关系是说服的前提

任何人都不会轻易被一个陌生人所说服，哪怕他的言辞多么动听，这是常人的本能反应。保险推销员在上门推销保险时，其成功的概率分别是第一次1%，第二次2%，第三次5%，第四次80%，也就是说至少要上门四次。与被说服者已形成一定的人际关系后，才有第四次成功的可能。

因此我们说，在说服他人之前，必须与他人建立相互信赖的人际关系。

2. 创造"是"的氛围

要创造出"是"的氛围，切勿把对方置于不同意、不愿做的地位，然后再去批驳他、劝说他。商务谈判事实表明，从积极的、主动的角度去启发对方，鼓励对方，就会帮助对方提高自信心，并接受己方的意见。

从谈话一开始，就要创造一个说"是"的气氛，而不是形成一个"否"的气氛。不形成一个否定气氛，就是不要把对手置于不同意、不愿做的地位，然后再去批驳他、劝说他。比如说"我晓得你会反对……可是事情已经到这一步了，还能怎样呢?"这样说来，对手仍然难以接受你的看法。在说服他人时，把对手看作是能够做或同意做的。比如"我知道你是能够把这件事情做得很好，只是不愿意去做而已”。又比如“你一定会对这个问题感兴趣的”,等等。

商务谈判事实表明,从积极的、主动的角度去启发对方,鼓励对方,就会帮助对方提高自信心,并接受己方的意见。

由于情绪的原因,人们在被说服时会存在高潮和低谷的差距,当对手的情绪激动或不稳定时,对其进行说服的效果极差;而当对手的情绪比较稳定时,则比较容易接受别人的观点。因此,说服工作要选在对手情绪稳定的情况下进行。当对方情绪不稳定时,首先的工作是稳定对方的情绪,而不是立即进行说服工作。

有些时候正面说服的效果不佳,就可采用提问的方法,以提问来说服,使对方接受自己的观点。用提问来说服对手是指把说服的目标分解成许多的小问题,问题的答案就是说服对手的理由,而对方连续回答这些问题时,便自己说服了自己。以“问”代“答”要求说服者有较高的水平。因为一方面,所提问题的答案必须是说服对方的理由,另一方面,后一个问题必须是在前一个问题的答案中派生而来。因此,运用提问来说服对方必须做好充分的准备,认真构思好问句,这样才能取得理想的说服效果。

8.5.2 分析提议可能导致的影响

1. 必须能满意回答的三个问题

一是被劝说者一旦接纳你的意见,会有什么样的利弊得失。一般说来,被劝说者同意你的提议肯定会在得到一定利益的同时,失去一些什么,你必须针对这两方面作出分析,尤其是对方可能承担的风险(代价)要重点说明(谁也不会相信没有付出就有回报,除非是傻瓜)。

如“我方品牌进入你们商厦经销,看起来似乎不如你们原来单纯柜台出租收益固定,没有风险,但实际上这种风险是不存在的。其一,我方品牌的知名度及畅销程度决定了销售量不会低,同时我方品牌对你商厦的形象也是一种促进,要知道在本市我们只选择2～3家大型商厦进入,其他的我们根本不予考虑。再反过来说,我方对经销商的质量服务跟踪相当严格,品牌从来没有出现过质量问题,当令商品一旦过季,我们会给予调换,你也不会有积压之忧。所以,从长远发展眼光看,经销我方品牌对你的利益及各方面都会有积极作用,你说是不是?”

二是你为什么以他为劝说对象。让对方明白之所以被选中是因为他另具“个性”。

如上例中:“我方在选择经销网络时,看重的是当地市场中有规模且具有知名度的大中型零售企业，一般的中小型商店不予考虑，××商厦虽然规模也不小，但它将柜台全部出租经营后，商品质量及服务纠纷太多，已影响到知名度，我方商品一旦进入可能会受连带影响。”

三是假如你能说动他接纳你方意见，你将获得什么好处？将你的“利己”成分告知对方，对方才会理解“你为什么这样做”。当然“利己”的含义有很多，可以适当隐瞒一部分。

如上例中：“我公司主要计划在2～3年内建立起完整的全国性分销网络，充分发挥品牌功能，提高市场占有率并居全国第三，相信目标很快就能达到，届时对你经销者不也更有利吗？”

2. 注意避免的几个问题

人们在说服他人时，效果往往并不十分理想。分析原因发现，在说服他人的过程中，存在一些弊病：

- 先想好几个理由，然后才去和对方辩论；
- 站在领导者的角度上，以教训人的口气，指点他人应该怎样做；
- 不分场合和时间，先批评对方一通，然后强迫对方接受其观点；
- 威胁或欺诈对方。

这些做法，其实未必能够说服对方。因为这样做，其实质是先把对方推到错误的一边，也就等于告诉对方，我已经对你失去信心了。其后果可能会导致双方关系破裂，谈判失败；可能会刺激对方作出不理智的决定，等等。

8.5.3 简化接纳提议的手续

1. 入题可采取迂回战术

在研究影响谈判气氛的方法之前，必须先确定到底需要建立怎样的一种谈判气氛。一般而言，大多数的谈判，都希望能“达成和谐共识”。为达到此目的，谈判气氛必须具有以下特点：真诚、配合、和谐、认真。

取得相互合作的洽谈气氛，需要有一定的时间。因此，不能在谈判开始不久就进入实质性谈判。首先要花足够的时间，使双方协调一致，即协调双方的思想和行动。因此，谈判开始时的话题最好是轻松的，比如，双方可以随便聊聊以下内容：

- 谈谈各自的经历——曾经到过的地方，接触过的人等等。比较轻松的话题还有：球赛、股市、高尔夫球等，甚至早上的新闻摘要（只要不给对方带来不快）。
- 私人问题。表现出真正关心他人的情况，不带任何威胁的语调。例如：

开始可以这样说“你好!”,然后谈一些仅限私人间的话题,如:“这个周末我钓鱼去了。我很喜欢钓鱼,你周末是怎么度过的?”

• 对于彼此有过交往的,可以先叙谈一下以往经历和共同获得的成功。这样的开场白可以使双方找到共同的话题,为心理沟通预先做好准备。

实际上,在闲聊中,双方也同时在传递一些无声的信息,它同样具有很强的感染力。这时,给人的第一个印象是形象,包括一个人的姿势,它可以反映出这个人是信心十足还是优柔寡断,是精力充沛还是疲惫不堪,是轻松愉快还是剑拔弩张。反应这些情绪的关键部位是头部、背部和肩膀。除了姿势以外,形象还反映在谈判人员的穿着仪表上:他的服装的颜色是深色还是浅色,是流行的还是匠心独具的,是整洁还是不修边幅。

开场白阶段,不管是讲话速度还是无声的印象,都会为谈判奠定基调。落坐之前,正是洽谈开场白的最佳时刻。原因在于,许多社交活动站着比坐着进行更方便些。站着比较容易改变和对方的接触角度,它可以离得近些,也可以远些,而坐定在某一地方就很难做到这一点,况且坐在椅子上,经常要与对方两眼相视。另外,假如洽谈气氛在人们站着寒暄时就已经建立起来,则由站立转为坐下,还可以被用来强调表示下面将从一般性寒暄转入正式的业务谈判,从而应该把精力投入到正式工作中了。

开讲阶段的进行过程被人们称之为“入题阶段”。由于谈判即将进行,双方都会感到有点紧张,因而需要一段沉默的时间,以调整与对方的关系。这段时间要持续多久呢?一般说来,应占整个洽谈时间的5%。也就是说,如果洽谈准备1个小时,沉思时间为3分钟,如果洽谈准备持续几天,最好在开始谈生意前的某个晚上,一起吃一顿饭。

如果是以小组而不是个人为单位进行洽谈,那么,掌握好建立洽谈气氛的时间,其意义更为重大。当分别由四个成员组成的两个小组第一次会面时,大家首先忙于互做介绍和握手,此时可能显得十分混乱,不会有什么真正的言谈交流。几分钟之后,八个人站成一个圆圈。这时,除一两个人偶尔发出的声音以外,一片沉默,其他人十分尴尬地站在那里无所事事。

一般而言,在人数较少的时候,才能建立起较为积极的气氛。因此,最好把八个人分为2～3个小组,每个小组都有双方的人。在比较小的范围内,人们可以立刻开始小声交谈。这种友好的交谈声是这八个人共同发出的,使人觉得从一开始就建立了热烈的、互相交流的气氛。

2. 尽快签订协议

一旦对方被说服,同意签订协议时,为避免中途变卦,要设法简化确认这一成果的程序。如将事先准备好的书面协议(或草案)请对方签字。这样能尽快取得对方承诺,避免由于细节问题的纠缠而影响谈判的进展。

因为被说服者在一定时间及环境条件变化后,会产生心理变化对原说服内容产生疑虑,因此应"乘胜追击",尽快达成协议是说服工作的必要后续手段。

8.5.4 说服的方法

说服,即设法使他人改变初衷,心悦诚服地接受你的意见。这是一项十分重要的技巧。一个谈判者,只有掌握高超的说服别人的技巧,才能在变幻莫测的谈判过程中,左右逢源,达到自己的目的;同时,这又是一项很难掌握的技巧,因为当你试图说服对方之时,同样处于被人说服的地位,定会遇到重重阻力,你必须克服这重重阻力,才能达到说服对方的目的。

1. 说服的方式

在商务谈判中,说服对方的方式主要有两种:

- 沟通式。又叫"宣传式",是指通过某种渠道把信息传递给接受者,使对方接受这些观点。通过信息传递沟通双方的关系来说服对方是一种比较简单的方式,适用的对象是那些不存在尖锐对立的商务谈判者。对这些被说服者来说,只要能见到具有说服力的语言、文字,便可很快被说服。
- 雄辩式。即运用充分的理由说服对方。常用的方法有两种:

第一种是劝诱,即通过积极、正面的工作,如激励、妥协、许愿等使对方服从自己的观点,答应自己的条件。这里既有观点的劝说,也有利益的诱导,因而很容易达到说服目标。

第二种是威胁,即通过消极方面的工作,如提出抗议,退出谈判等迫使对方屈服,来接受自己的观点。这种做法从理论上说是一种压服,但市场条件是变化无常的,今天对卖方有利,一个月后可能变得对买方有利。在这种情况下,谈判者为了争取时间,以保证自己的利益,在讨价还价的基础上,有利的一方便会使用最后通牒的手段,使对方被迫接受自己的观点。

2. 说服方法

- 用让人自我评判的方式说服。即用正确的道义使其认同,转而用道义(对方也认同)让对方评判自己的行为,使其产生一种"自相矛盾",而最终承认你的观点。如"贵单位开业两年来发展势头很旺,×老总你的管理能力、经营胆魄令人佩服,记得在电视台'商界精英谈市场'栏目里,您一直强调零售企业要抓品牌经营,特色经营,那么我方品牌进入你商厦不正是如虎添翼吗?"

晋代有个新郎官是个书生,新婚之夜发现新娘很难看,转身想离开洞房,新娘拉住他问："新婚之夜为何不高兴？"新郎说："你知道好妻子的标准是什么吗？"新娘说："孝顺老人，尊重丈夫，说话和气，干活利索，长相也不错，除了最后一条，其他我都具备。"随之反问："一个读书人，应具备的好品德，你又有几种呢？"新郎答："我都具备。"新娘："好品德之一是重德不重貌，你却以貌取人，这是重貌轻德，你这样说可是不诚实啊！"新郎无言以对。

• 用经验去说服对方。或者说用历史事实说明你的观点，具有较强的说服力。

1939 年 10 月，美国经济学家、罗斯福总统的私人顾问萨克斯受爱因斯坦等科学家的建议和委托，在白宫要说服罗斯福重视原子弹的研究。罗斯福反应冷淡（一是对深奥的科学不懂，二是担心原子弹的危害性），第二天见面时罗斯福先封住了萨克斯的嘴。萨克斯就讲了一段拿破仑不听从美国发明家富尔顿关于用蒸汽机代替风机，用铁壳取代木甲板的建议，而将富尔顿轰了出去，最终致败的故事，终于说服了罗斯福。

• 用事实说服对方。事实胜于雄辩。

公元前 330 年，阿基米德给古希腊国王希艾罗写信，说明自己的杠杆原理的作用，国王不懂，召阿基米德当面解释，还是不懂。阿基米德就借助绞索机械，将刚造好的一艘全城人都推不动的三桅货船（长 45 米，宽 6 米，三层划桨），通过滑轮轻易地牵引入海，国王终于信服了。

3. 说服技巧

• 尊重理解对手。说服是一种沟通，不是让对方屈服，必须将对方视为和自己一样有着感情需要，有自己的利益目标的人。正如谈判中提到的一个基本原则："将人和问题分开"，不应将谈判的不顺归咎于对方个人，更不应因此而对对方实施人身攻击。

首先，理解对方所存在的困难和处境，理解对方的优势和劣势，发现对方的潜在需要；

其次，"将自己的脚放在别人的鞋子里"（设身处地替对方着想），从而验证自己谈判目标的合理性（包括目标的低调或高调）。

• 先谈论易取得协议的问题要比先谈论争论性问题更易取得成效。设法别让对方说出"不"，以多项一致性意见的议题取得对方肯定性回答后，再提出冲突性问题，这样，直接否定就会有难度。

• 对对手要求越多，对手实际给予的也可能越多（即期望水准越高，成就水准相应也会高些）。如针对对方某心理价格，先开出一有相当差异的要价目标，对方可能会因此调整其原先的心理价格。

● 强调立场的一致性要比强调立场的差异性更易提升对方的认知与接纳程度。淡化双方立场、观点、期望的差异，激发对方在自身利益认同的基础上接纳你的建议。

● 对问题应进行正反（有利有弊）两方面分析，其中自己所喜欢的观点最后才提出。但不能报喜不报忧。

● 讯息之一再重复可增进对手对讯息本身之了解与接纳。尤其是新的观点、立场，应提前“吹风”，正所谓“谎言重复千遍也会变真理”。不能奢望对方一下子接受你提出的突然的要求。

● 说服对方时要注意精心设计开头和结尾，以便给对手留下深刻印象。

本章小结

● 在人际交往中，语言沟通是惟一手段，语言直接影响到人际关系，口头语言更是如此，俗话说，一句话可以使人笑，也可以让人跳。

● 倾听作为人类活动中最简单的生存行为，也恰恰是人类最有效的一种沟通方式，要达到有效倾听，首先要克服倾听障碍，能听出对手的弦外之音。

● 发问是令自己“多听少说”的一种最有效的方法，发问的最主要目的在于开启话匣，以利沟通之进行，但要注意发问的形式，既让对手感到不拘束能放开回答，又能给自己留下谈判的回旋余地。

● 答复需要技巧，谈判者对回答的每一句话都负有责任，所以在回答之前，要给自己留有思考时间，把握好对手提问的目的和动机，然后决定怎样回答，但对问题不要给予彻底的回答以免暴露我方底线，应学会巧应妙答；尤其是不清楚的问题不能随意答复，适当的答非所问也是一种方法。

● 叙述是一种不受对手提出问题的方向、范围的制约，且带有主动性的阐述，是商务谈判中传达信息、沟通情感的一种基本方法。

● 谈判中的说服是综合运用听、问、答、看、叙及辩的各种技巧，改变对手的起初想法接受己方的意见的一种沟通行为。

● 有效的说服是帮助对方去认识其尚未认识到的威胁与机会，从而使其接受某种观点或方案的过程，说服不是威胁。

● 建立良好的人际关系是说服的前提，要帮助对手一起分析我方提议可能导致的影响，即一旦被劝说者接纳你方意见，会有什么样的利弊得失；你为什么以他为劝说对象；假如你能说动他接纳你方意见，你将获得什么好处。

● 说服方法多种多样，但要注意说服技巧，首先要理解尊重对手。

思考与练习

1. 对一位寻找就业机会的人来说,应聘面谈是他所必须认真对付的一种谈判,因为在这一种谈判中他若不能说服对方,他势将被挡在门外。下面是应聘面谈主持者所可能问到的一些尴尬问题,倘若你是置身于这类面谈中的应征者,你会怎样答复?

(1)请你说一说你的主要缺点。

(2)你认为要花多长的时间你才能对本公司发挥真正的才智?

(3)你前一份工作的顶头上司有何缺点?

(4)假如你加入本公司,5 年后你希望能升到哪一个职位?

(5)你希望在本公司待多久?

2. 假若你是影印机的推销员。你正向某政府单位的采购主管推销你的影印机。该采购主任告诉你,他很想购买一部定价 12500 元的影印机,但是他的预算只容许他购买价格不超过 11000 元的影印机。此时,你怎么办?

(1)向他致歉你无法将该影印机的价格压低到他预算所允许的范围之内。

(2)运用公司所赋予你的特权,为他提供特价优待。

(3)请他考虑购买价格较低廉的其他型号的影印机。

案例分析

艾柯卡的谈判语言①

克莱斯勒汽车公司曾是美国汽车行业的“三驾马车”之一,拥有近 70 亿美元的资金,是美国第十大制造企业。进入 20 世纪 70 年代,该公司的业务开始下滑,处于濒临破产的境地。1970 - 1978 年短短的 9 年中,竟有 4 年亏损,其中 1978 年的亏损额高达 2.04 亿美元。以后情况并没有好转,1979 年亏损 11 亿美元,1980 年又亏损 16 亿美元。在这种情况下,艾柯卡出任克莱斯勒汽车公司的总经理。为了扭转局面,维持公司最低限度的生产活动,艾柯卡向美国政府要求紧急经济援助,提供贷款担保的请求。

但这一请求引起了美国社会的轩然大波。按照企业自由竞争的原则,政府绝对不应该给予经济援助。然而让艾柯卡头疼的是国会为此而举行的听证会,那简直就是在接受审判。委员会的成员们坐在半圆形的高出地面 8 英尺的会议桌旁俯视着证人,而证人必须仰头去看询问者。艾柯卡第一次出席由

① 改编自王海云等:《商务谈判》,北京航天航空大学出版社 2003 年版。

众议院、银行、财政和城市事务委员会下设的经济稳定小组委员会所举行的听证会，是1979年的10月18日，此听证会全体委员会成员都参加了。听证会开始后，艾柯卡简单地提出了自己的证词："我相信诸位都明白，我今天在这里绝不只是代表我一个人说话，我代表着成千上万靠克莱斯勒公司为生的人们。事情就这么简单。我们有14万员工和他们的家属，4700家汽车销售商及所属的15万员工，1.9万家供应商及其雇用的25万人，还有这些人的家属。"接着，艾柯卡清楚地表明，我们绝不是要求施舍，也不是索取礼物。他提醒国会，克莱斯勒公司正在申请一项贷款的保证，公司将偿还每一分钱，而且都是有利息的。艾柯卡向委员们阐述了7个重点：(1)形成该公司困难局面的因素有4个，即管理不善、过多政府规定的死框框、能源危机、国家经济萧条；(2)公司已经采取了迅速而果断的措施；(3)为了继续盈利，公司将维持小汽车和轻型卡车的全线生产；(4)公司无法承受破产的结局；(5)目前没有一家美国或外国公司愿意与我们公司合作；(6)克莱斯勒公司有许多有利条件；(7)特别应该强调的是，该公司在今后的5年里规划健全，而且是基于保守的设想——公司将会改善市场占有率，很快会赚钱。在以后的无数次听证会上，艾柯卡又多次将以上各点做了进一步阐述。尽管如此，议员们仍没有被说服，无休止的提问、无休止的责难，十分尖锐激烈。一次听证会上，参议员、银行业务委员会主席威廉·普洛斯质问道："如果保证贷款获得通过的话，那么政府对克莱斯勒公司将介入得更深。这对你长久以来鼓吹的十分动听的自由企业的主张来说，不是自相矛盾吗？"艾柯卡回答说："你说得一点也不错。我这一辈子一直都是自由企业的拥护者。我是极不情愿来这里的。但我们目前的处境进退维谷，除非我们能取得联邦政府的某种保证贷款，否则我根本没有办法拯救克莱斯勒。"他继续说："我这不是在说谎，其实在座的参议员们都比我还清楚，克莱斯勒的贷款请求并非首开先例。事实上，你们的账册上目前已经有了4090亿美元的保证贷款。因此，务必请你们通融一下，不要到此为止。请你们也全力为克莱斯勒争取4100万美元的贷款。因为克莱斯勒公司仍是美国的第十大公司，它关系到60万人的工作机会。"随后，艾柯卡严肃指出，日本汽车正乘虚而入，如果克莱斯勒倒闭了，它的几十万员工就得成为日本人的雇工。根据财政部的调查材料，如果克莱斯勒倒闭的话，国家在第一年里就得为所有失业人员支付27亿美元的保险金和福利金。所以，他向国会议员们说："各位眼前有个选择，你们愿意现在就付出27亿美元呢？还是将它的一部分作为保证贷款，日后可全数收回？"持反对意见的议员们无言以对，贷款终获通过。

艾柯卡在说服国会通过贷款案后，又投入到要求贷款给公司的多家银行同意延期收回6.6亿美元的谈判中，银行希望克莱斯勒破产。他们认为，当年大多数银行贷款是借给克莱斯勒金融公司的，而不是克莱斯勒公司本身，即使克莱斯勒公司宣告破产，他们的债权仍可获得保障。然而，使这些银行家们大吃一惊的是，1979年末，艾柯卡请研究破产问题的专家特罗斯特准备了一份《破产清理特别备忘录》，文中说明无论是贷款给克莱斯勒公司还是给克莱斯勒金融公司都一样，一旦公司破产，所有贷款将在法院冻结5～10年。这样，银行的投资将遭到很大的损失；而且根据密执安州的法律规定，未偿还贷款还将每年减少6%的银行利息。事实使银行家们很快认识到，对他们最为有利的方案是作出让步，使公司得以生存。然而各家银行的态度不尽相同，曾多次帮助克莱斯勒公司渡过难关的汉诺威银行同克莱斯勒公司签订了一项4.55亿美元的周转性贷款协议。为使克莱斯勒公司获得贷款保证，银行董事长约翰·麦吉利卡迪在国会作证说："我认为克莱斯勒公司应当生存下去。"他对国会委员们说："我不一概地反对政府援助，我也没有看到这种少量的援助将会给自由企业体系带来威胁。"财政部长威廉·米勒也支持克莱斯勒，他在国会委员会作证时指出，克莱斯勒的情况是个例外，提供贷款保证是个好办法。为了鼓励银行作出必要的让步，艾柯卡宣布了一项优惠条件：克莱斯勒公司发给银行1200万股购买股票权利的证书，但必须在1990年前每股股票涨到13美元时才能兑现。贷款保证委员会听到这个消息后也要求作出类似的安排，理由是他们也是借方；而且冒风险的钱数比银行实际上要高出50%，所以最后政府也得到了1440万股股票的认购权。至此，公司一共让出了2640万股股票，大大削弱了公司的实力。尽管如此，艾柯卡必须这么做，因为拯救克莱斯勒公司需要的是合作。

几个月后，艾柯卡终于制定出一项银行可以接受的计划。谈判有头有绪地进行着。但他发现分别找一家家银行谈的办法行不通时，改成把银行家们召集到一起谈，效果虽然好一些，但仍然解决不了实质性问题。最后，艾柯卡干脆宣布："我给你们一个星期时间考虑，4月1日，也就是下星期二，我们再开会。"有些银行代表威胁说他们将不到会，结果却都来了。如果这次会议达不成协议，后果将不堪设想。克莱斯勒公司宣布破产，很可能意味着一个更可怕的经济灾难即将来临。因此，4月1日的会议非同小可。当全体成员都到会时，艾柯卡的开场白引起了全场的震动："先生们，昨天晚上，克莱斯勒公司董事会举行了紧急会议，鉴于目前的经济衰退，公司的严重亏损，利率的节节上升，更不要说银行家们的不支持态度，公司决定今天上午10点整宣布破产。"接着补充说："也许我该提醒先生们一下，现在离宣布破产还有一个小时。”

整个会议室里鸦雀无声，空气异常沉闷。虽然这个办法是艾柯卡在开会前5分钟才想出来的，并且带有很大的冒险性，然而它把会场中的每一个人的焦点集中在一幅更大的图景中，想像着不达成协议可能产生的后果。终于艾柯卡的让步计划为全体与会者所接受：6.6亿美元到期贷款延期收回；4年内以5.5%的利率支付40亿美元贷款的利息。一场旷日持久的谈判，终以艾柯卡的胜利而结束，克莱斯勒公司获得了新生。

提示：

- 体会艾柯卡的谈判语言艺术。
- 体会艾柯卡对“施”与“受”谈判原则的把握。
- 体会如何在冲突中寻求合作的理由。

第9章 谈判动作与情感语言

学习目标

通过本章教学，你应该达到以下目标：

了解身体语言的构成，准确把握不同的身体语言所传递的信息；掌握动作语言的表达方法，懂得肢体语言传递信息的含义；正确理解情感语言表达情感特征的意义，拥有洞察谈判对手内心世界的武器；具备运用身体语言强化说服力的能力，具有在谈判中利用身体语言与人沟通交流的专门知识和技能。

谈判者在运用语言的同时，伴随的是动作和表情。在商务谈判中，谈判者要完整地表达自己的需要，就必须学会运用各种表达方式。语言表达如果没有非语言表达方式的配合，效果是非常有限的。我们把非语言信息称之为肢体语言或情感语言。它是反映谈判过程中谈判者身心状态的一种客观真实指标。

肢体语言有强化口语说服力的功能。懂得如何利用肢体的辅助，进一步表现你更完整的意愿，将使你的沟通技巧更上一层楼。这也是每一位优秀商务谈判人员所必须具备的。

9.1 肢体语言

有些需求即使你一声不吭，别人也可以觉察得到。因为你的行动、手势、坐姿、笑容、注视对方的方式都会将你的想法“揭发”出来，这就是肢体语言。

语言学家爱德华·豪尔说，非语言行为可以掩盖语言行为的60%～75%的含义。“即使你一声不吭，甚至没有意识到自己的行为，给别人留下的第一印象是强是弱、是信是疑、是主动还是被动、是可爱还是讨厌就已经决定了。”①

要想给人留下良好的第一印象,必须了解自己身体语言表达的信息并且有意识地对它进行控制,利用身体语言帮助自己表达内容。

此外,还要随时观察对方的身体语言。凡有一丝犹疑,总伴有习惯性姿势和神态。最常见的有:有犹疑不定的心思时以手掩嘴,说话时摸耳朵揉眼睛等。心理学的解释是手的动作暴露一种下意识的忧虑和惧怕:自己这种弄虚作假的话语会不会被对方接受?心存疑虑就会用手本能地去遮挡或转移这种惧怕感。还有,不敢与你保持目光的接触或眼皮眨个不停,这也常表明他内心紧张,不知道你会不会相信他的话。

【补充阅读资料】

商务谈判提示:您不必开口便可做到的五件事②

(1)微笑。这是通用的润滑剂,它可以帮助您打开谈判局面。发自内心的微笑如同高声说:“我很高兴与您合作。”

(2)穿着得体,修饰整洁。光亮的鞋、整齐的头发、干净的指甲以及得体的服装,这些都表示了您对自己及对方的尊重。它还传递出您是值得与对方做生意的信息。

(3)身体前倾。在几乎所有的文化中,它都表示兴趣和专注。

(4)使用开放的手势。将两臂交叉于胸前可能被认为缺乏兴趣或表示抵制。更为开放的姿势将表示出您对对方的看法持接纳态度。

(5)利用每一次机会点头。难道您不喜欢别人同意您的观点吗?通过这个简单动作可以让对方知道您是在倾听。

9.1.1 手势语言

手势是肢体语言的核心部分,在洽谈过程中有助于表现自己的情绪,更好地说明某个问题,从而增强说话的说服力和感染力。手势要自然大方,恰到好处。太做作地有意做某种手势,易给人以虚假做戏的感觉;手势如果过多过密,则会分散对方的注意力,甚至引起对方厌烦心理;做手势时如果动作太大,或是将手伸到越过双方距离中界线的地方,会让对手感觉侵入了他的身体空间,有故意挑衅之嫌。在比划双手时一般不要超出双肩以内的范围,否则给人

---

① [美]罗伊·列维奇等:《谈判实务》(第二版),人民邮电出版社 2004 年版。

② [美]凯尔·安德森:《谈判商务高手》,广东经济出版社 1998 年版。

以手舞足蹈、轻浮乃至轻狂不实在的印象。当然，手势也不要太拘谨，生硬怯懦，缩手缩脚，既显得缺乏应有的自信，也难以引起他人对你的信赖感。手势要注意与说话的语速、音调、声音大小密切配合，不能出现脱节的滑稽情况。做手势时应把握好手势的力度，给人以轻重合适、表达自然的感觉。

1. 手势的种类及含义

手势按动作意义的不同可分为：拱手、招手、挥手、摆手、拍手、握手等。按手势的作用不同可分为以下四种：

• 情绪性手势，即用手势表达思想情感。比如，高兴时拍手称快，悲痛时捶打胸脯，愤怒时挥舞拳头，悔恨时敲打前额，犹豫时抚摸鼻子，急躁时双手相搓；而用手摸后脑勺则表示尴尬、为难或不好意思；双手叉腰表示挑战、示威、自豪，双手摊开表示真诚、坦然或无可奈何；扬起巴掌用力往下砍或往外推，常常表示坚决果断的态度、决心或强调某一说辞。

情绪性手势是说话人内在情感和态度的自然流露，往往与表露出来的情绪紧密结合，鲜明突出，生动具体，能给听者留下深刻的印象。

• 表意性手势，即用手势表明具体内容，表达特定含义。多数是约定俗成后形成的一些手势，含义明确。如：招手，表示让对方过来；摆手，表示不要或禁止；挥手，表示再见或致意；竖大拇指，表示第一或称赞；伸小指，表示最小或蔑视；用手指指自己的胸口，表示谈论的是自己或跟自己有关的事情；伸出一只手指向某个座位，是示意对方在该处就座等。

手势的表意动作也属于人的一种自觉动作，也有特定场合、特殊情况下的手势表意，如聋哑人的哑语，还有交通指挥、体育裁判等。在这些公众场合，语言不便使用，人们往往借助手势表达特定的含义。

• 象形性手势，即用手势来摹形状物。如说东西很大时，用双手合成一个大圆，说某人个子很矮时手板往下一压。象形性手势能使所表达的内容更形象、更生动。

• 象征性手势，即用手势表达某一抽象的事物或概念。如说“迎接更加美好的明天”时张开双手，徐徐向前；说“我们胜利了”时双手握拳，用力向上挥动；说“必须坚决制止这种行为”时，做一个用手下砍的动作，等等。

【补充阅读资料】

手的姿势语言

• 轻拍。成人之间用手轻拍手背、手臂或背部，表示默契、理解或安慰。如上司轻拍下属的肩后部，则表明他真诚地赞许下属，轻拍肩前部或从上往下拍，表示他很倨傲而又故意显示宽容。而成人轻拍小孩子则是爱抚的表现。

• 以手触头。手被称为是最具破坏力的武器，而头则是人体最敏感易受伤的部位，因此，自己以手触头表示“自我亲密性接触”。如手支头部，表示思考或女性需要安慰；手敲头部、以手抱头等表示陷入长久思考；手轻拍额头，表示腼腆、困惑；手抓头发，表示不满、困惑、害羞或痛恨自己。

• 用手指或笔敲打桌面、在纸上乱涂抹，表明不同意对方说法，借此来消除紧张感或不耐烦的情绪。

• 咬指甲。这是婴儿吮吸自己手指习惯的延续，表明此人心理上、个性上尚未完全成熟。

• 玩弄物件，如打火机、手帕、头发、首饰等，表明心理紧张或为打击对方说话故意转移视线，或者利用手中玩物提高气势（如将烟灰缸、茶杯等推入对方一边，侵犯对方的人际空间，扩大心理上的势力范围）。

• 两手并拢成尖塔形，置于颚下倾听对方讲话，表明镇静、震慑，或高傲、自信。

• 两手垂于膝前，双手交握，表明宁静或虚心或女性化。

• 将手插入裤子或上衣口袋中，是不让对方看破自己内心警戒的表现。

• 摊手，有时加上耸肩，表明坦率或无可奈何。

• 交叉双腕，表明解决手的放处或防范对方。

• 握拳交叉，表明攻击或敌意。

• 十指交叉，表明不安或缺乏自信。

• 交叉双臂身子前倾，表明批判地听，多半准备拒绝。

• 手摸下颚，表示评价对方的人或所说的话。

• 从上到下摸脸，表明为难。

• 以手摸鼻，一般交谈时表示怀疑；求人时对方摸鼻，表示准备拒绝。

• 交谈时摸耳垂，表示准备插话或厌烦对方。

2. 手势礼仪要求

手势由速度、活动范围、空间轨迹及力度几部分构成。

一般来说，速度越快、活动范围越大表达的感情越强；反之就越弱。空间轨迹是指人的手势在空间留下的是“直线”还是“曲线”。直线给人的印象强硬、果断、有力，但缺乏温和；曲线则相反，体现柔和、恬静的情感。

• 大小适度

在社交场合，应注意手势的大小幅度。手势的上限一般不应超过对方的视线，下限不低于自己的胸区，左右摆动的范围不要太宽，应在胸前或右方进行（指右手）。一般场合，手势动作幅度不宜过大，次数不宜过多，也不宜重复。

• 自然亲切

在任何场合手势都应自然、流畅，浑然天成，不能造作，不能破坏自然和谐的交流气氛。

在与他人交流时则多用柔和曲线的手势，以示和善和亲切感。

• 避免不良手势

与人交谈时，讲到自己不要用手指自己的鼻尖，而应用手掌按在自己的胸口上。

谈到别人时，不可用手指着别人，更忌讳背后对人指指点点。

初见陌生人时，避免抓头发、玩饰物、掏鼻孔、剔牙齿、抬腕看表、高兴时拉衣服袖子等粗鲁的手势动作。

避免交谈时指手画脚，手势动作过多过大。

握手时不分对象，不分主次，不讲究方式和力度。

总之，体态和手势是较难把握的无声语言，如没有确切的把握，可以尽量少用，避免出错。一旦由于情绪激动而作出某种失礼的姿态和手势，应勇于承认错误，主动向对方致歉。总而言之，体态和手势也应视具体情况而定，以文雅含蓄为准，不可失控失态。

3. 商务谈判中常见的手势

• 伸出并敞开双掌，给人以言行一致，诚恳的感觉。

• 掌心向下的手势，表示控制、压抑、压制，带有强制性，这会使人产生抵触情绪。

• 食指伸出，其余手指紧握，呈指点状，这种手势表示教训、镇压，带有很大威胁性。这种行为最令人讨厌，在谈判中应尽量避免。

• 双手相握或不断玩弄手指，会使对方感到你缺乏信心或拘谨。

• 把拇指指向另一个人，表示蔑视和嘲弄(拇指竖立在我国则是夸奖的意思)。

• 十指交叉常表示控制沮丧心情的外露，这时，手的摆放通常有三个位置：一是十指交叉放在眼前，二是放在桌前，三是垂在腹前，但有时这种手势是表示敌对和紧张情绪。

• 塔尖式手势，它是把十指端相触，撑起呈塔尖式，这种手势表示自信，若再伴之以身体后仰，则显得高傲，男性常以塔尖向上，女性则常塔尖向下。

• 背手常显示一种权威，但在一个人极度紧张、不安时常常背手，以缓和这种紧张情绪。另外，如果背手伴以俯视踱步，则表示沉思。

• 搓手，常表示人们对某事情结局的急切期待心情。在经济谈判中这种手势则告诉对手你在期待什么。

- 双臂紧紧交叉于胸前,这种姿势暗示一种防御和敌意态度。

在不同的问话背景中,相同的姿势可能具有不同的含义,引起不同的反应,这需要分析。事实上,有的姿态只是一种习惯性的反应,并没有特别的含意。有的令人难以接受的姿势则可能是因人的特殊身份造成,需要通过某些经过分析和验证的认识过程去了解。

9.1.2 眼神

眼睛加上眉毛是人体面部传递信息潜力最大的器官,通过视觉的方向、方位不同,产生不同的眼神,传递和表达不同的信息,因此素有"眉目传情"之说。

"眼睛是心灵的窗户",洽谈人员必须正确运用自己的目光。一般地,目光以看着对方脸部的上部三角部分,即双眼为底线,前额为上顶角的部位为宜,这样既能把握洽谈的进行,又不致因无礼而导致对方不快。视线接触对方脸部的时间正常情况下应占全部谈话时间的 30%~60%。超过或不足都有点失态。时间过长,如对方洽谈人员为女性,就显得更为失礼。如注视对方的时间太短,表明其对谈话兴趣不大,有点心猿意马、三心二意了。目光注视对方的正确做法是散点柔视,这样既显真诚,又不致使对方感到不自在。对视的时机要正确把握,一般视交谈内容而定,当强调某一问题时,或当对方注视你,发出交流信号时可对视。其他情况下要视对方脸部为一个整体,不要将目光集中于对方的某一部位,目光要柔和。瞪与盯是非常规的目光,须慎用。斜视是无礼的举动,不应使用。

在商务谈判中常见的眉眼行为有:凝视、扫视、侧视与闭眼等。

- 凝视,即注视对手。视的部位,凝视的时间的长短不同都给对方以不同的心理反应。

首先,自然地凝视对方脸部上由双眼底线和前额构成的三角区域,是商务谈判中最常用的一种凝视行为。这种行为显得严肃认真,给对手以诚恳的感觉,在商务谈判洽谈中运用这种凝视行为往往能把握谈话的主动权。

其次,凝视对方脸部上由双眼上线和唇中点构成的三角区域,是举行酒会、餐会、茶会等场合常用的凝视行为,这种行为能给对方造成轻松的社交气氛。

- 扫视与侧视。扫视常用来表示好奇的态度,侧视有时表示轻蔑的态度。在谈判中过多使用扫视,会让对方觉得你心不在焉,对讨论的问题没兴趣;过多地使用斜视会给对方造成敌意。

• 闭眼。闭眼不同眨眼，在正常的情况下，人的眼睛每分钟要眨 6～8 次，这种行为是无意识的，也不会给人造成不良印象。但闭眼这常是一种有意义的行为，闭合的时间长达数秒，给对手以孤傲自居之感。如果闭眼的同时，还伴有双臂交叉、仰头等动作，就会给对手以故意拉长脸、目中无人的感觉，这种消极的行为很难使谈判进行下去。

• 眼光位置。研究表明，在一群人里，眼光最高的那个人通常被认作领袖人物，人们一般首先同他说话。

凯尔·安德森在《谈判商务高手》中介绍了这么一个例子：莎拉身高 5 英尺 2 英寸，是个律师。虽然她在一个政府的委员会工作了 3 年，但每次她还说不到两句话就被别人打断了，为此她感到很生气。最后，她用了一种新的办法，在一次非常重要的会议上，轮到她发言时，她走到旁边的一张桌子，慢慢地给自己倒了杯咖啡。然后，她转过身来，眼睛看着高处，站在那里开始发言，一下子吸引了所有的注意力。大家都把她看作领袖人物，他们不得不仰视她。在这方面，她充分利用动作配合语言，取得了非凡的效果。

• 其他眉眼行为：眉开眼笑，表示欢乐；双眉紧锁，表示忧愁；横眉立目，表示气愤；瞠目结舌，表示惊恐；眼珠转溜，表示邪计上心等。

需要注意的是，由于文化背景、心理心态习惯的不同，对目光的运用在各国有较大差异，这在进行涉外商务谈判时要格外小心。欧美国家的人大多倾向于在谈话时双方对视，认为这样方显坦诚相待、相互信赖，他们认为只有心怀鬼胎、居心不良者才害怕看别人的眼睛。然而也有例外，比如英国人一向以传统保守著称，他们在交谈时不喜欢打量对方，特别对两眼盯着对方很是反感，认为这使得别人紧张难堪，不是礼貌的绅士淑女行为。日本人交谈时一般看着对方的脖子。在地中海沿岸，人们的行为习惯不同于欧洲大陆其他地区，他们普遍认为目光呆滞无神是某种凶险的预兆，因而忌讳瞪眼直视，尤其是直而失态的盯视，害怕由此带来不吉利。总之，了解对方的习惯很重要，如一时仓促上场，应尽量以平静目光注视对方，显出坦诚与尊重，表明认真地倾听对方的意见，或认真回答对方的提问，阐述你的意见，减少表情、目光运用的复杂性，同时注意随时观察对方的心理活动，及时作出应有的调整。

9.1.3 体态语言

体态是一种身体语言。洽谈中，每个人都会有一些不经意的动作，透露出有关内心思想的有效信息。人在某种环境下，可以通过自觉的意识，在语言、语气等方面显示出强硬和雄辩，表现得信心十足，决不后退，但内心可能并不踏实，没有把握，便在下意识中借助一些动作来掩饰自己，平衡内心的紧张和冲突。比如频繁地擦汗，抚摸下颌，敲击桌面等都反映心情的紧张不安。有经验的洽谈者极能自我控制，能最大限度地避免无意识动作，在任何情况下都能镇定自若，不慌不忙，显示出风雨不动稳如泰山的风范。

另一方面，自觉的体态运用也能微妙地、不知不觉地影响对方的心理，如抱着胳膊，这表示警觉和戒备心理。摸鼻梁，扶眼镜，同时闭目休整，有时表示正在集中精力思考某个问题，准备作出重大决策，有时也表示进退两难的境况在内心引起的紧张。握拳或紧握双手是信心不足、自我鼓劲的反应。以上这些体态能增强一个人的潜在影响力，表现出一定的人情味，也是一种礼仪和风度，是洽谈活动不可或缺的增效剂。

1. 身体动作

研究表明，动作在非语言交流中影响最大。手势、身体动作越少，别人就越觉得你强大、深沉、可信、聪明。

对此，女士尤其应该小心。一段研究男性和女性进入会议室时的录像显示，女性平均有 27 个比较明显的动作：脱下大衣、放下行李箱、整理头发、拉平裙子、从皮夹里掏出一些杂七杂八的东西等等。而男性却只有 12 个类似的动作。观看录像的人都想："女性需要更长的时间做准备。"这足以贬低女性发言的权威性。

女性在谈判中小动作不断——从眼睑到手指，意图表明或是强调一些观点。如果有人问及原因，她们会解释说："在释放多余的能量。"但旁观者都认为她们在泄露感情。这些亦贬低了她们的综合分析能力。[①]

多项研究结果表明，领袖人物很少用手势和其他动作，结果他们的手势和动作显得更有力，更加意味深长。如列宁演讲时的强力挥手动作，观众会情不自禁地受其影响改变自己的姿势。

建议：

- 避免削弱自己魅力的"小动作"、不必要的手势和坐立不安的举止。
- 尽量让每个动作都有意义。
- 减缓动作速度。当动作变得深沉、从容、意味深长时，给人的印象就越深远。"值得做得完美的事应该慢慢去做。"[②]

---

① [美]罗伊·列维奇等：《谈判实务》（第二版），人民邮电出版社 2004 年版。

② 同①。

2. 身体姿势

每个人的姿态各不相同,但找出最适合自己的自然姿势就是最佳姿态。

领袖和人们眼中的强者比一般人需要更大的空间,这类人身体稍微前倾,四肢略微舒展,显得比较放松。占有更多空间以衬托出他们的控制地位。

这一点男性与女性大不一样,这倒并非因为女性经常穿裙子的缘故。男性女性皆认同女性的自然空间比男性的小。通常情况是女性并未占有足够的空间,她们总是缩在一边,四肢尽量和身躯靠近,不管是小动作层出不穷还是端坐着一动不动都显得她们是弱者,值得同情。相反,人们眼中的强人只是稍稍地改变一下身体姿势,显得他们轻松、自信,处于优势地位。

【小思考】

有一个部门的女领导曾企图占有更大的空间,结果适得其反。在开始阐述一个重要的观点前,她靠在椅背上,两手放在两边的空椅子上。房间里气氛顿时紧张起来。大家的反应是:"她这不是想控制我们吗?"①

分析提示:

其实她的原意并非如此,她也没想这样说,但遗憾的是她的身体语言给别人留下了这个印象。屋里的男性都讨厌她这样做,虽然他们说不清楚为什么讨厌。

如果她只是将一只而不是两只手臂放在旁边的空椅子上,那样也可显示她和男性一样有权威,而且可以避免"越界"的嫌疑。

这种成见与反应或许有点偏激、不公平——但研究的结果确实是这样。人都有这种本能反应,不管我们喜不喜欢。为了取得效果,我们不得不去考虑并研究这些反应。

对女性而言却有一个好消息:虽然她们好动、占有较少的空间,看上去比较弱,但她们对身体语言却比男性更敏感。"哈佛的心理学家设计了一系列测试,在这些测试里,男性、女性一起观看人们交谈的一些片断,然后问他们从片中人物的身体语言和表情里面推断出发生什么事。女性推断的精确度达到87%,而男性只能在涉及到像护理或教学等艺术的或教育的主题时才能和女性达到同等精确度。"②

研究还表明,不对称的姿势——即左半身和右半身的位置互不相同——比对称的姿态影响力更大。当你摆出一副很自然但不很对称的模样时,你会

---

① [美]凯尔·安德森:《谈判商务高手》,广东经济出版社1998年版。

② 同①。

显得更有信心。

建议：

• 训练自己的"身体记忆力"，让身体本能地记住和恢复到一定的位置，正如花园里的蛇形软管会自动恢复到原来的一样。对每一种事物大家都有的感情（高兴、惊诧、恐惧、沮丧、生气、讨厌），你要有一种自己独特的姿势。可以让一个朋友仔细观察你，看看你的这些姿势会有什么效果，以及你最自信和强大的时候会是什么样子。另外，让某个人把你在不同场合的表现录下来也是一种方法。

• 找出自己的本能的姿势，看看它们是否起作用。你想保留这些姿势呢，还是要更新这些姿势？

• 掌握自己在高兴、自信和强大时的样子，就算自己不高兴、不那么自信时也可能装出来。这样可以让你在谈判中避免处于劣势，感觉会好一些。

• 采取一种不那么对称的姿势，略微向一边倾斜，让下巴靠在一只手而不是双手上，一只手放在桌上，略微前倾。这些姿势会让你显得自信、更为强大。①

3. 身体接触

人们感觉轻松的身体接触有很多个层次，必须明确你和对方之间处在哪个层次。身体接触可以拉近关系，也可能会毁灭双方的关系。

总的来说，握手是最安全、最不具威胁性的身体接触方式。把左手和右手一起放在对方的手上更容易和对方套近乎。更进一步的话，则是把左手放在对方的手臂上，右手与对方相握。

建议：对别人身体接触的感觉要谨慎、敏锐，应作出适合的反应。

4. 学会自我纠正

对非语言交流，由于每个人外部生存环境及内在素质、风格各不相同，没有现成的模式可作参考。对别人的反应要谨慎，不可贸然失礼。如果意识到自己的举动不合适，就应该立即纠正过来。

【小案例】

充分运用动作语言②

安得里尔开了家印刷公司。她在一个社交场合邂逅了简，得知简是个图案设计人员，需要找个固定的印刷商。两人约定第二个星期共进午餐。安得

① [美]凯尔·安德森：《谈判商务高手》，广东经济出版社 1998 年版。

② [美]罗伊·列维奇等：《谈判实务》（第二版），人民邮电出版社 2004 年版。

里尔想在简面前显示自己的成功和魅力，所以一到餐馆，她就开始用一连串的举止表现这一点。她把双手放在桌子上，身体稍微前倾坐着，视线高出简的视线，很少有小动作，说话的语气也比较低沉。

她知道自己的努力开始生效了——简毫不怀疑她的能力——但并不是她想要的结果。简要找的不是一个能力出众，有驾驭力的人。她更喜欢找个有合作精神的人。不管如何，简是个设计师，如果合作，应该由简指挥。简也不想找个很弱的合作伙伴，她只是想找个愿意服从指挥的人。

幸亏安得里尔看出了这些，她调整自己姿势，以免让简再觉得自己口若悬河、具有太强的能力和独立倾向。

她靠回椅背上，双手叉在胸前，脸上露出笑意。不再发表自己的见解，开始打听简的目的和要求。在搞清了简的意思、知道简不再认为她挺盛气凌人以后，安得里尔补充了几点。两人合作得很成功，也很开心。

能够搞清自己的非语言交流透露的是什么信息，你已经抢了先手。在生活中，可以充分利用非语言交流的形式表达自己的意图。

在商务谈判中应当注意以下几种姿态语言：

(1)一般性地交叉跷腿的坐姿，常伴之以消极的手势，表示紧张、缄默和防御态度，但有时人们为了坐得舒服些，也常用这种坐姿。

(2)高跷腿坐姿，这是在上述姿态基础上，将上压腿上移，使小腿下半截放在另一条腿的上膝部，它暗示一种争辩、竞争的态度，如果再用双手扳住上压的这条腿，则表示这个人固执己见，顽固不化，要想同这种人议事，应首先改变其态度。

(3)谈话时，对手头部保持中正，有时会微微点点头，则说明他对你的讲话既不厌烦，也非很感兴趣。

(4)如果对方将头侧向一边，尤其是倾向讲话人一边，则说明他对你所讲的事很感兴趣。如果对方把头垂下，则是一种消极信号，表示他对你所讲的事索然无味。

(5)十指交叉，搂住后脑，则显示一种权威、优势和信心。

(6)一手支撑脑袋，则说明此人处于思考状态。

(7)两腿站开，相距肩宽，双手背后，挺胸，抬头，目光平视对方，面带微笑，则说明他对所谈判的问题有信心、有兴趣。

(8)双腿合拢，双手前合，上体微前俯，头微低，目视对方，则表示他谦恭有礼，并愿意听取对方的意见。

形态端庄，彬彬有礼，宾主分明，则反映一种修养、稳重、信心和力量。

9.1.4 其他肢体语言

1. 嘴部语言

• 嘴巴紧抿而且不敢与他人目光相接触，可能心中藏有秘密，此时不愿透露；

• 嘴巴不自觉地张着，并呈倦怠状，说明他可能对自己和对自己所处的环境感到厌倦；

• 咬嘴唇，表示内疚；

• 当对对方的谈话感到兴趣时，嘴角会稍稍往后拉或向上拉。

值得注意的是，在英语国家，用手遮住嘴，有说谎之嫌。中国人在对人讲话时，为了防止唾沫外溅或口气袭人，爱用手捂住嘴，这容易被英语国家的人误认为是在说谎话。

2. 腿部语言

• 站立时两腿交叉，往往给人一种自我保护或封闭防御的感觉；相反，说话时两腿和双臂张开，脚尖指向谈话对方，则是友好交谈的开放姿态。

• 架腿而坐，表示拒绝对方并保护自己的势力范围；而不断地交换架腿的姿势，是情绪不稳定或焦虑、不耐烦的表现。在讨论中，将小腿下半截放在另条腿的上膝部，往往会被人理解为辩论或竞争性姿势。女性交叉上臂并架脚而坐，有时会给人以心情不愉快甚至是生气的感觉。

• 笔直站立，上身微前倾，头微低，目视对方，表示谦恭有礼，愿意听取对手的意见。

• 坐着的时候无意识地抖动小腿或脚后跟，或用脚尖拍打地板，表示焦躁、不安、不耐烦或为了摆脱某种竞争感。

3. 抽烟者

抽烟者通常运用香烟作为谈判的支持物。对付这类对手的策略是，不要和香烟抢着吸引抽烟者的注意。

例如，抽烟者伸手取火柴点烟时，这是你应停止谈话的信号。等他点好烟开始吞云吐雾时，你再继续你的谈话。如果你能很有技巧地把握此时机，对你是有利的。

最容易的方法是注视香烟。所有香烟终究会熄灭的，必须暂时放在烟灰缸或香烟架上。在对方有重新拿起香烟的冲动之前，给他一页数字、一本小册子，或任何能令他参与你的谈话的东西。

一个人在抽烟时，经常性地抖落烟灰，这是一种紧张的表示；烟灰很长了都忘记抖落或轻轻磕落，则是一种思考的信号。毛主席的抽烟习惯就是烟灰常常留得很长。

4. 擦眼镜者

你的对手在摘他的眼镜，开始擦拭时，这是谈话应当停止的信号。因为擦拭眼镜是擦拭者正在仔细考虑某一观点时所做的掩饰。

所以，当擦拭开始时，不要再施加压力，让你的对手有足够时间考虑。等眼镜再挂上鼻梁时，再重新谈判；有的戴眼镜者在感到一种紧张或不安时，习惯抬手在鼻梁上方推一下眼镜。

5. 膝盖抖动者

与膝盖抖动者商谈令人有挫折感，不过它有立刻呈现目标的好处；你必须让对方的膝盖停止抖动。如果你不这么做，谈判不会有任何进展。

使膝盖抖动者停止抖动的方法是：让他站起来，去吃顿午饭，喝点饮料或散散步以提提神。因为你知道现在你的对手坐着的时候会膝盖颤抖，所以你必须在散步、走路时完成交易。

据说，美国国务卿亨利·基辛格是运用此技巧的佼佼者，也是"走路谈判"的大力提倡者。

9.1.5 物体语言

物体语言是指在摆弄、佩戴、选用某种物体时传递的某种信息，实际也是通过人的姿态表示信息。在商务谈判中可能随身出现的物品有笔、本子、眼镜、贴身手提包、帽子、香烟、打火机、烟斗、茶杯以及服装、衣饰等，这些物品由人拿在手中或戴在身上，呈现不同姿势，也反映不同需求内容与含义。

• 手中玩笔，表示漫不经心，对所谈的问题无兴趣或显示其不在乎的态度。

• 慢慢打开本子，表示关注对方讲话，快速打开本子说明发现了问题。

• 猛推一下眼镜，则说明对方因某事而气愤。

• 摘下眼镜，轻轻揉眼或擦擦镜片，可能反映对手精神疲劳，或对争论不休的老问题厌倦，或是喘口气准备再战。

• 如果轻轻拿起桌上的帽子，或轻轻除帽，则可能表示要结束这轮谈判，或暗示要告辞。

• 打开包可能想再谈新的问题，关上包则表示到此为止，夹起包则可能表示无法挽留。但如果是关而不提，夹而不去，则说明还有一线突破的希望，实际上许多谈判都是在这种情况下取得突破性进展的。

- 不停地吸烟，表示伤脑筋，深吸一口烟之后，可能是准备反击。
- 将烟向上吐，表示自信、优越感、有主见、傲慢；向下吐，表示情绪低沉、犹豫、沮丧等。

无论是人体语言还是物体语言，反映的都是人的形象。谈判者应追求这些姿态的最佳组合，树立良好的形象，以争取最佳的谈判地位。

9.2 情感语言

所谓情感语言是指通过五官及身体动作来表现个体的情感特征，并向对方传递情感需求的一种特殊语言。

9.2.1 情感表述

1. 情感表露

谈判中，人的因素除了观念问题之外，情感的表露也对谈判产生着重要影响。

当然，我们期待谈判对手的感情泄露能有助于谈判的顺利进行。例如，你的谈判对手刚刚做了一笔漂亮的生意，或者摸彩中了头奖，使他在谈判中不禁喜形于色。对方高昂的情绪可能会使得谈判非常顺利，很快达成协议。

然而，你也会碰到个别不如意的对手，情绪低落，甚至可能对你大发雷霆。如在商店里：个别顾客冲着售货员就出售的货物质量或其他的原因发生争执，大发脾气，售货员觉得不是自己的问题而试图解释、辩护，但对方却根本听不进去，不仅要求退货，而且还继续大吵大闹，有时甚至双方会发生激烈的口角。一件很不起眼的小事会演化成一场柜台矛盾。

因此，对待和把握谈判者的感情表露也是解决人的问题的一个重要方面。在商务交往中，人的情绪高低可以决定谈判的气氛，如何对待谈判者的感情表露，特别是处理好谈判者的低落的情绪，甚至是愤怒的情绪，对今后双方的进一步合作有直接的影响。

在谈判中，觉察对方有无厌烦的情绪，是观察身体语言的首要任务之一。面向窗外，以手托腮，信手涂鸦，或用手指敲击桌面——种种迹象表明，此人对你的谈话已无兴趣。

面对上述情况，你应如何处理呢？这些人大多在椅子上蹭来蹭去，坐立不安作离开状。不要因此而提高你的音量或语速。相反，你可以说："请允许我冒昧地问一句,你对我的谈话好像没什么兴趣,有什么问题吗?"然后,听听他的见解,找出吸引对方的关键所在。这种现场调查不仅可以节省时间,还能表现出你纳谏的诚意,令对方肃然起敬。这会使你在任何谈判中受益无穷。

有经验的谈判专家建议,处理谈判中的感情冲突,不能采取面对面的硬式方法。采取硬式的解决方法往往会使冲突升级,反而不利于谈判的继续进行。对待过激的情绪问题,我们不妨从以下三个方面来着手解决。

(1)首先关注和了解对方的情绪,也包括你自己的情绪。如果你的谈判对手表现出非常生气,或冲你大发雷霆,那么一定要密切注意对手的情绪变动,当然也要包括你自己的情绪。应首先弄清楚对手生气的原因。是在寻找报复的途径,还是个人家庭问题干扰了商业问题?对手是想通过发脾气的手段取得你的让步,还是在束手无策的情况下的一种情感宣泄?弄清楚原因是最终解决问题的基础。但是在对手情绪不稳的情况下,不宜急于作出解释和澄清。

(2)让对手的情绪得到发泄。在对手情绪还在发泄时,并不是解决问题的最好时机。这时,最好的办法就是静静地倾听,千万不要还击。为了能够让对方的情绪稳定下来,应引导对方将理由讲清楚,并让对方继续发泄到最后一刻。

(3)使用象征性的体态语言缓解感情冲突。在商业上,个人情感的输赢没有实质意义。非要弄清谁是谁非并不是最终的目的。谈判者追求的是在双方利益均实现的基础上取得双赢的局面。因此,在缓解感情冲突时,有些象征的体态语言往往会起到意想不到的使局面发生逆转的作用。如与对方握手,赠送一份小礼物,表示请吃饭等。经验丰富的谈判者认为,用行为表示道歉是谈判中成本最低、而回报最高的投资。

2. 面部表情

美国前总统林肯曾说过,男人一过 40 岁,就要对自己的相貌负责。的确,当一个人随着岁月的推移逐渐成熟的时候,他的知识、智慧、才能、性格一定会在他的脸上留下痕迹。

面部表情是内心情感的重要体现。人的表情十分丰富,有极强的感染力,通过面部各个器官的动作,展示出内心世界的情绪和心理变化。商务谈判中,有人嘴唇紧闭,唇角下垂,眼睛睁大紧盯对方,有时甚至从牙缝中挤出话来,这表明他是一个富有攻击性和敌意的人,不愿轻信他人,有一种不是你死就是我活的心态。有人满脸堆笑,目光闪烁,眉头不动,这反映了其人内心游移不定。有人面带微笑,脸露真诚,眉目平和安定,虽无咄咄逼人的气势,但却反映了一种内在的力量,可能是一个有能力、难以对付的强手等等。

面部表情是个体的第一特征。

表情是指眼睛、眉毛、嘴巴、鼻子、面部肌肉以及它们的综合运用所反映出的个体心理活动及情感信息。表情的寓意最为丰富，也最具表现力，它能迅速、准确地表达出主体的各种情感。

人的脸部表情是通过眼睛、眉毛、鼻子、嘴巴以及脸上的肌肉变化表示出来的。如表情明朗、刚强给人一种壮美；表情柔和、舒展给人一种优美；表情生硬、扭曲给人感觉是生气、发怒。脸部表情在交际时应该是明朗、刚强、柔和的，这样才能体现脸部表情的大方宁静和轻松柔和。

实际上，正因为表情所传递的心理活动特性是完整、全面的，所以我们可以通过"表情"来了解个体的各种特征。

- 可以看出个体的国籍、种族

当儿童遭父母训斥时，作出不同意或疑问表情的，多半是美国儿童；低着头老实听着的多半是亚洲儿童。男人为了表示自己的兴奋快乐亲吻同伴的，一般是中东国家的男子；其他国家则一般不会。

- 可以看出性别

在我国，传统上认为"男儿有泪不轻弹"，男子面部表情的最高标准是"喜怒不形于色"；而女子则在面部表情上要求"笑不露齿"，喜怒哀乐的表示比男性受束缚少些，如喜是"嫣然一笑"，哭是"梨花带雨"，怒则"薄面含嗔"，痛则"西施捧心"……如观察到的是一张深沉、稳重的脸，多半是男子；而喜怒鲜明的，多半是女子。

- 可看出性格、地位、修养

性格外向的人、喜怒哀乐易表现在脸上；性格内向的人一般脸部表情较沉郁，不易看出心理变化。

地位高的人，由于自身奋斗获得高位，并且接触的人也多有才干，一般给人的威严感强些；而地位低、贫困、又无多少教养的人一般给人放肆的印象。当然这也不是绝对的，只是有这种倾向而已。

情操高尚的人，一般从脸上可看出他的慈祥、温和、高贵的气质；卑劣的流氓一般有一张阴险、狡诈、蛮横的脸。

- 可看出人的心理

不同的面部表情表现出人的不同的心理。比如，与人交谈时忽然皱眉掩嘴，这可能表示：对对方有戒心，但又不愿被对方看破或表示不愿接近对方。做出下颚上抬、鼻子欲挺出的动作，一般表示傲慢；耸鼻，鼻孔朝向对方，则表示鄙视；交谈时摸耳垂表示准备插话或厌烦对方。

所以，我们可以从面部表情的微妙变化窥探人的内心，进而提高你的洞察力。

关于微笑，社会心理学家南希·亨莱认为微笑是“女性妥协的标志”，女性经常以微笑迎合男性。根据她做的研究，一个女性笑得越多，她就越显得是个弱者——在社会交往中，女性有89%的时间在笑，而男性却只有67%的时间在笑。①

五官中，嘴部是面部表情中比较显露的突出部位，嘴的表现力仅次于眼睛。笑，主要由嘴部来完成。

笑，是眼、眉、嘴和颜面的动作集合，它能够有效地表达人的内心情感。据专家统计，人的面部表情肌有30多种，可以作出大约25种不同的表情。就拿笑来说，可以分为微笑、欢笑、狂笑、苦笑、奸笑、傻笑、狞笑、哭笑、嘲笑等等。其中最常见、用途最广的便是微笑。

微笑是一种健康文明的举止。一个善于通过微笑来表达美好情感的人，可以使自己更富有魅力，也会给他人以更多的美感。美国钢铁大王、世界巨富安德鲁·卡耐基为什么敢于聘任一个不懂得钢铁生产的38岁的查尔斯·施瓦布担任公司的CEO，最主要的原因是他有高超的同别人打交道的能力。这些能力是施瓦布个性的体现，而他的个性中最讨人喜欢的因素莫过于他那极富感染力的微笑。靠着这种微笑，吸引别人喜欢他的性格，喜欢他的魅力，进而喜欢他的本事。可以毫不夸张地说，微笑使施瓦布获得了空前的成功，施瓦布曾自豪地宣布：“我的微笑价值100万美金。”

微笑的力量是相当巨大的。有人把微笑比作全世界通用的货币，因为它被世界上所有的人们所接受。但是，如同纸币一样，微笑也可能是虚伪的。所以我们倡导发自内心的微笑。

【补充阅读资料】

微笑的训练

虽然微笑是发自内心的，但后天的训练非常重要。有人说我没有不高兴啊，可就是笑不出来。对于一些性格内向、羞涩的少男、少女而言，要在脸上经常挂着微笑确实需要一个训练过程。据说，日本航空公司在培养空中小姐时，就要先进行长达几个月的微笑训练。

• 情绪记忆法 多回忆美好往事，纵然遇到不如意、悲伤、辛酸的事情，也要提醒自己“保持笑容”。

---

① [美]凯尔·安德森：《谈判商务高手》，广东经济出版社1998年版。

● 他人诱导法 面对镜子，听他人讲笑话，同时矫正笑姿，镜中的自己要保持正确的站姿或坐姿。微笑是轻快自然的，切忌矫揉造作的皮笑肉不笑。

● 发声训练法 面对镜子，深呼吸，然后慢慢地吐气，并将嘴角两侧对称往耳根部提拉，发出"一"或"七"的声音。

● 携带卡片法 经常在自己的皮夹中放一张写有"微笑"的卡片，一直携带着它似一面镜子，随时随地提醒自己保持微笑。

以上是外部训练，最根本的方法还是培养豁达乐观的性格，积累丰富的学识，以增强自身修养的方法来提高自己的形象气质。

3. 语调

声音所含的非语言因素并未包括你说的内容，而是你发言的语音和语速。

在这里，道理也是一样的，即越小声、说得越慢越好。说话的声音不会很大声、速度不会太快的人经常被认为是最有信用或是能力高的人。反之，经常大声说话的人会被人觉得缺乏修养，也是缺乏管理能力的表现。

我们不妨做这样一个实验，你找一个人谈话，谈话中你降低音量放慢速度，有时甚至是耳语般的声音，你别管对方有什么表情，保持原状继续叙说，事后你问一下对方的感受，对方肯定会对你说："听得好累。"这就是控制策略（如果你选一个对方热衷的话题，那效果会更明显）。

说话时的语调、声音大小也对表达有一定影响。不同语调可以使同一句话表达出不同的含义，而声音的大小则反映说话者一定的心理活动、感情色彩或某种暗含的意思。在洽谈中，一般问题的阐述应使用正常的语调，保持能让对方清晰听见而不引起反感的高低适中的音量。适当的时候为了强调自己的立场、观点，尤其在针对有分歧的问题表达意见时，可调整语调和音量来增加话语的分量，加强表达的效果。一般而言，升调表达的是一种惊讶、不可思议、难以接受或不满的感情和意思；降调则反映某种遗憾、无可奈何或失望灰心的心理活动；声音高低的起伏表明说话者的某种情绪波动。有时是有意识的表达需要，有时则是潜意识的自然流露，需对洽谈对手的话语敏锐把握，同时对自己话语表达加强控制，不能出现音调、音量失控的情况，那就不符合洽谈活动的本来目的，也有损自己的礼仪形象了。

总之，语速、语调和声音大小要由具体情况而定，但一定要在人为控制中。谈话者不能失去内心的平衡，这样才可根据洽谈的气氛、洽谈的具体内容来正确运用商务洽谈的语言，达到预期的洽谈效果，实现预期的洽谈目标。

建议：在发言的时候注意自己的语调和语速。保持低沉的声音，凭自己的直觉放慢语速。

4. 空间距离

美国人类学、心理学的创始人霍尔博士通过大量事例证明,人在文明社会中与他人交往而产生的关系,其远近亲疏是可以用界域或距离的大小来衡量的。那么,反过来说,人们在人际交往中的位置、相互间的距离,也应由人们关系的亲疏程度来定夺。

一般来说,人际交往依据亲疏程度不同而有不同的空间位置,大致分四类情况,如表 9-1 所示。

表 9-1　人际交往的空间距离

距离(m)	类别	语意	适用
<0.45	亲密界域	亲密无间、爱抚、安慰	恋人、夫妻、密友交流
0.45~0.75~1.2	个人界域	亲切、友好、融洽	朋友、同志、同事谈心
1.2~2.1~3.6	社交界域	庄重、严肃、认真	会见外宾、商务谈判
>3.6	公众界域	公开、大度、开朗	演讲、报告、讲课

特别提醒:除非特殊亲密者,不能闯入 45cm 的亲密界域禁区!日常朋友之间交流的距离最好是 75cm 左右。太远,则无亲切感;太近,气息扑面,唾沫溅身,还会产生压抑感。

以上四种空间距离,只是人际交往的大致模式,具体运用时,要根据不同对象的特点(如文化、性别、年龄、地位、性格不同而有各自不同的特点)灵活运用。就性格而言,外向开朗的人容易突破空间,而内向、孤僻的则严守界限。此外人际交往的距离也受到时间及场所的影响,如晚间相对防御圈就会扩大,而在拥挤的公共场所,其距离也不得不缩小。

人与人之间的空间距离与心理距离联系密切,空间距离大小直接影响洽谈双方心理上的距离。一般情况下,人们交谈时,无论站、坐,都要保持一定的角度,避免直接相对,而在洽谈活动中,双方却是直接面对,没有什么回旋余地的。这使洽谈活动中,空间距离变得更为敏感。谈判中,较合适的双方距离应在 1~1.5 米之间,这个距离也是谈判桌的常规宽度。距离过大,双方交谈不方便,难以相互接近,有谈不到一起的感觉。距离太近,声息相通,却显得人为地过分亲近,使人觉得不自在,浑身难受,难以进行良好的交流。距离的变化可以传递某种信息,反映交流者的不同心态。相互间移近可能表示交流良好、有兴趣、有好感,是一种友善认同愿望的自然流露,但也可能是攻击前的一种威胁姿态,是一场针锋相对的斗争的前兆,这与洽谈的气氛和双方的心理活动是密切相关的。相互间的距离变远,反映谈判的分歧正在加大,或双方都想冷静一下头脑，整理一下思路。一方加大距离表现了一种占优势的自我感觉，特别是伴随后仰动作时，就显得有点胜券在握了。如一方增加距离，另一方却想缩小距离，多半说明有一方想逃避，出现软弱心理。顺便指出，双方距离无论远近，都是以中间线来划分势力范围的，中线两边为各自的身体空间，如一方侵入，即是极具攻击性和无礼的举动。

9.2.2 情感阅读与应对

1. 松懈的对手

有些人精神松懈，不好好坐直、不够专注、一副垂头丧气的样子。

松懈并没有什么不好，问题是，如果意见的沟通不精确，就会阻挠谈判的正常进行。使对手紧张、严肃一点的好方法，是用眼神的接触。你要谈判某一要点时，运用眼神接触并确定你的对手是否同意，不管是如何松懈的人，几乎都会对眼神接触有所反应的。

2. 紧张的对手

有些人对面对面的谈判有恐惧感，有很明显的神经紧张、焦躁不安，甚至身体僵直。他们的谈话过于僵硬、不自然。

此时你能做的是，放松对手的心情，让他有宾至如归的感觉。慌张不安常发生于没有什么商业背景的人。他们身处异地，不知道会发生什么事情。你可以建议安排比较舒适的座位，或者采取主动，松解你的领带，卷起你的袖子，来表示一切会很舒适轻松的。

有些人太紧张了，如果你不小心的话，他们会让你也开始紧张不安。千万不要令这种事发生。记住，没人想紧张、焦躁。每个人都想拥有舒适愉快的感觉，所以如果你能消除对手的紧张不安情绪，他会觉得好一点，对你心怀感激之情，这将有助于谈判的成功。

3. 凭直觉

每个人都有一个“面具”，在社会上需要扮个大众脸，晚上在家里需要扮个隐私脸，很多人多是如此。没错，你在办公室和在自己的卧室所表现的大多不同，但要记住，不管你在哪里，你都是人。你不应该停止信任你基本的本能(直觉)，不管你是在商业交易或进行有关个人的谈判。

直觉不是什么神秘的事物，它仅意味着一位有直觉的人有极大的耐心观察细节和行为的细微差异。关心你的对手，注意他的行为举止，如果事情似乎不顺的话要有所警觉。常常任何迟疑、迟钝都可说是谈判失败的直接结果。如果真是谈判所谈问题造成的，对此障碍须采取必要的对策，试着用其他方式或换一个角度来阐述你的论点。

记得有心理分析专家指出:人都有第六感,即预感到突发事件将来临时的某种神经反应,只不过有的人更明显些。实际上,动物在这方面的"直觉"可能要比人更发达,虽然现代科学对此尚没有明确解释,但在生活实践中,一般人都会有所感觉。

造成你的对手紧张的反应的原因,可能因为其他因素,也可能是你阐明你主张的方式态度不适当。如果你的个性很强,那么可能你的对手因此而感觉不舒适,因此对你们正在讨论的所有问题变得极端敏感。注意咳嗽、弹指、转笔以及其他不耐烦和紧张的信号。它们必须予以处理,谈判才能进行。简而言之,虽然在任何谈判时轻松地进行商议是最理想的,不过事实上你不可能真正轻松。你必须时时刻刻谨慎注意、观察你的对手,并不断地思考如何影响对方接受你的看法。不论你的对手是否由言语或揉弄头发向你传达了信息,你必须对此信息作出适当的反应,以利于谈判的顺利进行。

4. 拉近与对手关系

• 对比

可以通过对方的身体姿势、行为、声调或语速来找出自己和对方最相似的地方。对比有时能使你跟上对方的步调,而有时语言起不了作用,只能靠一些很微妙的动作来表达。如果你在嘲笑对方,或者是用一种异常的姿势,你的感觉不会太好。对别人的想法和感受要明察秋毫,尽量让对方感觉舒服。

【小案例】

朗恩和蒂姆坐在一起帮蒂姆的分期付款重新融资的时候,朗恩马上就发觉在谈到这些数字、付出相近的价钱时,蒂姆要么就是太过害羞,要么就是太过紧张。蒂姆直直地坐在沙发上,双手交叉在胸前,眼光游移不定。

朗恩是个很开朗、很乐观的人。他说话既大声又速度快,喜欢和别人拍手,然后就做成一项业务——当然他知道这一套并不是在所有的情况下都能通行无阻,也知道如何运用自己的所有资源才能达到最好的效果。他的性格如此鲜明,很容易引发不利的形势,所以必须经常对比和调整。

他和蒂姆会见时,朗恩不得不时刻提醒自己:"音量要放小些,动作要轻缓些,说话速度要慢一些。"他一进门,就知道蒂姆不会轻易放弃,因此他放低音调以和蒂姆保持一致。

他们坐到一起后,朗恩的身子没有向蒂姆的桌子方向倾斜,他只是和蒂姆一样靠在椅子的靠背上——确保了自己的眼光和蒂姆的眼光保持同一水平。他知道蒂姆比较难以应付压力,因此他在讨论重新融资的问题时尽量放低音调，确保蒂姆对他说的每一句话都听懂了，即使这样做不得不放慢速度。

随着时间慢慢过去，蒂姆开始逐渐放松，立场也变得越来越坚定。他提了很多问题，有时甚至还打打趣。朗恩紧紧跟着蒂姆的步伐，但小心翼翼不超过他，这次谈判非常成功。[①]

• 自嘲

自嘲能够很快和对方拉近关系，对一个能够拿自己打趣的人，你很难不喜欢他。如果你比对方拥有更大的权力，想和对方达到一种感觉平衡时，这个技巧特别有效。

• 在共同的行动中建立联系

当两个人一起行动时——不管是一起骑自行车、打球，或者只不过是走在走廊上，都会有一些很特别的事发生。双方会建立一种关系，对对方所说的一切都会有更深的印象，双方都对讨论的内容更加容易接受。这种举动的本身就能够建立一种互相信任和互相支持的关系。

凯尔·安德森在《谈判商务高手》中用了这么一个例子说明，利安妮已经给丹尼斯做了5年的法律秘书，她认为应该得到持续的加薪。但丹尼斯认为她的要求太高了，只同意她提的一半的加薪要求。

他们的分歧比较反常——他们过去都是保持一致的——这使他们有种被背叛的感觉。以前他们互相尊重，而现在丹尼斯认为利安妮只是为了钱，而利安妮却认为自己得不到丹尼斯的赏识。

讨论越来越激烈，似乎一场争端不能避免。这时，利安妮建议在半个小时内先抛开工资的事不谈，大家出去散散步。走在虽然很喧哗的大街上，他们的情绪慢慢平静下来，事情开始有了转机。当他们回到办公室以后，他们又恢复了以前的那种关系，同意大家各让一步——利安妮得到了她要求的3/4的加薪。

通过行动而取得的联系有着比较深层次的意义，从“最有效”到“效果最差”的行为依次是：

①双方都投入到事件中；

②你有行动，但对方没有；

③对方有行动，但你没有；

④双方都在看另一个人行动。

如果你希望别人记住你的话，那你就要与对方都有所行动。

---

① [美]凯尔·安德森：《谈判商务高手》，广东经济出版社2000年版。

本章小结

●谈判者要完整地表现自己的需要就必须学会运用各种语言表达方式，如果没有非语言表达方式的配合效果是非常有限的。身体语言有强化口语说服力的功能，这也是每一位优秀商务谈判人员所必须具备的。

●有些需求即使你一声不吭，别人也可以觉察得到，因为你的行动、手势、坐姿、笑容、注视他人的方式都会将你的想法“揭发”出来，这就是动作语言。

●手势是动作语言的核心部分，按其作用不同可分为情绪性手势、表意性手势、象形性手势和象征性手势四种。手势由速度、活动范围、空间轨迹及力度几部分构成，运用手势要注意大小适度、自然亲切，同时还要避免不良手势。

●“眼睛是心灵的窗户”，眼睛加上眉毛是人面部传递信息潜力最大的器官，这就是所谓的“眉目传情”。通过眼神的凝视、扫视、侧视、闭眼以及眼光位置，可以传达丰富的需求信息。

●体态也是一种主要身体语言，也能表达出个体有关内心思想的有效信息，它又包括身体动作、身体姿势和身体接触三个部分。

●所谓情感语言是指通过五官及身体动作来表现个体的情感特征，并向对方传递自身情感需求的一种特殊语言。

●面部表情是情感表露的主要方式，它是内心情感的重要体现，也是个体的第一特征，因为表情所传递的心理活动特征是完整的、全面的，所以我们也可以通过“表情”了解个体的各种心理特征。

●微笑是最好的人际沟通手段，微笑的力量是巨大的，它能给对方良好的第一印象，也有利于打破僵局，消除双方戒备心理，微笑能充分表现出对他人的赞许、理解的态度，也能令对方无法拒绝你的请求。

●空间距离是一种非常实用的双方人际沟通程度的判断方法，它反映着双方的心理情感距离。

思考与练习

1. 美玉为了购买一台某一品牌的某一尺寸的冷气机，跑了数家电器行。这几家电器行所开价格都介于2万～3万元之间。为了避免吃亏，她又继续找电器行询问价钱。就在十分钟前她到了一家门面装饰不凡的电器公司。店员十分客气地招呼她。她直截了当地问她心目中的那一个品牌与尺寸的冷气机的价钱。店员遂拿出一本活页式的价目表在她面前，美玉一看她所要的那一个品牌与尺寸的冷气机的标价是3万元，但店员却将食指指在另一尺寸的价格 2.8 万元上面(显然店员看错了价目表),并问美玉这样的价格是否适合她。美玉一想,虽然明明是店员看错价码,但毕竟不是她的责任,就表示愿意购买。店员随即开具货单,并请美玉稍候片刻,因为他必须请销售主任签字才完成全部手续。两分钟之后,店员面露歉意地跑到美玉前面说:"销售主任告诉我,我一定看错了价目表,因为这个尺寸的冷气机的价格绝不是 2.8 万元,他要我再查一查价目表!"店员再度查看价目表之后,转身向美玉说:"真是抱歉,我大概是眼花了,将 3 万元的价格看成 2.8 万元!"说完,即将货单上的2.8 万元改成 3 万元。

面对上述的情况,你说美玉应该怎么办?

2. 你对某家关系企业的某一职位空缺极感兴趣,而且你相信只要你能获得该项职位,你将可一展所长,并可对这家关系企业产生莫大的贡献。可是,令你深感困扰与遗憾的是,这项职位任职要求的诸种条件之中有一项是你所欠缺的,那就是申请者必须受过完整的大学教育。据你侧面打听的结果,发现该关系企业向来都不查验申请者或员工的学历证件。这家关系企业的人事部数日前来了一个电话,约你今天上午前去面谈。假如在面谈中你被问及学历,你将怎么办?

(1)承认你未受过大学教育。

(2)以瞒天过海的方式应付这个问题。

(3)承认你未受过大学教育,但指出你准备将来报考夜大以完成大学教育。

(4)承认你未受过正规的大学教育,但是你相信你在"社会大学"中几年的摸索与进修,能力上已与受过正规大学教育的不相伯仲。

案例分析

设计取费谈判

2002 年 3 月初,笔者与所在单位领导一起赴杭州与某设计事务所就图书馆设计取费事宜与对方进行谈判。

在我方规划中,图书馆大楼建设是一项精品形象工程,单幢楼投资额最大,对设计的要求也很高。与杭州某事务所的合作也已有好些年了,这次计划仍请对方设计是基于两方面原因:其一,该事务所的设计水平较高,其所设计的许多大楼分布在全省各地,都颇有风格和创意;其二,单位内建成的几幢大楼也均委托他们设计,在风格上易于保持一致。

上午 9 时许,我方抵达该事务所并开始与对方谈判,由于是老客户,话题很快转入谈判交锋阶段。对方主谈人是该事务所主设计人赵女士,一位精明、老练、能言善辩的专业人士。她拿出了事先打印好的合同文本要我方尽快签约,其中在设计取费上标明,按项目概算总额的2.3%取费(图书馆大楼的项目核算约为1400万元),并提出如该项目建成后获省级优秀项目("钱江"杯),则还应再予奖励0.4%。

当时省内设计取费一般情况是杭州为2.1%~2.3%;宁波为1.7%~2%。她提出以2.3%取费的理由是:

1. 杭州的取费标准;

2. 既然我方要求将图书馆作为精品工程就应适当提高设计取费率;

3. 她是一位颇有名气的设计专家,取费低了与她身份不相称。

我方对此提出异议:

1. 取费应按原先约定俗成的1.785%,不应改动(在以前委托对方设计时,对方老总曾同意基于双方长期合作关系,取费率按2.1%的八折执行);

2. 是老客户且已委托对方设计了多个项目,理应享受优惠待遇;

3. 图书馆作为精品项目,设计难度固然不小,但其他三幢实训楼的设计较为简单,两相抵补,对方没有损失;

4. 设计取费基数应按项目决算总额计算而不能按概算额,前几次工程设计取费已经是按概算额计算了,我方考虑到双方合作长期性及友好关系,给予默认,并非对方理所当然的应得利益,此次设计取费时必须改进。

赵女士一口回绝了我方"报价",其理由是:

1. 原先1.785%的取费率是他们老总对以前几个项目的一种特殊优惠,不能看作是长期的优惠措施;

2. 按概算总额取费这是行业惯例,应该遵守;

3. 要做精品就要多花费精力及时间,如取费过低会影响到她手下一帮人的工作积极性("这可是高级脑力劳动啊!")。

我方再次重申原报价,并指出近两三年是我方基建高峰,尚有好几幢大楼要设计,希望通过本次愉快合作,能继续保持双方这种友好合作关系。

赵女士仍未作妥协,她以"不经意"的方式透露出两条信息:

一是,最近设计业务非常忙,杭州、绍兴、舟山等地的许多客户都要委托他们设计(言下之意是"要么答应,要么作罢")。

二是,此次设计时间至少需50天,如不尽快签约,一旦影响到开工,则他们不愿因开业时间而压缩设计时间("你需要的是精品,我们怎么能粗制滥造呢")。

按我方计划，大楼必须在5月底开工，赵女士也知道了我方的计划安排。

谈判陷入了僵局。午饭期间，我方请来了一位第三者，是我单位领导的好朋友，也是赵女士的校友，且担任省设计审批领导工作，希望通过他做中间调停人，要求对方让步。

第二天(我方有意拖了半天时间)，我方派助手出面，携我方草拟的合同文本与对方谈判，对方针锋相对，也派出助手谈判，关键协议仍未达成一致，对方仅同意设计时间可以适当缩短，但同时又提出一项要求，即总平面布局图的设计需支付设计费(约计1.7万元)。

第三天，双方负责人进行第三轮谈判，我方负责人提出，考虑到双方的良好合作关系，我方同意在取费上作适当让步，但对方必须同时让步，一旦上午不能达成协议，我方将放弃本项目委托，并终止双方合作关系，“我明天要去党校学习4个月，下午就要赶回宁波准备!”

最终双方达成协议：

1. 取费率按1.955%计算(即2.3%的八折)；
2. 取费基数以决算为准而不是概算；
3. 总平面布局图免费设计；
4. 设计时间为协议订立之日起45天。

提示：

- 试分析在这场谈判中双方所运用的各种谈判策略。
- 我方在本场谈判中成功及失败点在哪里?
- 对本场谈判提出若干改进方案。

第 10 章　商务谈判中的礼仪与礼节

学习目标

通过本章教学，你应该达到以下目标：

树立正确的商务谈判礼仪意识，并能准确地理解商务谈判礼仪对谈判成败的影响作用；了解商务谈判礼仪的基本概念、特点，把握商务礼仪的基本功能；能够按照商务礼仪的基本原则，善待自己，善待他人，为谈判营造良好的环境；初步具备正确的商务谈判礼仪理念，具有在商务谈判中正确运用商务谈判礼仪理念的能力。

孔子曰："凡人之所以为人者，礼仪也。"每个人在社会这个大环境中生存、发展，就必须按"游戏基本规则"与各界各类人进行交往，这种交往"游戏规则"我们不妨称之为礼仪。

商务谈判也是人际交往的一种形式，也同样必须以礼仪规范为先导。离开了礼仪的束缚也就没有了人际沟通的最基本标准，商务谈判也就失去了依存点。更何况谈判成功与否的三大标志中，其中一条就是"建立并改善人际关系"，这其中礼仪的作用更是不可或缺。

在商务谈判中，谈判礼仪主要表现在迎送、宴请、会见等各个场合；谈判礼节则体现在双方接触交往的细节之中，包括握手、问候、递接名片等，同时还应尊重对方的风俗习惯，避讳民族禁忌。

10.1　商务谈判礼仪

所谓礼仪是社会公认的（或约定俗成的）对他人表示尊重，且因社会地位、交往环境不同而有所区别的一种交往规范。其宗旨是使人人都感到舒适、得体，其本质是通过各种规范的言行表示人际间的真诚、尊重、友好和体谅，它是人的社会关系的集中体现。

所谓商务谈判礼仪即是指谈判各方在参与谈判活动过程中所应遵守的各种礼仪规范。

谈判的每一个环节,每一次参与各方的沟通,从各方人员的迎送、谈判的导入乃至交锋、冲突、妥协过程,都有相应的礼仪规范。

10.1.1 谈判迎送礼仪

谈判中免不了要迎来送往。对应邀前来参加谈判的人员,应根据他们的身份和目的等,安排相应的迎送活动,这就要求确定迎送规格,做好迎送中的具体事务,恪守礼仪,自始至终地组织好迎送活动。

1. 确定迎送规格

迎送规格,主要是根据前来谈判人员的身份、目的以及适当考虑双方的关系来加以确定。主要迎送人员要与来宾的身份对等对口。对等就是双方的职位、职称相当;对口即双方的职责范围或专业相似。例如对方是董事长,我方亦应安排董事长迎送。如果主迎送人因故不能出面,应以正式的形式向对方解释清楚,此时可由职位相当的人员或副职出面迎送。对于格外重要的来宾,或与组织关系重大的宾客,可以破格迎送,即安排比来宾身份略高的人员接待。

2. 做好迎送工作

迎送人员在做好迎送的具体工作时,主要从以下几个方面来考虑:

(1)提前抵达。迎接人员应该事先掌握对方抵达的准确时间,必须在来宾抵达之前到场等候。同样,送别人员亦应根据对方离开的时间,提前到达其所住宿的宾馆,陪同对方一起前往机场或车站、码头,为其送行。

(2)迎接途中。对方上车后,迎接人员应通过交谈来活跃车内的气氛,简单介绍一下本地的风土人情等,可将日程安排告诉对方,并征询意见。

3. 下榻

到达宾馆后,迎接人员应陪对方到客房,但不要停留太久,妨碍来宾休息。告辞前要与对方约好下次见面的时间和地点,并告知对方与你联系的方法。

【小思考】

因工作需要,孙樱被市政府临时借调,参加市政府组织的一次大型招商活动。在借调期间,孙樱任劳任怨,勤勤恳恳,工作十分努力。然而由于缺乏经验,还是百密一疏,出现了一次不大不小的差错。

事情是这样的:孙樱奉派陪同一位外籍客商前往机场,为其送行。抵达机场后，待对方办理好登机手续，进入候机厅，孙樱即向对方握手话别，返身离去。没有想到的是，孙樱离去后，那位外商突然发现自己丢失了一件随身携带的行李。由于语言沟通存在障碍，加之无人相助，那位外商为了寻找自己的行李，结果耽误了登机。

提问：孙樱错在哪里？

10.1.2 谈判宴请礼仪

宴请是在社交场合中，为了表示欢迎、答谢等情感，以增进彼此友谊、加深了解所不可缺少的手段。在商务谈判中，自然也少不了宴请。

1. 宴请的形式

宴请的形式多种多样，在商务谈判中一般采用的宴请方式包括正式宴会、便宴、招待会、茶会和工作餐。

(1)正式宴会。指那种按一定的规格正规摆设的宴席。除不挂国旗、不奏国歌以及出席人员不同外，其余安排大体与国宴相同。一般安排在晚上进行。十分讲究排场、设有固定的席位，宾主都要按身份排位就座，对餐具、酒水、菜肴道数、摆设以及服务员的着装和仪式都有严格的要求。

(2)便宴。就是非正式宴会，常见的有午宴、晚宴，也有早宴。这类宴会与正式宴会并没有根本性的不同，只是在各方面都比较随便一些，不安排座次，不作正式讲话，菜肴道数也可增可减，比较简便、灵活、亲切。若是安排在中午的便宴，一般不上汤，不上烈性酒。便宴比较适合于日常友好交往。

(3)招待会。比宴会更随便、更自由，时间多为下午5～7时。一般不准备正餐，只准备一些食品饮料，也不安排座位，可以自由地活动。常见的招待会主要有冷餐会、烧烤野餐会和鸡尾酒会。

(4)茶会。又称茶话会，是一种最简便的宴请招待形式，举行时间一般在上午10时或下午3时左右。常设在客厅或花园、会议厅。摆桌子或茶几。茶话会顾名思义就是请客人边品茶边谈话，因此，对茶叶、茶具的选择就应讲究些，体现出一定的茶文化的特点。我国泡茶一般不另加其他东西，但有些国家喜欢在茶水中放上牛奶和白糖或柠檬片。茶话会通常略备点心或地方风味小吃，也可以用咖啡代茶，但用咖啡待客一般不用速溶咖啡，而是现煮咖啡。

(5)工作餐。是人们在社交活动中经常采用的一种非正式的宴请形式。一般是因为工作的需要，把餐桌当做会议桌，边用餐边会谈。有的工作餐只是为了增进彼此的感情，加强相互之间的联系。而另一些工作餐则是事先说明带有明确的目的，或就某个问题交换意思，或商谈某项合同。

2. 宴请准备

(1)确定宴请时间。应以主宾双方都较为合适的时间为宜。若难以兼顾,则从客人方便着想。在进行国际商务谈判时,宴请一般不选择对方的重大节日、重要活动之际或禁忌的日子和时间。时间大约确定后,可以通过电话或其他途径征询一下主宾的意见,对方认为没有问题,就可以正式确定,并按此时间通知其他宾客。

(2)确定宴请地点。根据谈判人员的身份地位来确定饭店的规模,也可以在宾客下榻的宾馆内举行。选定的场所要能容纳全体人员,在可能的条件下,宴会厅外另设休息厅,供宴会前简短的交谈用。

(3)订菜。根据宴请形式、规格等,本着节俭和使宾客满意的原则,在一定的标准内安排。选菜不要以主方的喜好为准,而要考虑来宾的喜好与禁忌。例:伊斯兰教的清真席,不用酒,甚至不用任何带酒精的饮料;印度教徒不吃牛肉。如果个别宾客有特殊需要,也可以单独为其上菜。大型宴请,则应照顾到各个方面。选菜还要注意合理搭配,包括荤素搭配、色彩组合、营养构成,时令菜与传统菜肴的搭配,以及菜肴与酒水饮料的搭配。菜肴道数与分量都要适宜,不宜过多或不足。最好能用一些地方特色菜和名酒。

(4)席位安排。较正式的宴会,最好是安排座位,席位的安排以礼宾次序和便于交谈为原则。国际上的习惯,桌次高低根据离主桌位置远近来定,遵循右高左低的原则。

3. 赴宴礼仪

(1)赴宴时间。这可根据主方所在地区的习惯和活动的性质来确定。如果是正式宴会,尽可能准时或早一点到达,切不可迟到。但像鸡尾酒会等可以自己灵活掌握。

(2)入席。入席时不管是否有座位安排,最好听从主方的安排。不要主动就座,应向其他宾客表示礼让,尤其有长辈、上级或女士时,应让其先入座。就座时从座位的左边入座。

(3)告辞。吃完后,主宾向主人告辞,其他客人也应陆续告辞。告辞时,应感谢主人使自己度过了一段愉快的时光。

4. 餐桌礼仪

(1)姿态。就座后要端正,不要两腿摇晃或头枕椅背伸懒腰。不要靠着桌子,不要把身体倾前至碟子边,也不要下意识地摸弄餐具;离桌一拳;就餐前,双手放在膝盖上,不要将臂肘放在桌上,就餐时双手在桌面上的距离以双肩宽度为准。

在国际礼仪中，入座后的手臂摆放标准是：

- 法国人的礼节是以两小臂的1/2放在桌面上为最优雅。
- 英国人的礼节则以两手平放（男士平行、女士交叠）在大腿上为最优雅。
- 美式礼仪则是两者折衷，以一只手臂1/2放在桌面，另一只手平放在大腿上为最佳姿势。

(2)餐巾。一般来说，服务员会为客人铺好餐巾。但有时若没有服务员，应自己打开。但不要刚坐下就马上打开餐巾，应与两边的客人交谈几句后，再打开；打开后放在腿上，不要系在脖子上或胸部。

(3)动筷。在宴会上，第一道菜上来，当主人向客人敬酒时，作为客人应起立回敬。喝过酒后，坐下才好夹菜。动筷时，要尽量等主人的招呼，不要争先恐后，更不要站起来夹菜。取菜时不要一次太多，遇到不爱吃的菜，而主人为你夹了后，不要拒绝，说声“谢谢”即可。

(4)吃相。咀嚼时一定要闭着嘴，喝汤时也不要发出太大的声音。餐后不要不加控制地打饱嗝。就餐速度要适中。有鱼刺、骨头之类的残渣时，用筷子放在嘴间接住，再放在碟上，不可直接吐出。交谈时口里不含东西，手上不拿餐具。

(5)意外。就餐时发生意外情况，应不露声色地尽快处理。如掉菜，可重新夹起放入残渣碟中；打翻酒水，溅到邻座身上，则应该轻声说声“对不起”，并帮助他擦干，若对方是女性，则只需把干净的餐巾或手帕递上即可。

【小案例】

周总理的礼仪风范

我们敬爱的周总理待人处世的佳话美谈是不胜枚举的。1964年，周总理和陈毅副总理出访亚非十四国，在离开加纳时专门举行特别宴会，宴请所有的加纳服务员，当那些黑人朋友端着中国贵宾敬的酒时感动得流下了眼泪。一个目光敏锐的西方记者报道说：“这是传奇式的礼遇，中国人巧妙地将友谊传给了非洲的子孙后代。”尽管这只是一场普通的宴会，却体现了一个泱泱大国总理的风采和气度，饱含着周恩来尊重他人、平等待人的品格和深情。直到20世纪80年代，我国新华社记者深入非洲腹地访问时，那里普通的黑皮肤农民还在用当地话对中国客人喊“周恩来”。他们把周恩来当成了新中国的象征。

周总理每次乘飞机，包括乘坐外国包机，都要到前舱向机组人员表示感谢。在中巴边界的明铁美盖山口有个小小的导航站，周总理和陈毅副总理每次飞过山口都要给导航台的战士发一份电报表示慰问。周总理还指示总参谋部采取措施安排好在偏僻边境工作的士兵们的生活。在那偏远的高山上,几乎过着与世隔绝生活的战士,“家书抵万金”是他们真切的感受,而周总理、陈毅副总理的慰问电报对他们而言何止值万金!一句感谢的话语,一封慰问的电报……都是举手之劳的事,却会令人暖透心窝,刻骨铭心,终身难忘。

10.1.3 谈判会见礼仪

会见是谈判过程中的一项重要活动。会见,国际上通常称接见或拜会。会见从内容上来说,有礼节性的、政治性的和事务性的三种。在谈判活动中,主方可以根据对方的身份和目的,安排相应的人员进行礼节性会见。

1. 会见的时间和地点

会见的时间一般安排在对方抵达的第二天或举行欢迎宴会之前。会见的具体时间不宜过长,一般礼节性会见以半小时为宜。会见的地点可安排在对方下榻宾馆的会客室或会议室,也可以安排在正式的专门的会客场所。

2. 会见的座位安排

座位按照右高左低的国际惯例来安排,主人坐左边,主宾坐在右边,译员和记录员分别坐在主人和主宾的后面。其他陪同人员都按礼宾次序坐在两侧(见图 10-1)。

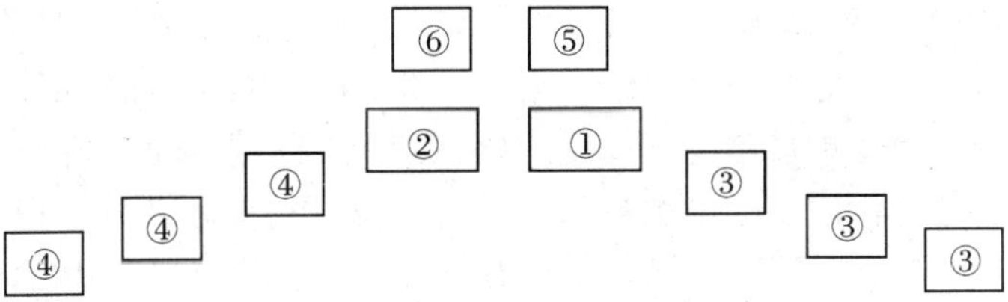

①主人;②主宾;③主方陪同;④客方陪同;⑤译员;⑥记录员

图 10-1 会见的座次安排

3. 会见的礼节

会见时间到来之时,主方应在门口迎接客方。双方互相介绍与会人员,介绍时要说清楚姓名和职务。介绍后双方一一握手并适当问候,然后入座。主人首先发言,双方再自由交谈,可以是对共同感兴趣的话题发表自己的看法和意见。在会见过程中,外人不可随意进出。会见时应保持良好姿态,主人与主宾交谈时,不可随意插话。主方应控制好会见时间,可以以合影留念来结束会见。结束后,主方将客方送至门口,目送客方离去。

4. 合影的次序

合影的次序尤为重要,一般主方应在会见前设计好合影图。合影时,一般来说主人居中,主宾在主人右边,主方和客方其他人员穿插排列。特别值得注意的是,应让主方陪同人员位于靠边位置。

10.1.4 参观游览礼仪

在商务谈判期间,可根据实际需要,适当安排参观游览活动。通过参观游览,可使对方了解本地的历史文化、风土人情和经济发展情况,也可使双方相互了解、加强沟通,为今后的友好合作奠定基础。

1. 项目选定

可以根据谈判的目的和性质,或对方的意愿和要求,安排参观游览活动。组织的参观既要有针对性,又要有特色,符合双方的兴趣爱好。

2. 日程安排

项目确定后,要做好详细的日程安排。例如参观游览项目的顺序排列,参加的时间和地点,参观的方式和车辆的安排,参观中的就餐和座谈等等,都应一一列出,使双方人员心里有数。日程定好后,不得随意更改。

3. 陪同参观

组织对方参加游览,陪同人员宜少不宜多。可选定身份相当的人员陪同,另再加上翻译人员、导游、保安员、司机等。参观过程中,陪同人员不得中途离去或不辞而别;中途更换陪同人员,应向客人解释或事先通报。陪同外宾参观时,不要自行悬挂标语或外国领袖像等,接待过程中,要顾及外宾民族、宗教、习俗等特点。在参观期间,可酌情赠送有意义的纪念品,并合影留念。

4. 情况介绍

参观游览中,根据客方参观的目的和兴趣,可针对性地介绍情况。如游览名胜古迹时,可由导游介绍背景增加客方兴趣;参观设施和科研项目时,可由主方负责人根据实际情况介绍,也可发放些书面材料,加深记忆。

10.1.5 馈赠礼品礼仪

商务谈判中,为了表示心意,增进友谊与合作,往往需要赠送礼物。如何赠送礼物也是一门艺术。商务送礼既然是一门艺术,自然有其约定俗成的规矩,送给谁、送什么、怎么送都很有讲究,绝不能瞎送、胡送、滥送。根据古今中外一些成功的送礼经验和失败的教训,起码应该注意四个方面。

1. 选择礼品

礼品是感情的载体。任何礼品都表示送礼人的特有心意，或酬谢、或求人、或联络感情等等。所以，你所选择的礼品必须与你的心意相符，并使受礼者觉得你的礼物非同寻常，倍感珍贵。实际上，最好的礼品应该是根据对方兴趣爱好选择的，富有意义、耐人寻味、品质不凡却不显山露水的礼品。因此，选择礼物时要考虑它的思想性、艺术性、趣味性、纪念性等多方面的因素，力求别出心裁，不落俗套。

至于礼品的价值，一方面可考虑不同地区、不同民族的习惯而确定。一般情况下，欧美人比较看重礼品的情谊价值，而亚洲人、非洲人及中东人比较重视礼品的实际价值；另一方面可以以对方能够愉快接受为尺度，争取做到少花钱多办事、多花钱办好事。

1974 年，当时的日本首相田中角荣与毛泽东会晤时，毛泽东认为田中角荣对汉学的造诣较深，送给他一套线装本的《离骚》，田中角荣收到这份非同寻常的礼物，十分高兴。

2. 赠送礼品

无论多么合适的礼品，只有在以适当方式赠送出去，并为对方所接受后，才能发挥其应有功效。因此礼品的赠送尤为重要。赠送礼品应选择恰当时机，可在参观游览期间与谈判结束合作成功后赠送。礼品一定要用礼品纸包装，即使其本身已有较好包装，也应另加装饰，以表示对对方的尊重。送礼时公开大方，可对所送礼品的意义作一番说明。

【小案例】

代价昂贵的赞扬①

为了有助于结束迪拜地区建筑工人的停工，阿联酋劳务部长来到了我的办公室进行会谈。会议自始至终进行得很顺利。当我陪着部长阁下朝办公室门口走去的时候，我称赞他的公文包很漂亮（我的公文包已经很破旧）。没想到当我走到门口时，却发现他已不在我的身边。我回头一看，他正在把公文包里所有的东西都倒在我的桌上。

“您丢了什么东西吗？”我用一种试图帮忙的口气问他。

“不，没丢什么，”他回答道，“我想把它送给您。”说着，便把他的公文包递给我，“它是您的了，您是我的朋友。”

经过我一再道歉之后，我才说服他我真的不能接受他的公文包。

① ［美］弗兰克·L. 阿库夫：《国际商务谈判》，上海人民出版社 1995 年版。

算是一个教训。在世界的那一端，不要随便地赞扬别人所拥有的东西，你只需要简单地结束与他们的谈判就行了。

3. 接受礼品

接受对方礼品时，也应从容大方，表现出适度的欢喜之情，微笑站立，双手接过。接过礼品后，可根据不同风俗，考虑是否当场拆开。若同为中国人，就不必当面拆开包装；若对方是欧美国家人员时，最好当面打开礼品，欣赏一番，并赞美礼品和表达自己的喜欢之情。

4. 送礼禁忌

赠送礼品时还应注意对方的习俗和禁忌。例如，对中国人不送梨或钟；对阿拉伯人不送酒；对日本人不送有狐狸和獾图案的物品，因为那是贪婪和狡诈的象征；对英国人不送印有公司标志的礼品。

10.1.6 谈判签约礼仪

签约礼仪是在签字仪式上应遵守的一些礼仪规范，主要包括签字场地的布置、签字的程序及签字人员的安排。

1. 做好签字文本的准备工作

包括合同、协议、联合公报等的定稿、翻译、校对、印刷、装订、盖火漆印工作。同时准备好签字用的文具、代表双方组织的旗帜或标志牌等物品。

2. 安排好出席人员

双方要事先商定好签字人，其人选要视签字文件的性质来确定，可由组织中最高负责人签，也可由具体部门负责人签，但双方签字人的身份应该对等。事先还要安排好助签人员，并洽谈好签字的有关细节。其他出席签字仪式的，基本上是双方参加会谈的全体人员，人数最好大体相等。为了表示重视，可以邀请更高一层或更多的领导出席签字仪式，但这同样需要事先与对方沟通、协商。

3. 布置好签字场地

一般在签字厅内设置长方桌，桌面由深色台呢布(多为深绿色)覆盖，桌后放置两张椅子作为双方签字人座位，主左客右。座位前摆上各自保存的那份文本，上端分别放置签字文具。签字桌中间摆一旗架，悬挂签字双方的旗帜。

4. 签字程序

双方出席签字仪式的人员一同进入签字厅，相互致意握手，一起入座。签字人员就座，其他人员分主客两方、按身份顺序排列于各自签字人的座位后。双方助签员分别站立在各自签字人的外侧，协助翻揭文本、指明签字处。签字人首先在各自保存的文本上签字，然后由助签员互相传递文本，再在对方保存的文本上签字，最后由双方签字人起立互相交换文本，并相互握手。签字后由工作人员递上香槟酒，共同举杯庆贺，其他随行人员则应该以热烈的掌声表示喜悦和祝贺。

10.2 交往礼节

10.2.1 握手礼节

握手是一种很普遍的礼节，在谈判迎送、会见、签约等场合都会用到。主要注意四个方面：

(1)握手顺序。上级、长辈、女士、主人应该主动先伸出手，下级、晚辈、男士、客人再伸手。

(2)握手姿势。握手时上身应微微向前倾，面带微笑，伸出右手与对方相握，上下摆几下，眼睛平视对方的眼睛，同时寒暄问候。应注意与人握手时，不能带手套、戴帽子(女士装饰性手套、帽子除外)，应脱掉后再握。

(3)握手力度。握手时用力应适度，不轻不重。表示热烈欢迎时，手可握得紧些，但要适宜。男性对女性，可以采用轻握，表示礼貌。

(4)握手时间。一般以 3～5 秒钟为佳，但如果是敬慕已久而初次见面或依依惜别等场合，握手时间可以长些，以 20 秒左右为宜。

握手礼起源于远古的摸手礼，据说原始人为了说明手中没有武器，表示友好，就会伸出右手，让对方摸一下。现代人的握手礼表示致意、亲近、友好、寒暄、道别、祝贺、感谢等意思。

10.2.2 问候礼节

问候是最常用的见面礼节，是人们与他人相见时以语言向对方表示致意的一种方式。一句热情而不失礼节的问候会给人留下亲切有礼貌的印象。常用的问候语有“您好”、“早上好”、“下午好”等。在国际商务交往中，要特别注意对不同国家和地区的人要用不同的问候语。

10.2.3 介绍礼节

商务谈判时，初次见面，需要介绍双方谈判人员。可以是中间人介绍，也可以是双方主谈人或负责人介绍。

介绍时要注意顺序,一般是先把职务低的介绍给职务高的,把年轻的介绍给年长的,把男士介绍给女士,把客人介绍给主人,把个人介绍给团体。在人多的场合,应由主方负责人首先出面,依照主方在场者具体职务的高低,自高而低地依次对其进行介绍,再由客方负责人出面,依照客方在场者具体职务的高低,自高而低地依次对其进行介绍。

作为介绍者,应面带微笑,平摊右手,指向被介绍者,清楚明确、客观地介绍,避免过分颂扬某人。作为被介绍者,应站着并面对对方,显示出想了解和结识对方的诚意。介绍完毕后,通常应伸手与对方相握并说声“您好”、“幸会”之类的客套话,还可以重复一下对方的称呼。

10.2.4 称呼礼节

称呼指人们在交往中采用的称谓语。选择正确适当的称呼,表现出对他人的尊重。商务谈判中,可采用正规性的称呼。可根据对方的行政职务、技术职务或职业名称来称呼,也可以用“同志”、“先生”、“小姐”等通行尊称来称。但在正规场合,不宜用简化性称呼,如把“张处长”称为“张处”,就显得不正规。

- 称呼要看对象

对不同性别的人应使用不同的称呼。对姑娘可以称“小姐”、“姑娘”,对男士可称呼“先生”、“师傅”等。

对不同亲密关系的人使用不同的称呼。如对亲密度很高的人可以称呼小名、绰号等,对亲密度低的人则不行。

称呼不同国籍的人要符合他国的礼仪习惯。

- 称呼要看场合

一般场合,人们使用的都是与其环境相对应的正式称谓。例如一位姓陈的先生,在下级向他汇报工作时称“陈书记”(他的官衔),朋友和他交往时称“老陈”、“陈大哥”,年轻的工人在车间里称呼他“陈师傅”,妻子在家里称呼他“当家的”,别人对他不满时会称他“姓陈的”。

- 要与称呼人身份、地位相称

例如一个农民对一位风度翩翩的男士不会称呼“先生”,而只照自己的习惯亲热地称呼“大哥”之类。而知识分子和大多数城市人由于社交活动范围广,称呼就会考虑对方的地位、国籍等,并充分考虑称呼人的场合。

10.2.5 名片使用礼节

在商务谈判中，名片扮演了一个不可缺少的角色，可以在短时间内，让对方了解自己的姓名、职务、单位等情况。使用名片时应注意：名片上应包括姓名、职务、工作单位、联系方式等；双手递接名片；递时名片上的字应朝向对方；接时应认真看清楚名片上的主要内容；不宜乱发名片。

某市外经贸委的副处长刘琴奉派随团出访，前去西欧开展招商引资工作。可半个月跑下来，刘琴累得筋疲力尽，却未曾见有一位外商与其进行过实质性接触。后来经人指点，刘琴才明白问题出在自己给外商的名片不合规范上。

原来为了图省事，刘琴临时用钢笔在自己的名片上加注了几个有用的电话号码。但在外商看来，名片犹如一个人的“脸面”，对其任意涂涂改改、加加减减，只能表明本人的为人处世敷衍了事，马马虎虎。因此正式对外使用的名片，不宜随意加以涂改、折叠。

10.2.6 电话礼节

现代社会中，电话成为主要的通讯工具之一。在商务谈判中，使用电话可以与对方传递信息从而开展各项相关工作。每个人都会用电话，但并不意味着都能懂得电话礼节。电话礼节是指接打电话时的语言、态度、表情、内容等各个方面的礼节。

(1)电话语言礼节。电话语言要求礼貌、简洁，准确传递信息。在使用电话时，应学会使用礼貌用语，以“您好”开始，“再见”结束；声音柔和、语气平稳、语速适中，使对方产生愉悦感；电话用语应言简意赅，将所要讲的事用最简洁的语言表达出来，不要拖泥带水。

(2)打电话礼节。打电话要避开对方的休息时间，尤其是国际交往中要注意时间差；打电话前要做好准备工作，把要讲的事想好，并备好笔和纸；谈话时间以 3 分钟为宜。

(3)接电话礼节。接电话以电话铃声响两声后接为佳；接起后，应首先自报单位；通话过程中，要仔细聆听对方的讲话，并及时作答，有听不清的，可让对方再讲一遍；认真做好电话记录；代转电话时，应礼貌热忱；善待打错的电话，能帮助的给予帮助。

10.3 世界各国文化习俗与禁忌

不同的文化体系背景下产生的民族风俗，存在着极其巨大的差异。我们习以为常的事，在有的国家则是人们所忌讳的；而我们认为的“陋习”，在其他民族的人看来也许是天经地义的。因此，作为国际商务谈判人员，需要了解一些世界各国的风俗习惯和禁忌，才能真正做到尊重他人，才不会因为一些不必要的麻烦而影响谈判的进行。

10.3.1 日本

日本人在待人接物以及日常生活中十分讲究礼貌，注重礼节，还形成了某种礼仪规范。如在待人接物上谦恭有礼，说话中常用自谦语。特别是妇女，在与人交谈时总是语气柔和，面带微笑，躬身相待。日本人善用礼貌用语，为此，在语言上还分敬体与简体两种。由于日本人等级观念很重，上、下级之间，长辈、晚辈之间界限很清楚。因此，凡对长者、上司、客人都要用敬语说话，以示尊敬；对平辈、平级、小辈、下级一般用简语讲话。这时敬、简两种语体是不混合使用的。日本人最常用的敬语有：“拜托您了”、“请多多关照”、“打扰您了”等等。

日本人与人见面善行鞠躬礼，初次见面向对方鞠躬九十度，而不握手，只有见到老朋友才握手，有时还拥抱。男子对宾客，只有在他们主动伸手时才握手，但时间不太长也不过分用力。日本人在室外一般不作长时间谈话，只限于互致问候。日本人接待客人不是在办公室，而是在会议室、接待室，他们不会轻易领人进入办公机要部门。

日本不流行宴会，商界人士没有携带夫人出席宴会的习惯。商界的宴会是在大宾馆举行的鸡尾酒会。日本人没有互相敬烟的习惯，当着别人而自己若想吸烟时，通常是在征得对方同意后才抽。以酒待客时，斟酒者右手持壶，左手托底，壶嘴不能碰到杯口，客人则需右手持杯，左手托杯底。客人若善饮，杯杯都喝光，主人会高兴并鼓励多喝，但主人和其他客人并不陪饮。自己不喝时，不可把酒杯向下扣放，应等大家喝完才能一齐扣放，否则会被视为不礼貌。日本人的茶道已不是一种日常生活中的饮茶，而是饮茶的礼仪规范，是以茶艺形式进行交际的礼法，同时也是一门煮茶、品茶的特殊艺术。精于茶道便被认为是身份、修养的绝好表现。它以“和敬清寂”为精神，作为最高礼遇来款待远道而来的尊贵宾客。

日本人重视仪表，认为衣着不整齐是不礼貌的行为。和服是日本传统的民族服装，在隆重的社交场合或节庆时他们会穿和服出席。在商务谈判场合及其他工作场合主要以西服为正式服装。

日本人将送礼看作是向对方表示心意的物质体现。礼不在厚，赠送得当便会给对方留下深刻印象。送日本人礼品要选择适当，中国的文房四宝、名人字画、工艺品等最受欢迎，但字画的尺寸不宜过大。所送礼品的包装不能草率，哪怕是一盒茶叶也应精心打理。按日本习俗，向个人赠礼须在私下进行，不宜当众送出。

日本人有不少语言忌讳，如“苦”和“死”，就连谐音的一些词语也在忌讳之列，如数词“9”的发音和“苦”相同，“4”的发音与死相同，所以在安排日本人住饭店或进餐厅时，不要让他们住第4层或4号餐桌；“13”也是忌讳的数字，许多宾馆没有“13”楼层和“13”号房间，羽田机场也没有“13”号停机坪。

日本人忌荷花图案，因为荷花在日本是被用来纪念亡人的；日本人不愿接受有菊花或菊花图案的东西或礼物，因为它是皇室家族的标志；看望病人忌送盆花或带着泥土的花，因为这种花的日本发音与卧床不起相似。日本商人忌2月和8月，因为这两个月是营业淡季。日本人忌三人合影，因为三人合影，中间人被夹着，这是不幸的预兆，应当避免。但这主要是传统的习俗，现代年轻人已经不太注重这个。

在日本，餐桌上忌“八筷”，内容如下：一忌舔筷，即不能用舌舔筷子；二忌迷筷，即不能手握筷子，拿不定主意该吃什么菜；三忌移筷，即动了一道菜，接着又动另一道菜；四忌扭筷，即扭动筷去舔筷子上的饭粒；五忌插筷，即把筷子插在饭菜里；六忌掏筷，即用筷子扒菜，选自己喜欢的菜吃；七忌跨筷，即把筷子跨放在碗碟上面；八忌剔筷，即以筷子当牙签剔牙。

10.3.2 新加坡

新加坡是马来半岛南端的小国，民族构成多元化，不仅有亚洲多个国家的后裔，还有欧洲人和欧洲混血人等，因而导致其宗教信仰多元化，官方语言多元化，文化习俗也多元化。各民族各有特色，各行其是，各行其礼。华裔保持中国遗风，见面讲华语，通常的见面礼是握手；印度血统的人因多数信奉印度教，故仍保持着印度的礼节和习俗，如妇女额上点檀香红点，见面行合十礼；而马来血统、巴基斯坦血统则按伊斯兰教待人接物，各有自己的特色。

新加坡人视黑色为不吉利，黑白为禁忌色。与新加坡人谈话，忌谈宗教与政治方面的问题；虔诚的佛教徒及印度教、伊斯兰教徒恪守他们的宗教禁忌，接待他们时要弄清楚他们的宗教信仰或让他们主动提出要求，不要因不懂他们的禁忌而导致失礼。

10.3.3 韩国

韩国人崇尚儒教，尊重长老，长者进屋时大家都要起立，和长者谈话时要摘去墨镜。吃饭时应先为老人或长辈盛饭上菜，老人动筷后，其他人才能吃。韩国人见面时的传统礼节是鞠躬，晚辈、下级走路时遇到长辈或上级，应鞠躬、问候，站在一旁，让其先行，以示敬意。男人之间见面打招呼互相鞠躬并握手，握手时或用双手，或用左手，并只限于点一次头。鞠躬礼节一般在生意人中不使用。女人一般不与人握手。韩国的姓氏很少，往往容易混淆，所以人们在介绍或在商务名片上一般会把名字附在后面，也有些韩商习惯于最后通报姓氏。如今，用“先生”这一称呼在韩国很普遍。韩国有一半以上姓“金”、“李”、“朴”这三个姓，因此称呼其头衔是区分他们的一个好办法。韩国人也很乐意交换名片。

在韩国，如有人邀请你赴宴，你应带小礼品，最好挑选包装好的食品。韩国人用双手接礼物，但不会当着客人的面打开。不宜送外国香烟给韩国友人。酒是送韩国男人最好的礼品，但不能送酒给妇女，除非你说清楚这酒是送给她丈夫的。在赠送韩国人礼品时应注意，韩国男性多喜欢名牌纺织品、领带、打火机、电动剃须刀等。女性喜欢化妆品、提包、手套、围巾类物品和厨房里用的调料。孩子则喜欢食品。如果送钱，应放在信封内。若有拜访必须预先约定。韩国人很重视交往中的接待，宴请一般在饭店或酒吧举行，夫人很少在场。韩国人用餐时不兴交谈，更不能发出“唧唧”的声音，对这一餐桌的礼节如不遵守，极可能引起反感，而影响到谈判的成功，务必小心。

政府规定，韩国公民对国旗、国歌、国花必须敬重。不但电台定时播放国歌，而且影剧院放映、演出前也放国歌，观众须起立。外国人在上述场所如表现过分怠慢，会被认为是对韩国和韩族的不敬。与年长者同坐时，坐姿要端正。由于韩国人的餐桌是矮腿小桌，放在地炕上，用餐时，宾主都应席地盘腿而坐。若是在长辈面前应跪坐在自己的脚底板上。无论是谁，绝对不能把双腿伸直或开叉，否则会被认为是不懂礼貌或侮辱人。未征得同意前，不能在上级、长辈面前抽烟，不能向其借火或接火。吃饭时不要随便发出声响，更不许交谈。进入家庭住宅或韩式饭店应脱鞋。在大街上吃东西、在人面前擤鼻涕，都被认为是粗鲁的。照相在韩国受到严格限制，军事设施、机场、水库、地铁、国立博物馆以及娱乐场所都是禁照对象，在空中和高层建筑上拍照也都在被禁之列。

10.3.4 美国

美国人性格开朗，乐于与人交际，而且不拘泥于正统礼节，没有过多的客套。与人相见不一定握手为礼，而是笑笑，说声“Hi”(你好)就算有礼了，分手时也习惯挥挥手，说声“Bye”(再见)。如果别人向他们行礼，他们也会用相应的礼节作答，如握手、点头、行注目礼、行吻手礼等。行接吻礼只限于对特别亲近的人，而且只吻面颊。对美国妇女，不要存男女有别的观念，要充分尊重她们的自尊心。见面时，如果她们不先伸手，不能抢着要求握手；如她们已伸手，则要立即作出相应的反应，但不能握得又重又紧，长时间不松手。美国人通常不主动送名片给别人，只是双方想保持联系时才送。当着美国人的面如想吸烟，需先问对方是否介意，不能随心所欲，旁若无人。美国人平时不太讲究衣着，爱穿什么就穿什么，具有个性，只有在正式的社交场合才讲究服饰打扮。

美国人讲话中礼貌用语很多，在同别人交谈中喜欢夹带手势，有声有色。但不喜欢别人不礼貌地打断他们，忌讳被人问及个人私事；交谈时与别人总保持一定的距离，所以不要靠得太近，也不得太远，不然会被认为失礼。在为美国人点烟时，切记不能连续点三个人，不然这样会引起他们的反感，正确的方法是按一次打火机点一根烟。和其他欧洲国家一样，美国人也忌“13”、“星期五”等。他们还忌蝙蝠作图案的商品和包装，认为这种动物吸人血，是凶神的象征。美国人忌讳与穿着睡衣的人见面，这是严重失礼的，因为他们认为穿睡衣就等于没穿衣服；不提倡人际交往中送厚礼，否则要被怀疑别有用心。

【补充阅读资料】

跨文化引起的交流误解①

虽然许多跨国公司在海外市场上有着丰富经验，但在跨文化沟通上仍然存在着许多问题。语言和文化差异使在新环境下翻译广告和短语很困难。例如：

在中国台湾，百事可乐有条广告“Come alive with Pepsi Generation”翻译成“百事可乐将使你的祖先复活”。

在中国，肯德基炸鸡的广告“Finger-lickin good”变成“舔手指好”。

在日本，塞伦香烟的广告“Salem-Feeling free”变成“当你抽塞伦时，会感

① [美]罗伊·列维奇等：《谈判实务》(第二版)，人民邮电出版社 2004 年版。

到脑海一片空白”。

10.3.5 英国

英国人很重视传统，很重视礼节礼貌，不仅他们自己欣赏自己的绅士风度，而且以此在世界上闻名。重传统，表现在称号上喜欢称世袭头衔或荣誉头衔，至少要用先生、夫人、阁下等称呼；当众一般不行拥抱礼；不谈政治、宗教与皇室的小道消息，“谈天气”是世界著名的英国话题。重礼仪，表现在十分讲究服饰礼仪，什么场合穿什么服饰；安排时间应准确，照章办事，语言文明、含蓄，公私分明，“女士第一”原则为世界之最；请人吃饭必须提前通知，不可临时匆匆邀请，若英国人请你到家赴宴，你可以晚去一会儿，但不可早到，因为有可能主人还没有准备好，导致失礼；英国人下班后不谈公事，特别讨厌就餐时谈公事；在宴会上若英国人当主人，他可能先为女士敬酒，敬酒之后客人才能吸烟、喝酒，当着英国人的面要吸烟时，要先礼让一下；安排英国客人住宿时，要特别注意他们喜欢住大房间并愿独住的特点。

英国人对数字除忌“13”外，还忌“3”；与英国人说话，如坐着谈应避免两腿张得过开，更不能跷起二郎腿，若站着谈不可把手插入衣袋；忌当着英国人的面耳语，不能拍打肩背；英国人忌用人像作商品装潢，忌用大象图案，因为他们认为大象是蠢笨的象征；讨厌孔雀，认为它是祸鸟，把孔雀开屏视为自我炫耀和吹嘘；忌送百合花，认为百合花意味着死亡。

10.3.6 法国

法国人乐于助人，谈问题不拐弯抹角，但不急于作出结论，作出结论后都明确告知对方。约会讲准时，对不准时认为是无礼貌。在公共场所，不能随便指手画脚、掏鼻孔、剔牙等。男女一起看节目，女士应坐在中间，男士坐在两边。不赠送或接受有明显广告标记的礼品，将香槟酒、白兰地、糖果、香水等视为好礼品，喜欢有文化价值和艺术水平的礼品，能体现文化修养的书籍、画册等深受欢迎。不喜欢听蹩脚的法语。法国人待人彬彬有礼，礼貌语言不离口；稍有不当，如偶尔碰了别人一下，就认为自己失礼而马上说“对不起”；在公共场所，从不大声喧哗。

法国人忌黄色的花，认为黄色花象征不忠诚；忌黑桃图案，视之为不吉利；忌仙鹤图案，认为仙鹤是蠢汉和淫妇的象征；忌墨绿色，因为那是纳粹军服的颜色；忌送香水，法国首都巴黎号称“花都”，法国香水世界闻名，但在法国送给女人香水则意味着求爱，因此不能随便把香水当礼物送。

10.3.7 德国

德国人是世界上最讲纪律的民族，非常注重规则和纪律，干什么事都十分认真，凡是有明文规定的，德国人都会自觉遵守；凡是明确禁止的，德国人绝不会去碰它。在礼节上讲究形式。德国人非常守时，约定好的时间，无特殊情况，绝不轻易变动。德国人应邀到别人家做客或者是外出拜访朋友，都会按点到达，不会让主人浪费时间干等或者不得不提前招待客人。否则的话，就是不礼貌，如有特殊原因无法准时赴约时，都会向朋友表示歉意，并请求原谅。

德国人比较注意礼仪。两人相遇时，不管认识不认识，也不管在路上，或者在办公室、宾馆、电梯等地方，都相互打招呼，问声“您好”。餐馆吃饭时，也要向已就坐的顾客点头问候，真的是“斯文对斯文，礼多人不怪”。朋友见面以握手为礼，告别时亦如此。十分要好的、长时间未见的朋友相见或长期分开时可以相互拥抱。正式场合，仍有男子对女子行吻手礼，但多半是做个吻手的样子，不必非要吻到手背上。在交往过程中，大多数人往往用“您”以及姓氏之前冠以“先生”或“女士”(也作“夫人”讲)作为尊称。只有亲朋好友和年轻人之间互相用“你”以及名字称呼。对女性，不管其婚否或长幼，都可以称“某女士”，但对已婚妇女应以其夫姓称之。

德国人也是很重视服装穿戴。工作时就穿工作服，下班回到家里虽可以穿得随便些，但只要有客人来访或外出活动，就一定会穿戴整洁。看戏、听歌剧时，女士要穿长裙，男士要穿礼服，至少要穿深色的服装。参加社会活动或正式宴会更是如此。在宴会上，一般男士坐在女士和职位高的人的左侧，女士离开和返回桌时，男士要站起来以示礼貌。德国人不喜欢别人直呼其名，而要称头衔。

通常来讲，同德国人打交道没有太多的麻烦。多数情况下，他们都比较干脆。凡是他们能办的，他们都会马上告诉你“可以办”。凡是他们办不到的，他们也会明确告诉你“不行”，很少摆架子，或者给人以模棱两可的答复。与德国人交谈时，可谈有关德国的事及个人业余爱好和体育，如足球之类的运动，但不要谈篮球、垒球和美国式的橄榄球运动。见面与告别时一定要握手致意。

德国人对颜色禁忌较多，茶色、黑色、红色、深蓝色他们都忌讳；还忌吃核桃，忌乱送玫瑰，因为玫瑰表示爱情。

10.3.8 俄罗斯

俄罗斯人性格豪放、开朗，喜欢谈笑，组织纪律性强，习惯统一行动。这个民族认为给客人吃面包和盐是他们最殷勤的表示。他们与人相见，开口先问好，再握手致意。朋友间行拥抱并亲面颊。与人相约，讲究准时。他们尊重女士，在社交场合，男士还帮女士拉门、脱大衣，餐桌上为女士分菜等。称呼俄罗斯人要称其名和父名，不能只称其姓。他们爱清洁，不随便在公共场所扔东西。俄罗斯人重视文化教育，喜欢艺术品和艺术欣赏。

与俄罗斯人交往不能说他们小气，初次结识俄罗斯人忌问对方私事，不能与他们在背后议论第三者；对妇女忌问年龄等。对于数字，俄罗斯人忌讳13，而喜欢7，认为7象征幸运和成功。送礼也喜爱用单数，认为双数不吉利。

10.3.9 中东国家

中东地区主要是阿拉伯民族，那儿的人们具有沙漠地区的传统。阿拉伯人热情好客是久负盛名的，有客来访，总是要煮浓浓的、香香的咖啡招待。由于大多数阿拉伯人信奉伊斯兰教，他们的饮食只能食素食，以红茶和绿茶、咖啡为主要饮料，平时饮沙滤水、冰水，含酒精的一切饮料均属禁品。阿拉伯人吃饭习惯席地而坐，用手抓饭吃。阿拉伯的妇女，必须时时刻刻戴着面纱，并且要从头到脚全部蒙盖上。黑纱的两眼部，仅仅剪出眼睛大小的小洞，以供观物。面纱对当地妇女而言，比空气和水还重要，如果妇女不戴面纱，那么必被世人责之为“大逆不道”或“伤风败俗”。阿拉伯人不太讲究时间观念。在与阿拉伯人交往中，与男士谈话不能主动问及其夫人的情况，与女士交往只能简单问候几句，不能单独或长时间地与她们谈话。也不许给她们拍照。

值得注意的是，因为大多数阿拉伯人信奉伊斯兰教，每年都有一次斋月。在斋月期间，日出后和日落前，不许在公共场所和大街上喝水、吸烟、吃东西，当地绝大多数的餐馆和饮品店在这个时期关门停业；女士们要尽量注意穿长袖衣服和长裤，不要太暴露；除在寓所或饭店的客房内可以喝酒外，其他任何公共场所均不许喝酒。虽然斋月期间上午半天工作，但实际上办不了事，因此，国内去阿拉伯访问或做生意等要注意避开当地的斋月。

中国的工艺品在阿拉伯地区很受欢迎，造型生动的木雕或石雕动物，古香古色的瓷瓶、织锦或檀香木扇，绘有山水花鸟的中国画和唐三彩，都是馈赠的佳品。向阿拉伯人送礼要尊重其民族和宗教习俗，不要送古代仕女图，因为阿拉伯人不愿让女子的形象在厅堂高悬；不要送酒，因为多数阿拉伯国家明令禁酒；向女士赠礼，一定要通过她们的丈夫或父亲，赠饰品给女士更是大忌。

总之，在与阿拉伯地区的人交往时，要尊重他们的宗教信仰与风俗习惯，切不可大意。

本章小结

● 所谓礼仪是社会公认的(或约定俗成的),对他人表示尊重且因社会地位、交往环境不同而有所区别的一种交往规范,其宗旨是使人人都感到舒适、得体。其本质是通过各种规范的言行,表示人际间的真诚、尊重、友好和体谅,它是人的社会关系的集中体现。

● 所谓商务谈判礼仪,即指谈判各方在参与谈判活动过程中所应遵守的各种礼仪规范。

● 谈判礼仪主要包括迎送、宴请、会见、游览参观、赠送礼品等方面礼仪。

● 谈判礼节主要包括握手、介绍、问候、称呼、递接名片、接打电话等各种礼节,注意每一项礼节具体操作中的先后次序问题。

● 谈判中各项礼仪礼节都以耐心、细致、周到、热情为主要原则。

● 不同的国家有不同的文化习俗和各自的禁忌。

思考与练习

1. 假如你是北京的歌星。你刚刚接到杭州某娱乐机构的电话。该机构有意请你到杭州、宁波某地“演出”两个星期,并问你价码是多少。此时你怎么答复较好?

(1)先问明“演出”的细节,诸如演唱地点、观众人数、每天出场的时间与次数等。

(2)餐旅费与住宿费全由承办机构负责外,你每天将收取3万元(比正常行情略高)之酬劳。

假如在你开出价码之后过一星期,该娱乐机构一直未再与你联系,此时你怎么办才好?

(3)以电话进行追踪。

(4)等候对方之消息,不要与他们联系。

假如你所开出的价码是“除了餐旅费与住宿费全由承办机构负责之外,每天将收取3万元之酬劳”。该承办机构之答复是:“餐旅费与住宿费全部负责,但每天之酬劳希望减为2.5万元。”面对这种情况,你将怎么办?

(5)接纳对方之要求。

(6)坚持每天之酬劳为3万元,但向对方表示在交通工具方面你愿意以火车取代飞机,并且你不介意住较大众化的饭店。

(7)坚持你所开出的价码,并向对方保证你的“演出”值得对方付出那个价码。

2. 你公司里的一位同僚某天神秘兮兮地告诉你，公司方面对你近期内的业绩感到不满意，所以准备向你下驱逐令。面对这种突发的事件，你怎么办？

(1)置若罔闻，以不变应万变。

(2)私底下向一些与你交情较好的同事打听是否真有其事。

(3)直接找你的老板理论。

(4)开始另求出路。

(5)向公司递辞呈。

案例分析

"我付了钱:可我心里痛快"①

1985年7月，任传俊主持了一次和联邦德国吉玛公司的索赔谈判，对手是理扬·奈德总经理。

索赔的原因是引进的圆盘反应器有问题，中方提出的索赔金额是1100万马克，而德方只同意赔300万马克，两者相距甚远。

这是一场马拉松式的谈判。

在久久僵持不下时，任传俊突然建议休会，并提议第二天陪理扬·奈德到扬州游览。

扬州，大明寺。花木扶疏，风景宜人。任传俊对德方代表团介绍道："这里纪念的是为了信仰，六渡日本、双目失明、终于达到理想境界的中国唐朝高僧鉴真。今天，中日两国人民都没有忘记他。你们不是常常奇怪日本人对华投资为什么比较容易吗？其中很重要的原因就是日本人了解中国人的心理，知道中国人重感情重友谊。"

理扬·奈德大为感动。

旅行车从扬州开回仪征，直接开到谈判室外，谈判继续进行。

任传俊开门见山地说："问题既然出在贵公司身上，为索赔花费太多时间是不必要的，反正要赔偿……"

理扬·奈德耸耸肩膀："我公司在贵国中标，总价值才1亿多美元，无法赔偿太多，我总不能赔着本干……"

任传俊抓住了一个事实，即江苏仪征化纤工程是当时全世界最大的化纤工程，他当仁不让地说："据我得到的信息，正是因为贵公司在世界上最大的化

① 冯德连等:《谈判就这几招》，河南人民出版社2000年版。

纤基地中标,才得以连续在世界15次中标。这笔账又该怎么算呢?”

这个反问问得很巧妙,理扬·奈德一时语塞。

任传俊诚恳地说:“我们是老朋友了。打开天窗说亮话,你究竟能赔多少?我们是重友谊的,总不能让你被董事长敲掉饭碗。而你也要为我想想,中国是个穷国,我总得对这里1万多名建设者有个交待……”

谈判结束,德方同意赔偿800万马克。

事后,理扬·奈德说:“我付了钱,可我心里痛快!”

自然,任传俊的成功在于他所说的一切有理有据,但我们也不能忽视一个事实:当谈判双方各执己见、互不相让、横眉冷对时,谈判者作为东道主,可以建议把手头的问题先放一放,组织双方人员共同去游览参观、出席宴会或去俱乐部、文化宫等处游玩,把绷紧的神经松弛一下。在游乐的过程中,双方可以不拘形式地就某些僵持的问题交换意见,寓严肃的讨论于轻松活泼的气氛之中,往往能更好地找到解决僵局的办法。

提示:

- 体会僵局的应对技巧。
- 理解“利益的冲突不能影响人际关系的建立”这个谈判的基本法则。
- 礼仪是谈判成功的催化剂。

附录一　谈判能力的测验

1. 你通常是否先准备好，再进行谈判？
   (1)每次
   (2)时常
   (3)有时
   (4)不常
   (5)都没有
2. 你面对直接的冲突有何感觉？
   (1)非常不舒服
   (2)相当不舒服
   (3)虽然不喜欢，但还是面对它
   (4)有点喜欢这种挑战
   (5)非常喜欢这种挑战和机遇
3. 你是否相信谈判时对方告诉你的话？
   (1)不，我非常怀疑
   (2)普通程度的怀疑
   (3)有时候不相信
   (4)大概不相信
   (5)几乎永远相信
4. 被人喜欢对你来说重不重要？
   (1)非常重要
   (2)相当重要
   (3)普通
   (4)不太重要
   (5)一点都不在乎
5. 谈判时你是否常作乐观的打算？
   (1)几乎每次都关心最乐观的一面
   (2)相当的关心

(3)普通程度的关心

(4)不太关心

(5)根本不关心

6. 你对谈判的看法怎么样?

(1)高度的竞争

(2)大部分竞争,小部分互相合作

(3)大部分互相合作,小部分竞争

(4)高度的合作

(5)一半竞争,一半合作

7. 你赞成哪一种交易?

(1)对双方都有利的交易

(2)对自己较有利的交易

(3)对对方较有利的交易

(4)对你非常有利,对对方不利的交易

(5)各人为自己打算

8. 你是否喜欢和商人交易?(家具、汽车、家庭用具的商人)

(1)非常喜欢

(2)喜欢

(3)不喜欢也不讨厌

(4)相当不喜欢

(5)憎恨它

9. 如果交易对对方很不利,你是否会让对方再和你商谈一个较好的交易?

(1)很愿意

(2)有时候愿意

(3)不愿意

(4)几乎从没有过

(5)那是对方的问题

10. 你是否有威胁别人的倾向?

(1)常常如此

(2)相当如此

(3)偶尔如此

(4)不常

(5)几乎没有

11. 你是否能适当表达自己的观点?

(1)经常如此

(2)超过一般水准

(3)一般水准

(4)低于一般水准

(5)相当差

12. 你是不是一个很好的倾听者?

(1)非常好

(2)比一般人好

(3)普通程度

(4)低于一般水准

(5)很差

13. 面对语意含糊不清的词句,其中还夹着许多赞成和反对的争论,你有何感觉?

(1)非常不舒服,希望事情不是这个样子的

(2)相当不舒服

(3)不喜欢,但是还可以接受

(4)一点也不会被骚扰,很容易就习惯了

(5)喜欢如此,事情本来就该如此

14. 有人在陈述与你不同的观点时,你能够倾听吗?

(1)把头掉转开

(2)听一点点,很难听进去

(3)听一点点,但不太在意

(4)合理地倾听

(5)很注意地听

15. 在谈判开始以前,你和公司里的人如何彻底讨论谈判的目标和事情的优先程序?

(1)适当的次数,讨论得很好

(2)常常很辛苦地讨论,讨论得很好

(3)时常且辛苦地讨论

(4)不常讨论,讨论得不太好

(5)没有什么讨论,只是在谈判时执行上级的指示

16. 假如一般公司都按照定价加5%,你的老板却要加10%,你的感觉如何?

(1)根本不喜欢,会设法避免这种情况发生

(2)不喜欢,但还是会不情愿地去做

(3)勉强去做

(4)尽力做好,而且不怕尝试

(5)喜欢这个考验,而且期待这种考验

17. 你喜欢不喜欢在谈判中聘用专家?

(1)非常喜欢

(2)相当喜欢

(3)偶尔喜欢

(4)假如情况需要的话

(5)非常不喜欢

18. 你是不是一个很好的谈判小组领导者(或者是主谈人)?

(1)非常好

(2)相当好

(3)公平的领导

(4)不太好

(5)很糟糕的领导

19. 置身在压力下,你的思路是否很清楚?

(1)是的,非常好

(2)比大部分人都好

(3)一般程度

(4)在一般程度之下

(5)根本不行

20. 你的经验判断能力如何?

(1)非常好

(2)很好

(3)和大部分主管一样好

(4)不太好

(5)我想我不行

21. 你对于自己的评价如何?

(1)高度的自我尊重

(2)适当的自我尊重

(3)很复杂的感觉,搞不清楚

(4)不太好

(5)没什么感觉

22. 你是否能获得别人的尊敬?

(1)很容易

(2)大抵如此

(3)偶尔

(4)不常

(5)很少

23. 你认为自己是不是一个谨守策略的人?

(1)非常是

(2)相当是

(3)合理地运用

(4)时常会忘记运用的策略

(5)我似乎是先说再思考

24. 你是否能广泛地听取各方面的意见?

(1)是的,非常能

(2)大抵如此

(3)普通程度

(4)相当不听取别人的意见

(5)观念相当固执

25. 正直对你来说重不重要?

(1)非常重要

(2)相当重要

(3)重要

(4)不重要

(5)非常不重要

26. 你认为别人的正直重不重要?

(1)非常重要

(2)相当重要

(3)重要

(4)不重要

(5)非常不重要

27. 当你手中握有权力时,会如何使用?

(1)尽量运用一切手段发挥

(2)适当地运用,没有罪恶感

(3)我会为正义而运用

(4)我不喜欢使用

(5)我很自然地接受对方作为我的对手

28. 你对于“身体(行为)语言”敏感程度如何?
(1)高度敏感
(2)相当敏感
(3)大约普通程度
(4)比大部分人的敏感性低
(5)不敏感
29. 你对于别人的动机和愿望的敏感程度如何?
(1)高度敏感
(2)相当敏感
(3)大约普通程度
(4)比大部分人的敏感性低
(5)不敏感
30. 对于以个人身份与对方结交,你有怎样的感觉?
(1)我会避免如此
(2)不太妥当
(3)不好也不坏
(4)我会被吸引而接近对方
(5)我喜欢超出自己的立场去接近他们
31. 你洞察谈判真正问题的能力如何?
(1)我通常会知道
(2)大部分时间我能够了解
(3)我能够猜得相当准确
(4)对方常常会令我惊奇
(5)我发现很难知道真正的问题所在
32. 在谈判中,你想要定下哪一种目标?
(1)很难达到的目标
(2)相当难的目标
(3)不太难,也不太容易的目标
(4)比较适当的目标
(5)不太难,比较容易达成的目标
33. 你是不是一个耐心的谈判者?
(1)几乎永远如此
(2)比 般人有耐心
(3)普通程度

(4)一般程度以下

(5)我会完成交易,为什么要费时间呢

34. 谈判时你对于自己目标的执著程度如何?

(1)非常执著

(2)相当执著

(3)有点执著

(4)不太执著

(5)相当有弹性

35. 在谈判中,你是否很坚持自己的观点和立场?

(1)非常坚持

(2)相当坚持

(3)适度的坚持

(4)不太坚持

(5)根本不坚持

36. 你对对方私人问题的敏感程度如何?

(1)非常敏感

(2)相当敏感

(3)一般敏感

(4)不太敏感

(5)根本不敏感

37. 对方的满足对你有什么影响?

(1)非常在乎,我尽量不使他受损害

(2)有点在乎

(3)中立态度,但我希望他不被伤害

(4)有点关心

(5)各人都要为自己打算

38. 你是否想强调你的权力限制?

(1)是的,非常想

(2)通常做的比我喜欢的还要多些

(3)适当的限制

(4)不会详述

(5)大部分时间我会如此想

39. 你是否想了解对方的权力限制?

(1)非常想

(2)相当想

(3)我会衡量一下

(4)这很难做,因为我不是他

(5)我让事情在会谈时顺其自然进行

40. 当你买东西时,对于说出一个很低价格,感觉如何?

(1)太可怕了

(2)不太好,但是有时我会如此做

(3)偶尔才会做一次

(4)我常常如此尝试,而且不在乎如此做

(5)我会使它成为正常的习惯而且感觉非常舒服

41. 通常你如何让步?

(1)非常缓慢

(2)相当缓慢

(3)和对方的速度相同

(4)我多让点步,试着使交易快完成

(5)我不在乎付出更多,只要完成交易就行

42. 对于接受影响你事业的风险,感觉如何?

(1)比大部分人更能接受大风险

(2)比大部分人更能接受相当大的风险

(3)比大部分人能接受较小的风险

(4)偶尔冒一点风险

(5)很少冒险

43. 对于接受财务风险的态度如何?

(1)比大部分人更能接受大风险

(2)比大部分人更能接受相当大的风险

(3)比大部分人能接受较小的风险

(4)偶尔冒一点风险

(5)很少冒险

44. 面对那些地位比你高的人,感觉如何?

(1)非常舒服

(2)相当舒服

(3)复杂的感觉

(4)不舒服

(5)相当不舒服

45．你要购买汽车或房屋的时候，准备的情形如何？

(1)很彻底

(2)相当好

(3)普通程度

(4)不太好

(5)没有准备

46．对对方告诉你的话，你调查到什么程度？

(1)调查得很彻底

(2)调查大部分的话

(3)调查某些话

(4)知道应该调查，但做得不够

(5)没有调查

47．你对于解决问题是否有创见？

(1)非常有

(2)相当有

(3)有时候会有

(4)不太多

(5)几乎没有

48．你是否有足够的魅力？人们是否尊敬你而且遵从你的领导？

(1)非常有

(2)相当有

(3)普通程度

(4)不太有

(5)一点也没有

49．和他人比较你是不是一个有经验的谈判者？

(1)很有经验

(2)比一般人有经验

(3)普通程度

(4)经验比一般人少

(5)没有丝毫经验

50．对于你所属谈判班子的主谈人感觉如何？

(1)舒服而且自然

(2)相当舒服

(3)很复杂的感觉

(4)存有某种自我意识

(5)相当焦虑不安

51. 没有压力时,你的思考能力如何?(与同行相比)

(1)非常好

(2)比大部分人好

(3)普通程度

(4)比大部分人差

(5)不太行

52. 兴奋时,你是否会激动?

(1)很镇静

(2)原则上很镇静,但是会被对方激怒

(3)和大部分人相同

(4)性情有点急躁

(5)有时我会激动起来

53. 在社交场合中人们是否喜欢你?

(1)非常喜欢

(2)相当喜欢

(3)普通程度

(4)不太喜欢

(5)相当不喜欢

54. 你工作的安全性如何?

(1)非常安全

(2)相当安全

(3)一般程度

(4)不安全

(5)相当不安全

55. 假如听过对方四次很详细的解释,你还是必须说第五次"我不了解",你的感觉如何?

(1)太可怕了,我不会那么做

(2)相当困窘

(3)会觉得很不好意思

(4)感觉不会太坏,还是会去做

(5)不会有任何犹豫

56. 谈判时对于处理困难问题,你的成绩如何?

(1)非常好
(2)超过一般程度
(3)一般程度
(4)一般程度以下
(5)很糟糕

57. 你是否会问探索性的问题?
(1)擅长此道
(2)相当不错
(3)一般程度
(4)不太好
(5)不擅此道

58. 生意上的秘密,你是不是守口如瓶呢?
(1)非常保密
(2)相当保密
(3)一般程度
(4)常常说的比应该说的还多
(5)说得实在太多了

59. 对于自己这一行的知识,你的信心如何?(与同事比较)
(1)比大部分人都有信心
(2)相当有信心
(3)一般程度
(4)有点缺乏信心
(5)坦白说,没有信心

60. 你是建筑大厦的买主,由于其他方面的原因要更改设计图,现在承包商为了这个原因要收取更高的价格,而你又认为他能把这项工程做好而非常地需要他,对于这个新的加价,你会有什么感觉?
(1)马上跳起来大叫
(2)非常不高兴
(3)准备好好地和他商量,但并不急着做
(4)虽然不喜欢,但还是会照做的
(5)和他对抗

61. 你是否会将内心的感受流露出来呢?
(1)非常容易
(2)比大部分人多

(3)普通程度

(4)不太多

(5)几乎没有

在回答以上题目后，请按照下面的分数表，把每一问题的正分或负分加起来，得到一个 -668 到 +724 之间的总分(举例来说：假如你选择第一个问题的答案(2)，你的分数是 +15；选择第二个问题的答案(1)，分数是 -10；选择第三个问题的答案(4)，分数将是 -4，依此类推)。

谈判能力测验分数表

题号	(1)	(2)	(3)	(4)	(5)	题号	(1)	(2)	(3)	(4)	(5)
1	+20	+15	+5	-10	-20	32	+10	+15	+5	0	-10
2	-10	-5	+10	+10	-5	33	+15	+10	+5	-5	-15
3	+10	+8	+4	-4	-10	34	+12	+12	+3	-5	-15
4	-14	-8	0	+14	+10	35	+10	+12	+4	-3	-10
5	-10	+10	+10	-5	-10	36	+16	+12	0	-3	-10
6	-15	+15	+10	-15	+5	37	+12	+6	0	-2	-10
7	0	+10	-10	+5	-5	38	-10	-8	+5	+8	+12
8	+3	+6	+6	-3	-5	39	+15	+10	+5	-5	-10
9	+6	+6	0	-5	-10	40	-10	-5	+5	+15	+15
10	-15	-10	0	+5	+10	41	+15	+10	-3	-10	-15
11	+8	+4	0	-4	-6	42	+5	+10	0	-3	-10
12	+15	+10	0	-10	-15	43	+5	+10	-5	+5	-8
13	-10	-5	+5	+10	+10	44	+10	+8	+3	-3	-10
14	-10	-5	+5	+10	+10	45	+15	+10	+3	-5	-15
15	+8	-10	+20	+15	-20	46	+10	+10	+3	-5	-12
16	-10	+5	+10	+13	+10	47	+12	+10	0	0	-15
17	+12	+10	+4	-4	-12	48	+10	+8	+3	0	-3
18	+12	+10	+5	-5	-10	49	+5	+5	+5	-1	-3
19	+10	+5	+3	0	-5	50	+8	+10	0	0	-12
20	+20	+15	+5	-10	-20	51	+15	+6	+4	0	-5
21	+15	+10	0	-5	-15	52	+10	+8	+5	+3	-10
22	+12	+8	+3	-5	-8	53	+10	+10	+3	-2	-6
23	+6	+4	0	-2	-4	54	+12	-3	+2	-5	-12
24	+10	+3	+5	-5	-10	55	-8	+8	+3	+8	+12
25	+15	+10	+5	0	-10	56	+10	+8	+8	-3	-10
26	+15	+10	+10	0	-10	57	+10	+10	+4	0	-5
27	+5	+15	0	-5	0	58	+10	+8	0	-8	-15
28	+2	+1	+5	-1	-2	59	+12	+10	0	-5	-10
29	+15	+10	0	-10	-15	60	+15	-6	0	-10	-15
30	-15	-10	+2	+10	+15	61	-8	-3	0	+5	+8
31	+10	+5	+5	-2	-10						

算出总分以后，就可以知道你的得分属于哪一级。

第一级：+376～+724；

第二级：-28～+357；

第三级：-320～+27；

第四级：-668～-321

几个月后可再做一次，然后同现在的结果比较，看看有没有变化。若你想知道别人对你谈判能力的评价，可让熟悉你的人替你打分。再将他得出的结果同你自我衡量的结果进行比较，从中便可得出有意义的启示了。

附录二　测一下你谈判的“动物”本能

这是一套盖温·肯尼迪先生设计的谈判能力测试题。

盖温·肯尼迪是英国剑桥大学博士，现为爱丁堡谈判咨询公司首席谈判专家，他是世界著名的谈判和谈判技能培训专家，其《谈判的真理》一书被列为风靡世界的经典畅销书，我国入世首席谈判代表龙永图先生将其推荐为“一本开卷就不忍放下的好书”。

在这套谈判能力测试题里，肯尼迪先生用驴、羊、狐和枭四种类型动物来形象比喻谈判者的不同行为特征。

——驴：这种人对何者为可能懵然无知。其特点是：不动脑筋，轻率反应，明知不对顽固坚持，或是死抱着不切实际的所谓“原则”不放。

以无知作主导，谈判时必然干蠢事。

——羊：这种人对任何东西都能接受，总是听人摆布来作抉择。这像不像羊入屠宰场时的模样？他们行事无主见，任人左右，缺乏为自身利益而斗争的意识，往往事事屈从，惟恐得罪了对方，甚至对方不高兴他也要怕。

他就像谚语里的鹅，听见“嘘”声就赶紧逃走。

——狐：这种人能洞察谈判的发展，不择手段地攫取想要的东西。狐狸的成功纯粹靠耍阴谋诡计（在苏格兰，人们称此种行为为“Sleekit”）。他们诱使旁人钻入圈套，只要能达目的就无所不用其极。他最善于抓住“羊”的弱点肆行压榨，对行事如“驴”者，更不在话下了。

行如其人，总之是不正派！

——枭：这种人在谈判中具有长远眼光，重在建立真诚的关系，以求取得想要得到的东西。他们面对威胁与机遇都能处变不惊，从容应付，以自己的言行赢得对方的尊敬（这种人不会去欺凌羊、狐和驴）。但，谈判者应警惕：谨防冒充为枭的狐。

在做完每道测试题后，要表明你认为自己的谈判行为在公正的旁观者眼里应该划归哪一类？请在下列矩阵表的方格中做上记号：我作为谈判者目前更像：

狐	枭
羊	驴

自我测试题

1．“对”还是“错”？

阅读下列词句，迅速判断其为“对”或“错”。在翻阅下面一页以前，在题目下的方格中标明。

“面对艰难的对手，较好的办法是先做出些微小的让步，以换取对方的善意。”

对□　　错□

2．“我对谈判有丰富的经验”。这句话就你而言是：

a．对

b．难以肯定

c．错

3．“谈判者惟一感兴趣的事只有取胜”。

a．也许

b．错

c．对

4．只有对事实达成一致意见，才能开始谈判。

a．对

b．错

c．要看“事实”指的是什么意思

5．要是对方不接受我的合理建议，我可以拔腿就离开谈判桌。

a．错

b．对

c．也许

6．你想出售自己的游艇，并得知卖得好的话能到手 15 万英镑，于是想去登广告。某人得知这一消息后，找上门来表示愿意出价 16 万 5 千英镑并且付现金。此时你将：

a．二话不说，立即成交

b．请他等广告刊出后再谈

c．再讨讨价

7．你想买游艇，恰好听说有艘“伊莎贝拉”号已登出广告，开价 15 万英镑。但你出售旧游艇加上从银行贷款只能凑足 14 万 3 千英镑。对方同意按此数成交。

你认为：

a. 这个价格无法拒绝

b. 里面有没有别的名堂

c. 庆祝做成了一笔有利的买卖

8. 有位才华横溢的年轻女演员想在电视台的黄金时间的节目中露露脸。此时，她遇见了一位电视剧制片人，那人答应让她在一部侦探片里担任主角，但对她说，不出名的演员不能拿最高级的演出费，但如果她愿意“廉价”出演，则片子一上电视，她马上就能出名。那以后再参加演出，片酬就会“车载斗量”了。你看她是该：

a. 叫那人“去你的吧”

b. 欣然同意，反正凡事总得有个开头

c. 既然当主角就得拿主角的价码

9. 你和供应商因所供商品发生了争执。按你公司的观点，从对方的月报表看，供货条件有明显错误。此时你该：

a. 停付全部货款

b. 停付有争议部分的货款

c. 建议协商解决双方的争议

10. 你公司办事处的租赁合同已经到期，准备续租，估计房主会要求将租金提高20%。那么你将：

a. 主动提出“合情合理”的建议，提高租金10%

b. 要求对方降低租金

c. 请求公断仲裁

d. 罗列房屋的种种需要修补和改善之处

11. 你为沙迪斯承建了一处公共工程，合同中有延迟交付的罚款条款。因分包商有一重要机械部件未能如期交货，以致将影响工程的按期交付。此时你应：

a. 检查供货合同，找出分包商应负的责任

b. 责令现场施工负责人列举该分包商自工程开工以来的种种失误，以传真形式向分包商的上级提出投诉

c. 给对方的经理打电话，威胁要诉诸法律，由其承担延迟交付的全部罚款

d. 安排一次会议与对方协商补救办法，讨论由你方工程师提出的解决方案

12. 如果对方拒绝自己建议，你将：

a. 考虑对方异议的正当部分，据以修改己方的建议

b. 等待对方提出解决问题的反建议

c. 驳斥对方异议中的不正当部分

d. 要求对方提出建议

13. 即使对方声称某个问题是不能谈判的,也不必就此作罢。这句话:

a. 对

b. 不对

c. 有时不对

14. 提出最后期限有助于谈判的进行。这句话:

a. 对

b. 错

15. 你开了一家从事快速服务的公司,可是就在繁忙的周末快来到时,你的一辆车的大梁坏了。你有位朋友正好有一辆空闲的货车,他答应将车租给你,可以一直用到你那辆车修好的时候。他要你出张字据,上面这么写:"一辆车,500英镑,一周的租金。"请问你是:

a. 照他的要求写字据

b. 坚持签一份正式的合同

c. 告诉对方,朋友之间何须什么字据

d. 要求写得更详细一些

16. 一家沙特阿拉伯的公司找上门来,请你为其管理一项公共工程,要求签订合同。请问你是:

a. 认为这是一个打进中东市场的良好机会,从而轻易按原有费率与之签约

b. 认为奇货可居不妨要个"高价"

c. 宁可等着瞧瞧,看该提多少才能为对方所接受

d. 从本身能有利可图出发考虑费率

17. 当发现对方明显说错了时,也最好不打断他的话。这么做:

a. 对

b. 不对

c. 有时对,有时不对

18. 你是一位光缆制造商,想与一家欧洲最大的有线电视台老板约会。几经延迟后,对方叫你在当天下午去希思罗机场的第四候机室,在飞往澳大利亚的航班起飞前几分钟与他见面。这对你是一个难得的机会!他边向护照检查处走去边向你说,可以与你签一份为期6个月的供应标准型希格马光缆重发器的合同,要你开一个"最好价"。这时你是:

a. 开出你的最低价以便能"挤进门里去"

b. 开出比最低价略高一些的价码

c. 开个高价但留下讨论还价的余地

d. 祝他旅途愉快

19. 一家大化工公司的采购员看了你供应萘酚的开价之后说:“竞争激烈得很呀,你最好把要价降低一点。”你是:

a. 为了取得定单,答应压价

b. 问对方,你的开价比别人的高多少

c. 让他与别人做生意去

d. 问他喜不喜欢你的报价

20. 你与纽约一家 CD-ROM 出版商进行谈判。对方提出想买下你的“管理教育丛书”出版权,只答应付给版税 50000 英镑,合同签字时预付一半,其余一半在交稿时付清,而不同意你所要求的 80000 英镑(付款办法相同)。你是:

a. 接受对方出价

b. 告诉对方,这个出价不够,多少总得再加一点

c. 提出一个改头换面的建议

d. 拔腿就走

21. 你打算买下一家要价 192000 英镑的企业。还价时,你认为开价多少为宜?

a. 190000 英镑

b. 192000 英镑

c. 182000 英镑

d. 194000 英镑

22. 你打算更新 DTP 系统,另换一台功能更好一些的。某供应商报价 5000 英镑,这是目录价。你希望能打多少折扣?

a. 5%

b. 不打折扣

c. 15%

d. 20%

23. 你看中了一辆待售的二手“美洲虎”牌小轿车。同样型号的新车,据广告上称,价格为 5000 英镑。你向卖主说,愿出价 2250 英镑,一次付清。你以为卖主会

a. 经过侃价接受它

b. 经过侃价拒绝它

c. 拒绝考虑

24. 你是一位传真机销售代理人,应邀去当地一处未婚母亲收容所商谈购机问题。收容所工作人员表示想买一台目录价为 2200 英镑的机器,只是市议会拨给的购机款规定,最高不得超过 1755 英镑。你是:

a. 不无遗憾地婉言拒绝

b. 运用自己的“相机处理”权,使买卖成交

c. 建议对方改买价格比较便宜的型号

25. 你想卖掉自己的旧车,换辆新车。觉得旧车能值5500英镑,虽然有些小毛病。那么你在登广告的时候会:

a. 要价5500英镑,后面加上个“ONO”(也可略少之意)

b. 要价5700英镑

c. 要价6000英镑,后面加上“ONO”

d. 不提价钱

e. 只提要价5500英镑

26. 有人要求你就供应家庭厨房设备提出报价。你是:

a. 对每一单项都明细报价

b. 对每一单项只粗略报价

c. 只报总价,不列分项明细价

27. 你有一辆旧的但还能用的拖车,但由于与新买小车不配套而打算出售,并在当地小报上登了广告。你认为拖车状况良好,要是遇到识货的能值500英镑。你在广告上将如何标价?

a. 510英镑

b. 525英镑

c. 500英镑,后附ONO字样

d. 请对方出价

e. 先提500英镑比较保险

f. 只字不提价钱

28. 你是一家软饮料公司的销售主管。一家国内最大的连锁店采购员对你说,你的每听要价必须减少一便士,否则就不从你那儿进货。他们销售你公司所产的大众牌“可乐”饮料每年都达一百万打。此时你是:

a. 对他笑笑,回答一声“不行”

b. 同意

c. 提出折衷建议

29. 第二个和你谈判的人是另一家连锁店的采购员。他对能碰上你十分高兴,因为他的供应商由于工人罢工而无法进货,想求你帮忙解决这个燃眉之急,并希望能马上提供50000打“可乐”饮料。此时你是:

a. 对他笑笑,回答:“可以”

b. 告以可以,但须另加5%的紧急供货费用

c. 向他笑笑,但对他说,时间太紧恐怕难以办到

d. 告诉他,他真是“运气好极了”,不但能马上满足需要,还可享受这个月刚开始实行的大宗交易折扣优惠

30. 你三星期前刚刚在巴尔的摩找到了一份发货代理的新工作,并计划在8月18日星期五结婚(这事你在求职面试时没有说)。未婚妻要求婚后至少要去迈阿密度一个星期的“蜜月”。今天是8月16日,你去向老板请假。老板显然大出意外,板起脸问你“打算请多少天假”。这时你是:

a. 只请婚礼那一天的假

b. 请两个星期假

c. 请三天假

31. 你是一位从事“全包旅游”(主办者负责旅途的交通食宿全部服务)的主办人,正与西班牙一家连锁饭店就下个旅游季节的预订客房问题进行谈判。对方要价是每人每周30英镑,比现行价格高出甚多。谈判中,对方提出个折衷方案,“我让一点,你添一点”,将差价各让一半。这时你是:

a. 说可以,只是得55对45,对方多让一些

b. 不接受折衷办法

c. 同意对方意见

d. 要求按75对25的比例折衷,对方更多让一些

32. 你认为谈判是为了:

a. 达成公平、对等的交易

b. 达成妥协

c. 与对方联合做出决定,尽可能照顾双方利益

33. 你与一家黎巴嫩建设财团进行极为艰苦的谈判。经过讨价还价,对方在所谈的公路项目财务问题上,对贷款底线单方面作了一点微小让步。此时你是:

a. 注意到这个让步,但是认为太小

b. 以己方的让步作为回报

34. 你是一家公司的财务经理,正与一主要客户的财务主管商讨为该客户联系一项交易的事宜。该主管一上来就疾言厉色地指责你所报服务费要价太高。随着谈判的进展,他更变本加厉,态度越来越不像话,威胁要另找他人代办该项交易,对你的业务能力表示轻蔑,还经常打断你的发言。这时你是:

a. 以牙还牙,报以同样的态度

b. 态度与之截然相反,仍旧心平气和地与之商量

c. 拂袖而去

d. 不理他的所作所为,继续向之施压要他接受你方所提的服务费要求

35. 你的雇员正在进行一场违法的非正式罢工。这时你是:
a. 你与他们举行谈判之前就要求他们复工
b. 寻求法院发命令(这在苏格兰是不允许的)强制他们复工
c. 指责他们如此行事将威胁到公司的生存
d. 告诉他们,即使罢工旷日持久,也无损于公司的收益
36. 你的同事处事专横,行为粗暴,动辄冷嘲热讽。对这种人你是:
a. 找他私下交谈,告诉他如此行为令你无法容忍
b. 熟视无睹,继续干你的工作
37. 你想找工作。有天看到当地一家搬运公司登出招工广告。广告说,请应征者于星期五下午两点到公司人事处面谈。当你在一点五十五分赶到那里时,只见屋里已经排起了长队。你认为自己成功的机会是:
a. 变小了
b. 不会受影响
c. 更多了
38. 你在加纳的阿克拉,打算乘坐开往卡马西的"妈妈车"。找到一辆后,开车的妈妈对你说,只等人一坐满就马上开车。你见车上只剩下一个空座就交钱上了车。你说这车会在什么时候开?
a. 马上
b. 还是得晚一些时候
39. 你是一宗轻型飞机交易的牵线人。买主用支票付款,卖主说只要价款拨进他的账户,飞机马上便可开走。此时,你的好处费该如何支付?
a. 要求付现金
b. 寄去账单
c. 接受支票
40. 一位阿拉伯人牵了六头骆驼来到一处绿洲找水喝。泉眼旁站着另一位阿拉伯人,还竖有一块用阿拉伯文写的告示板"水管够,价钱一头骆驼!"你认为谁更有力量?
a. 牵骆驼的
b. 站在泉眼旁的阿拉伯人
c. 难说
41. 你是一名房地产经纪人。有人请你代其出售一处位于城区的产业,叫你"尽量卖个最高价。"你是:
a. 马上为他四处寻买主
b. 要求他把要求说具体一点

c. 回绝这一委托

42. 你打算处理掉一架已在车库闲置多年的旧钢琴。有人想买，问你想卖多少钱。你是：

a. 按期望值的上限向他要价

b. 问他打算出多少钱

c. 把你太太想要的卖价告诉他

d. 一见对方转身想走，便赶忙开个低价

43. 你想买条十二英尺长的旧船，于是向船主问价。那女人告诉你，她的男朋友说了，起码得卖 1400 英镑。看样子，她不大情愿对价钱作出让步。你是：

a. 把你的电话号码告诉她，要她在改变了主意时和你联系

b. 经过一番讨价还价后，仍按她的要价成交

c. 要求和她的男朋友面谈

44. 你从商业报刊上登载的广告中得知，有一处鲑鱼垂钓园出售。广告上特别指出："只和买主本人谈"。经过接触，你才发现谈判对方只是业主的代理人。这时你是：

a. 坚持与业主直接谈

b. 问对方是否有权拍板

c. 抱着等着瞧的心态和对方谈下去

45. 你在挪威的卑尔根，想买几件"巨人"玩具送给孩子。当地有家极豪华的纪念品商店出售这种玩具。每只标价 165 克朗。你想买三只。这时你会不会问售货员：

a. 买两只要多少钱

b. 买三只要多少钱

c. 有没有特价优惠

46. 你上百货店买冰柜。你想要的那种标价为 800 英镑。你要求打点折扣，售货员说，标价已是最低价，公司章程规定不能再打折扣。你是：

a. 要求找经理

b. 认为他讲的是真情

c. 继续和他砍价

47. 欧洲一家最大的连锁店网就顾客的购买行为作了次为期三个月的调查。你认为按标价买货的顾客占多大比重？

a. 97%

b. 37%

c. 11%

48. 你去南非推销工业用泵。在约翰内斯堡，人们说你的泵"太贵"了，在德班，人们说你的要价"不实在"，而在开普敦，人们则说"照这个价进货，卖出去就没有钱好赚了"。此时你是：
a. 给总店发传真，说营销部算出的价格结构有错
b. 继续四处推销
c. 请求在决定价格上给自己以一定的机动权
d. 同意打折扣只求能得到订货
49. 你为向某电站项目供应重型水泵一事与人谈判。对方告诉你，你的折扣比德国公司的高出15%，另有一套修复一新的水泵，则要价更比你低出35%。此时你是：
a. 告诉对方，你厂生产的产品质量属于世界一流，信誉之卓著更是尽人皆知
b. 告诉对方，只要答应订货，价钱好商量
c. 提醒对方，你厂有良好的售后服务，紧急抢修随叫随到，可以24小时服务
50. 一家建设财团给你发来传真，说是如果同意降价5%，他们愿接受你方为运往约旦的铲土设备所作的投标。你是：
a. 只答应降价3%
b. 同意
c. 告诉对方，要是同意修改投标条款可以考虑打折扣
51. 你是一名深海石油勘探专家。新加坡有位咨询工程师和你联系，想请你与他合作工作两年。但信中提到的工资报酬比你目前在挪威斯塔万格一家公司的收入略少。你是：
a. 告诉对方你想得到较高的报酬
b. 提出所要报酬的明确数目
c. 报一个高数，但应允可在对方开价与你的要价之间协商一个对双方都合适的数目
52. 一位主顾对你建议的价格表示坚决反对，但又不提具体要求。你是：
a. 对对方的降价要求告以"不行"
b. 请对方提出具体的还价
c. 问他为什么反对你的报价
d. 另提一个建议
53. 一家保险公司想请你为他们办一期脱产销售培训班。谈判时，他们觉得你所报总费用太多，要求你削减一些。话中暗示，要是费用降不下去，只好不办班了，连后续的三期也不打算办了。你是：
a. 和对方逐项核查你提出的预算，把那些可由对方提供的项目从预算中剔除

b. 告诉对方,你办的培训班一向以成绩卓著著称,其高层人士经过培训后必可为企业带来重大效益,所以所报费用绝不能减

c. 问对方心目中所谓的“最佳”费用是多少,如与你所报数字相差不大就准备接受

54. 你打算用多年的辛苦积蓄,加上从银行贷来的小额贷款买一架小型喷气机,自己开一家航空快运公司。有家公司专卖你所需型号的新、旧飞机。其办公处设在曼哈顿世界贸易中心大楼的第72层。公司总裁的办公室巨大无比,简直像个飞机库。一位衣着典雅的绅士坐在长达20英尺的桃花木制办公桌后面。其身后墙上悬挂的毕加索油画确为原作无疑。地板上铺有厚厚的纯毛地毯,人走在上面可以没有脚踝。房间的一角摆有一座亨利·摩尔的雕塑。另一角有一泓喷泉在静静地喷洒。这时,你是:

a. 觉得定能做成价格相宜的生意

b. 等着瞧

c. 看这气势,不出高价不行

55. 来看你的人身穿裁剪美观大方的赛维利罗公司的精品套装,手戴劳力士金表,脚上是古赛牌的名贵皮鞋。如果要你对他的身份作出评价,你认为可以判以:

a. 低

b. 高

c. 不能肯定

56. 在他离去时,你将如何判断他的身份(高还是低),如果他:

a. 站在马路旁边等出租车

b. 请你的秘书替他叫辆出租车

c. 坐进他停在路边的小型轿车

d. 坐进有私人司机的罗尔斯罗伊斯豪华车

57. 你办了一家小型机器厂。一家大客户已欠下你三次供货的货款。每次去收款,对方出纳处总借口推托。下周又要交货了。你是:

a. 告诉对方出纳处,要是前账不清将暂停发货

b. 只是去催款

c. 告诉对方的使用部门,由于前账未清所以难以供货

58. 一阀门供应商所供阀门经你厂质量验收判为不合格产品,现正由你厂车间加工修理。你是:

a. 要求从对方货款中扣除加工费,并警告今后不得再发生类似情况

b. 直接从应付货款中扣除

c. 如数付款,但要求对方对今后质量作出保证

d. 暂不付款,等对方来催时再与之理论

59. 供应商要求如数付款。说你方索取的加工费太高,并说商品质量出问题应退货交他们检验,并负责更换。你是:

a. 拒绝付款并坚持按你方提出的合理成本扣除加工费

b. 告诉对方,他们如坚持如数付款,今后将不再向其订货

c. 如数付款但要求对方应对今后供应的商品作出质量保证

60. 你从事房屋装修及隔断行业。所用铝型材多年来一向都是从一家大型铝制品厂采购。一天上午,该厂新上任的营销经理给你打来电话,说是决定不再生产你所需的型材,因为现行价格太低,简直无利可图,云云。你是:

a. 建议重开谈判协商合同价格

b. 要求对方提供成本详情及想要的利润数目

c. 向其他铝材厂探询供货的可能性价格

d. 告诉对方,他要的那套手法瞒不过你的眼睛

61. 一家历来向你订购锻工产品的客户通知说,现行订单交货后即不再订货,他们打算自己生产。你是:

a. 提出现行货价可以商量

b. 告诉对方,他们自己生产花费可能更大。准备工具、购置锻模、培训员工以及质量控制,到处都要花钱

c. 说:“太好了”,并祝他一切顺利

62. 铝型材厂营销经理又打来电话,说是工人可能要罢工,你的最近一批订货已无法满足供应,还说厂里所存铝锭,也于本月全都用于为一家老客户赶制所需产品了。对你的抗议,他回答说,该客户为赶制产品每吨另加了附加费,数额比你同意增加的货价高出甚多,所以实难从命,云云。你是:

a. 问该客户另付的附加费是多少,你也同意照付

b. 问该客户另付的附加费是多少,表示可以超过

c. 核查合同,看“不可抗力”条款是否包括罢工在内

d. 赶紧另寻供应厂家

63. 你和一位阿拉伯主要代理商在当地会晤,两人边聊天边喝酒,时间已经过了好几个钟头,但还是没有谈到正题,令你心急如焚。此时你是:

a. 趁聊天稍有停顿时,赶紧引入正题

b. 和对方接着聊下去,等他先谈正事

64. 你在东京与一家日本厂商谈判供应水管的长期合同。但谈了几天毫无头绪,总在原地转圈子。此时你是:

a. 等对方首先采取行动

b. 稍微作点让步以推动谈判进展

c. 另换一个题目

d. 休会

65. 美国一家公司对你的产品感兴趣,其总裁约你面谈。但开头五分钟,对方尽在闲扯。你认为这说明了什么:

a. 表示他和你很合得来

b. 示意你引入正题

c. 要你不要性急,应等他来开始谈判

66. 你驱车在欧哥兰街头,被警察拦住要你付给 50 夸克(约合 20 英镑)才不登记为超速行车。而你当时的行车速度几乎等于爬行,根本不可能超速。此时你是对他说:

a. 除非见到本国领事,否则绝不付款

b. 你是不是在索贿

c. 没问题,但是我只有 100 夸克的大钞,得麻烦你给破开

67. 一位印度进口商欠了你 100000 英镑货款。你要求他先付清欠款才继续发货。他说眼下手头正紧,要过些时候才能付款。还说要是不继续发货,他就更没有办法付款了。你是:

a. 告诉他不付清欠款,一切免谈

b. 告诉他再不付款,就去法院告他

c. 决定亲自去印度考查其真实财务情况

d. 告诉他,要先归还 20000 英镑,方可发第二批货

68. 你在东非某国承包了一项工程,但进展很慢,无法按期完工。原因是主管部长经常干涉工程事务,随心所欲地要求变更设计,扣押进口设备的报关材料,还对外界发表一些不实之词的诬蔑言论,最后甚至公开警告要以“延误工期”、“偷工减料”及“盗窃机密”等罪名逮捕施工负责人并终止合同。当地电视台要你对此发表评论。你是:

a. 告诉他们,该部长大概有些昏愦

b. 否认其指责并说明事实真相

c. 说“无可奉告”

自我测试题释评

1. 如果你选择的答案为“对”,那么:

——要是你不同意或部分同意我对测试题的五点释疑;或是不认为自己的选

择不对；或是不接受我的任何观点，则应归类为“驴”。

——要是你接受自己的选择完全错误这一看法，并自愿接受我的释评，表示要认真学习，则应归类为“羊”。

如果你选择的答案为“错”，那么：

——要是你作出上述选择纯属瞎猜；或是由于其他的理由；或是误解了题意；或是在自欺欺人（这点更要命）；或是人云亦云，则应归类为“狐”。

——要是你作出选择时的考虑与我的五点释疑相类似；或是由于根据本身经验，那么做曾吃过亏，则可归类为“枭”。

2. a　正确（只要你已是离开母体有几天的婴儿）。一个人出生以后不知经历了多少次的谈判。你选择这个答案说明你已看到了这一点，故可评为“枭”。

b　你对上述一层意思虽不能说完全没有看到，但半明半暗，不大肯定，所以只能评为“羊”。

c　无疑你认为这一表述不能表明你从事专业谈判的经验，所以才选择“不如此”。可是你理解错了。这个表述将概括你有生以来的全部谈判。这表明你思考过于呆板，缺乏机智，所以只能判为“驴”。这也许令你难堪，但那也没有办法。

3. a　啊，发现“狐”了！你这人够聪明，能看出表述中的文字陷阱（“取胜”一词的真实含义是什么？），但也够狡猾，绕过它选择了个模棱两可的答案。真是一头“狐”呀！

b　正确。只着意于取胜，以后就可能丧失很多做生意的机会。人家这次吃了亏，下回还会和你打交道吗？最好的，也是最明智的选择是：将目标定为“成功”而非“取胜”。你有此远见，显然可评为“枭”。

c　不想吃亏不等于必须“取胜”。一味追求取胜将限制你的回旋余地。所以说，你够不上“狐”的狡猾，也没有“枭”的明智，只能评为“羊”。

4. a　你这人也许是块适于做处理奖惩或冤情的人事经理（或者律师）的料，太古板了，只能评为“驴”。诚然，双方对问题的看法是有不同意见，但这个才有了谈判的可能吗！

b　正确。肯定是只“枭”。

c　你为什么这么提问题？诚然，你有你的“事情”，他有他的“事情”，但不管是哪一方指的“事情”，也无论有无共识，都是可以谈判的。你的选择处于“狐”和“羊”的交界处，为了叫你长些记性，在谈判中增加点“狠劲”，故判为“羊”。

5. a　答案正确。是头“狐”。

b　不正确。提建议的人没有人会认为自己的建议是“不合理的”。只从一己的观点来采取行动，极不保险。更何况拔腿就走也做得太绝了，缺乏回旋余地。实际上，你还可有其他的选择，包括了解一下对方拒绝的理由。我要是谈判的对方，不等你走出门，就会冲你的背影大叫一声“驴”了！

c　我明白，你会解释说这只是“软化”对方的一种战术（对此，我只能报以一声长叹）。这说明，你的狡猾还够不上被称为“狐”，只能判为“羊”。注意：你一定要走的话，也务必要告诉对方重回谈判桌的时间，否则，你的招数只能得到适得其反的结果（作为“狐”的话，对此一定会预先考虑）。

6. a　你只想到自己能得到多少好处，而没有考虑可能带来的问题。这是“羊”的行事特点。对每个最先开价都要问个为什么？

b　你发疯了吗？对方的出价远远超过了你的预期，你不抓紧拍板而把对方请走，真可谓欠考虑至极！——要是对方一出门就看见了另一条待售的船，你的买卖不就黄了？如此死脑筋正是“驴”的作风。

c　绝对正确！不管对方第一次出价有何等诱人，也应该再侃侃；对方有可能还能再涨一点（“狐”的选择）。何况，经过讨价还价再以这个价格脱手，也能让对方高兴，使他觉得上算（如果你正是这么考虑的，那么是“枭”的作风）。

7. a　啊，亲爱的！你不觉得自己是只爱冲动的“羊”吗？

b　对方答应得那么痛快，你一定会怀疑是不是这条船有毛病？或者，要是自己出价再低一点，也能买到手？你要是没有这些怀疑，则是只“羊”，有的话，则肯定是只“狐”。

c　你怎么知道这一定是对你有利的买卖？纯粹是“驴”的一厢情愿。

8. a　这位年轻女郎肯定有决断而又自信。但她考虑到这么做的后果没有？制片人固然“去你的了”，但女郎自己呢？大概再也别想涉足影视圈了。要是她吊吊制片人的胃口，要个高价（和c项那样），才像是“狐”的行事。

b　可怕呀！制片人是在玩“低片酬换大出名”的把戏。这是“大腕”对付“羊”的常用手法。

c　有a项的策略而无其风险！她明白自己的价值。即使她以后要把价码降下来也于己无损。她没有把希望寄托在虚无缥缈的幻想里，而是明白讲出自己的价值在以较便宜的价格出售，这反而能得到预期的一切。只要是“枭”都明白这一点。

9. a　这是首先要做的事，它能使你在谈判补偿时手中有了最有力的杠杆。只有“驴”才会以为这么做不够“道德”——要知道你只是停付而非拒付！大多数经理都深知这一点，这是他们常用的办法。这表明在我们中间还是有“狐”性的人居多。

b　这么做，你把问题大大缩小了，也就减弱了自己掌握谈判杠杆的力量。“驴”通常都这么做。

c　绝不可把它作为首选的办法。把谈判杠杆拱手让人是“羊”的做法。即使要建议仲裁也只能让对方去提。

10. a 还没摸清对方的真实意图就率先提出增租10%，那么你很可能要冒增租15%的危险。这是“羊”的做法。

b 这是初出茅庐的“狐”的最佳开价，但最好将其作为d项的补充或是支持。

c 提出公断的要求也就断送了自己对决定租金的否决权。只有“驴”才这么做。

d 谈租金之前先提房屋的缺陷(而缺陷总是能找得到的)这就为要求少提租、不提租甚至降租(与b项结合)埋下伏笔。最不济，也能让对方把房屋修缮一新。这对房主的增租要求是个小小的压力。这表明“狐”成熟了。

11. a 这是马后炮，也无助于解决你与沙迪斯之间的违约问题，是“驴”的选择。

b 这么做既浪费时间又白花传真费，误期未交的机械部件仍然到不了工地。行事刻板的“驴”常做这种傻事。

c 威胁同样无助于使机械部件运到工地，“驴”在感情冲动时常这么做。

d “枭”不光提抱怨，也谈判可行的补救办法(更力求避免对簿公堂)。

12. a 这在“羊”看来似乎是“合情合理”的事，但它能推进谈判吗？对方对你的建议的部分或全部既然存在异议，那他就有责任提出自己的反建议。过于乐意地接受对方异议中的“正式”部分，就会为处理其“不正当”部分埋下祸根。因为这两部分也许是互相关联、难分轻重的。

b 你将像一头狡猾的“狐”那样，可能要等待很长的时间。所以不妨更主动一些，告诉对方你想叫他们做什么。

c 只有“驴”才做得出！

d 正确！“枭”从其提出的异议中上也看到了对方谋求解决问题的愿望。在对方明确提出其解决方案之前，不要另提新建议也不要修改原建议。谈判桌上就是需要有双方各自的解决方案才好经过谈判来达成共识。

13. a 正确。只有从谈判中你才能得知，对他们而言什么是绝对不能谈判的(事实上这就是其在解决方案中的地位)，但你仍然可以决定如何进行下去。记住：即使原则不能谈判，但如何运用原则还是可以谈判的。你可以把敏感的问题暂时放在一旁，先去谈其他问题，待取得进展后再回过头来谈“不能谈判”的问题。“枭”都知道，谈判的议程要由双方共同决定，他们所说的不能谈判指的是这件事。

b 错了。让对方单方决定什么可以谈什么不可以谈，那你就将受制于人，只能谈他允许谈的问题了。这是“羊”的做法。

c 怯懦的“羊”才有如此反应。

14. a 正确。只有最后期限不过于紧迫，就有利于集中精力去寻求解决办法，提高故意纠缠的时间代价。而要是没有这个限制，对方就有可能故意和你软磨硬泡，使问题得不到及时解决。只要是“枭”都明白这一点。

b 不正确。只有“驴”才会使最后期限形同虚设，或使自己为“毫无意义”的最后期限所束缚（指那种没有正当理由的期限）。

15. a 这是个“羊”气十足的决定，对双方都有风险。

b 有时间的话这么办也没什么不可，但只怕你没有这个时间（“驴”的选择）。

c 天哪：纯粹是只“羊羔”，还怕你活不长！

d 正确。是要写详细些。是“枭”所问的“万一”。

16. a “以便宜换名声”的人一辈子也富不起来。只有“羊”才不懂这一点。

b 没经过考验的假设都是危险的，不过“狐”的胆子大。

c “羊”总爱小心翼翼。

d 正确。但如果发现对方急于求得你的服务，那就不妨再抬抬价。“枭”是懂得利大利小的区别的。

17. a 不管对方说对说错，打断他的话总不大好。“枭”往往劝人不要这么做，而“狐”则不会喜欢这个问题的提法，它喜欢有点弹性。

b 可以问问自己，你喜不喜欢被人打断？在做过的测验中，无论何时何地，我都没发现有人承认乐于被人打断。接下来，不妨再自问一句：“你曾经打断地别人没有？”我也从来没发现过从没打断过别人的人。大概只有“驴”才总想打断旁人的话！

18. a 那位老板吃惯了你这样的“羊羔”。他的恫吓果然奏了效！他吃准了你会怎么做，所以还将继续施压。

b 如果你像只“羊”似的在第一次见面时（而且只是简单地聊了几句）就作出让步，你想他在一个月后的正式会议上将会怎么办？

c 比上面两个办法好多了，但也还不是最佳办法。你低估了这头狡猾的“狐”，也低估了他的恫吓手段。

d 这就对了。要他回来后再和你电话联系，你还可以告诉他，在他出差期间你打算与他手下的技术人员接触，以了解确切的需要情况。这样，他在一路上可能都会寝食不安，因为缺少重发器也许正是他的燃眉之急呢！“枭”了解如何对付恫吓。

19. a 你这是在盲目竞价，对于你的压价他可能还会嫌压得太少的。这么行事，有没有点像头“驴”？

b 他要是“狐”就会虚张声势，夸大出价的差别；他要是“驴”则将实言相告；而他要是“枭”的话，则会要你自己去猜。这时你则快变成“羊”了。

c 不论他是否虚声恫吓，这都将使他陷入被动。如此行事，有一半像“狐”

了。

d　有四分之三像“狐”。

e　问他喜不喜欢你的报价？这才像是“枭”的行事！它可以引导对方就你的要价和别人的要价进行一场讨论。因为价格对于从不同的投标中决定取舍时并不一定是考虑的惟一因素。

20. a　如果这是对方的开价则不应接受。除非是“羊”才会接受它。

b　对是对了,不过你希望他加多少呢？是不是还有点盲目竞价的味道？有没有勇气提出自己的要求？还是一只“羊”！

c　这么做比较好一点。可以建议签约时付 30000 英镑,交稿时付 50000 英镑。他要是不同意后付 50000 英镑这个数目,你还可为最后以 70000 英镑成交预留退路。可谓“狐”气十足！

d　纯粹是头“驴”！

21. a　这个还价太接近对方的要价,对方一定会发现自己面对的是一只罕见的胆怯的“狐”。也许你只是披着“狐”皮的“羊”？

b　你根本就没想到要还价,对吧？显然是只地道的(即使不是不可救药的)“羊”。

c　典型的“狐”的还价(杰克一定会为有你这样的知音而自豪!)你也许有做不成这笔交易的危险,但只要能做成,则成交价一定比“羊”的便宜得多。

d　你是不是匆忙得过了头？还是钱多得没处花了？要不就是你知道了一些未为人知的有关这家公司的秘密情报？不过这种情报一定是从另一头“驴”那里听来的。

22. a　对于“狐”来讲,这个期望值太低。

b　啊,亲爱的！绝对是只“羊”。

c　好！绝对是只“狐”。

d　杰克也望尘莫及！你难道是只“枭”？

23. a　你是只乐观的“狐”。

b　你是只悲观的“狐”。

c　为了你的敢于试叫可以判为勇敢的“羊”(但是是否后面有位“狐”朋友在为你指点,所以才敢于做出如此超出本性的行动?)但你仍只能算是一只天生的悲观的“羊”,因为你对“狐”朋友的指教缺乏信心。

24. a　毫无回旋余地,是“驴”的做法。应该先试试 c 项的办法。

b　对方是在向“羊”施展哈吧德妈妈的妙计,而你则是那只“羊”。

c　正确。每只“狐”都会这么做。

25. a　ONO 只意味着 NO！NO！你是在告诉对方,5500 英镑的标价是可降低的,这么做只能说你是头“驴”。

b　这么要价有点“狐”气了。它给你留下了回旋余地,也接近于你的目标价。

c　开价与目标相距过远,但又以 ONO 予以缓和。你这只“狐”未免聪明过度。

d　这个主意要是“羊”想出来的,可谓相当不错。只是它更像是“狐”在想做成一笔于己有利的交易,是把对方当“羊”要哩。(你愿为这辆有毛病的车出多少钱?)

e　不算太好。你的所得一定会低于心目中车的价值。只要对方不是“驴”,他就会想到你的期望值大概要低于这个数。而即使对方也是“驴”的话,你仍然卖不到 5500 英镑。

26. a　绝不可学“羊”的所为,去报什么分项明细价。(对方倒总是希望你这么干的!)这么做,只会鼓励对方就你的报价一项项地细抠。

b　同样不可!粗略的分项价也不能报。

c　正确。只报总数,“狐”才好在分项单价上做文章。对方不细问,你就不要说。

27. a　你明知对方会还价,只要对方的还价不是砍得太狠(不超过 10 英镑)的话,那你就能得到目标价了。你也许是只胆子不大的“狐”?

b　这个开价比上面那个好。多报 25 英镑与多报 10 英镑相比,回旋余地较大。是只胆子大一点的“狐”。

c　不可!这只能鼓励对方用不着看拖车就把价钱向下压。真是头不折不扣的“驴”!

d　这是“羊”想碰大运的做法。如果对方出价只有 450 英镑,则你想卖到 500 英镑或者更多一点,岂不要大费口舌?

e　比 c 略强,但也强不了多少。如果对方还价 499 英镑,你接不接受?接受的话,岂不低于底价了?只能算是“羊”而不能算是聪明的“狐”。

f　如果有人来问价,我敢打赌你一定会欣然告以 500 英镑的价钱。你连一只聪明的“羊”也算不上。

28. a　无疑是你所应采取的最佳第一步行动。一年能销一百万打,说明产品拥有广大顾客群。连锁店绝不能让他们失望。“枭”一定明白这一点。

b　除非你想让他每回都来杀价,否则万万不可同意。作此选择足以证明你乃是一头不折不扣的“驴”。

c　“羊”气十足的表现,正好中了对方的计。

29. a　不可。你是谈判者而不是只管接订单的人。如此行事,完全是只“羊”。

b　很好。像是“枭”的作为。

c　果真如此吗？只要价钱合适，什么事都有可能。只有“驴”才不这么想。

d　你显然是失业的神风号飞机驾驶员（神风号是第二次大战时日本的自杀式飞机，又名“肉弹”），也可称为只配失业的“羊”。买主求上门来，竞争对手又陷于困境，你不趁机拣便宜，还给他打折扣，等到对手重上战场时，看你还怎么活得下去？

30. a　不对！如此委曲求全，我看你婚后一辈子都得像只“羊”似的去求取太太的宽恕了。

b　好！先要求高一点，实在不行再向后退。老板一定会欣赏你的勇气与自信。如此行事可称为相当聪明的“狐”。

c　软了点。老板会压你这只“羊”，说只到纽瓦克去度个周末吧。

31. a　回答比 c 强。只是你这只“狐”作出承诺未免有点过于匆忙。

b　这是最好的“枭”式行事。你凭什么要接受他的折衷方案呢？单凭对方这么提出建议就能看出，他起码在每位客人身上多要了 15 英镑（也许还不止）。以度假一万周计，你同意这个方案就将损失 150000 英镑。一算总账，你说这个建议还能算公平吗？

c　绝不可以。要是同意这个办法，下回他的差价就肯定会更大。只有“驴”才不懂得这么看问题。

d　比 c 好得多，比 a 的“狐”气也更足。但换了“枭”的话，他可能还要等一等，用 b 去试探对方到底打了多少埋伏。

32. a　谈判总是公平的，但很少能有对等的，除非你是“羊”。

b　不对。谈判是为了维护利益而不只是求得妥协。作出的联合决定必须双方都能接受而且比其他可行办法要好才行。而做不到这一点也就没有妥协的可能。作出选择说明你是只“羊”。

c　对了。参加谈判的双方为的都是各自的利益。明白这一点，你起码能算为“狐”。

33. a　对了。对于对方单方面作出的让步，作为“狐”无须为了表示亲善而作出回报。

b　只要不是“驴”，就不应这么做。

34. a　这么做除了将更加激怒对方外，还能得到什么结果呢？只有“羊”才总是学别人的样子行事。

b　这么做除了能让对方摸到你的脾气，更加向你施压外，还能有什么结果呢？还是“羊”的作为。

c　于事毫无裨益。行事活像一头“驴”。

d 这才是“枭”的选择。

35. a 这样你们之间就有两个问题需要解决了。一个是引起罢工的原因，另一个是他们罢工的权利。“驴”的面前又多了一道难题。

b 这样你们之间就有三个待解决的问题了。除了前条所述两个问题外，又多出了一个在劳资纠纷中动用法律的问题。一个已经够呛，多出来两个难题，看这头“驴”怎么办？

c 不行。他们举行罢工就是要以危及工厂生存相要挟，否则又何必罢工呢？只有“驴”才看不清这一点。

d “枭”能理解我为什么要说只有这个答案才是“对”的。

36. a 也许你是令他如此行事的罪魁祸首。“羊”总是盲目信任每一个人，无疑你一定在他背后向人抱怨过他的所作所为。

b 像只聪明的“狐”。

37. a 你怎么知道那些人就全都是求职的卡车司机？作此反应者必然是“驴”。

b “枭”绝不受表面现象的影响。

c 显然这是从竞争中受到了鼓舞——你一定是只聪明的“狐”。

38. a 你过于相信卖主的话了，这不但在阿克拉，即使在任何其他地方，全都犯了“羊”的错误。

b 你显然以前曾上过这种当。不过这么听天由命地等下去，毕竟“羊”气十足。

39. a 这种“枭”的忠告。一定要趁自己对卖主还有影响力的时候把钱要到手。

b 服务告终，价值随之减少。这个连谁都明白的道理，只有“驴”才不懂。

c 除非是在其开户的银行当面交给并立即提现方可接受。否则，没门！

40. a 这人一共带了多少骆驼：你是不是有点“羊”气十足？

b 要是只有这人手上带了枪呢？还是“羊”气十足。

c 正确。每只“枭”都会这么说。

41. a 如果你是个初出茅庐又饥又渴的“羊”，当然会这么做。这种指示等于没说，而且只会给你惹麻烦，因为不管你卖得什么价钱，业主都是不会满意的。

b 正确。“狐”在接到业主的谈判指示时，总要打听一下其底线在哪儿。单为了保护自己的狐狸尾巴，它也得这么干。

c 如此行事未免匆忙，即使是“驴”也不会这么干。

42. a 回答比 b 强。“狐”对自己的开价总是充满信心，说出来从不会打“磕巴”。

b “羊”总是信心不足。但要是对方出价太低，你可得费些工夫和他侃价了。

c 以“主事人”名义提出要求最为妥当。这是“狐”的良好开头，以后根据对方的回答再提出a或b来都顺理成章。

d 别信他那一套。你一让开了头，就将被迫一直让下去。这么做完全像头“驴”。

43. a 如果她拒绝了c，这么做也可以。有点像“狐”的选择。

b 除非你是“驴”，而且对她的小船想得钻心，否则就不可以这么做。

c 正确。每只“枭”都这么行事。

44. a 既然“只和主事人洽谈”，那就双方都得对等。只要是“枭”都会这么办。

b 这么做与算可以，像只“狐”。

c “羊”气十足。对方当然会不断回去向主事人请示。

45. a 很好。这样，你买三个玩具时就可以要求更多优惠了。可谓“狐”气十足。

b 不太好。这样，你买更多玩具时就没法要求更多优惠了，在多买时就可以要求打折扣了。

c 棒极了！这是“枭”的最佳问法。你一旦得知有特价优惠，在多买时就可以要求打折扣了。

46. a 对。不敢走这一步（“羊”的表现！）就肯定享受不到折扣待遇，而你也永远变不成“狐”。

b 你是只“羊”——太易于被人说服了。

c 既然不敢走a那一步，我怀疑你这样做能取得什么结果？离“驴”不远了。

47. a 正确。（由此可见欧洲的“羊”何其多！）

b 这个比重不适合欧洲的情况，在澳大利亚也许差不多。据说那里的“狐”比“羊”只略少一点。

c 你是在开玩笑吧，还是当真是头“驴”？

48. a 每个销售人员当谈判不顺手时都爱这么想。可是这无疑是不对的。市场规律不会由于一头笨“驴”的电传而有丝毫改变。

b 正确。你所听到的话，任何地方的任何买主都会这么说。我相信像你这样的“狐”是早就明白了的。

c 这是“羊”受到压力时的软弱表现，最后你必将在价格上作出让步。

d 你天生害怕对方的还价，纯粹是只“羊”。

49. a 每只羊都爱这么说。要是所说属实，你不说别人也清楚；而要是你在胡诌，则只能叫对方生气。

b　这是“羊”作出让步前的第一个步骤。

c　要是只有你的公司才能提供此等服务，则可算得是“狐”的作为。

50．a　你是只又抠门又怕人家还价的“羊”。

b　你不但怕人还价而且“驴”气十足。

c　这样回答比前两种好多了，有点像“狐”。

51．a　不见得人人都会这么做。这表示你很有信心，或是对这个工作毫不在乎。要是你喜爱这个工作，又想得到较高工资，就应该问他们，既然在斯塔万格工作也能挣这么多钱，又何必万里迢迢去新加坡另谋他就呢？（你这种“羊”式的决心，只会使自己陷入小小的困境）。

b　比较好。从你要求的数目可以看出你的态度是认真的。不过得提防对方要“折衷”的把戏。你作为一只“狐”肯定已有了应付的办法。

c　不可！因为你“冒”提的高价毫无根据，而接下来又过快地自己把它否定了。这表明你是只“羊”，对方用不着认真考虑你的意见。他们如真想用你时，也许能稍稍增加一点，但也可能仍维持原议。

52．a　只有“驴”才会这样使自己陷于僵局。要不就是对方同意让步。要不就是你自动让步，否则交易无法成交。

b　这是“羊”作出的承诺：知道对方的开价才便于让步。

c　比较好。“狐”需要了解更多的情况。

d　亲爱的！对方只“嘘”了一声，“羊”就让步了。

53．a　正确（你算得一只好“狐”，只是有点狡猾）。

b　比较好。因为先为自己的要价作有力辩护才便于引入 a，作为“枭”，你已熟谙此道。

c　这等于告诉对方尽管侃价。作为“驴”，你大概就没有好好看过书。

54．a　“狐”从来没有被别人“力量”道具吓倒的——它们倒是常想用道具去吓人。

b　这才是“枭”的行事。不过道具后面也许真的掩藏着灾难，对此不可不防。

c　你是完全被吓倒了——纯粹是“羊”的命。

55．a　低？未免有点过分，即令你是“驴”也罢。

b　你是再一次被吓倒了，“咩，咩”！

c　正确。“枭”从来不单凭道具作判断。

56．a　不能肯定。因为他的罗尔斯罗伊斯高级轿车，也许是司机未能及时开来。

b　不能肯定。因为以道具取人总容易失误。

c　不能肯定。因为他也许是怕污染环境。

d 不能肯定。因为他也许是负责管理养老基金的人。就像罗伯特·马克斯威尔一样,不愁没处报销。

57. a 你的威胁选错了对象。出纳处才不管你发不发货哩! 他只管钱,能晚能一天是一天。这是"驴"放的空炮。

b 出纳人员从来不怕"羊"的"咩咩"叫。你给他添了麻烦,他更不会及时付款了。

c 对了。"狐"专找受害最大的人施压。用货部门怕得不到供应,自会替你去向出纳处催款。

58. a 只要暂不付款,对方就会找上门来谈判解决办法,这是"狐"的作为。

b 如果对方因加工费不多而不予反击,则这不失为一个可行办法,但如果他们决定反击,则你已减少了施压的手段。这个行动更像是"羊"而不像是"狐"的作为。

c 只有"驴"才会这么办。

d 对质量的不满只换来个延迟付款,未免太不值得。你是个心慈手软的"羊"。

59. a 如果暂不付款,提出其质量不合要求的证据并指出要求加工费的合法性,则定能引来一场谈判。像是"狐"的行事。

b 不但威胁难望成功,而且还有造成谈判破裂的危险,只有"驴"才这么干。

c 是"羊"才选择最软弱行动。

60. a 即使急等用料也用不着这么急于表态。你真是一只可怜的"羊",上了对方"卡脖子"的当!

b "枭"在行动之前总要先弄明情况,然后根据问题的真伪再作反应。同时,他还要把对方提供的情况与c项所得来的进行比较(坦白地说,这乃是"枭"的行事常规)。

c 如果不取得这些情报,则你充其量只是只"狐",绝不会是"枭"。因为"狐"虽懂得应付危机之法,但"枭"却能预见危机,有准备地去参加谈判。

d 能看出对方是在耍诡计,的确很聪明,但既然能看出,为什么又对之毫无准备呢? 所以你更像是"羊",而不像是"狐",更绝不会是"枭"。

61. a 这是自己送上门去。你真是只"羊"! 要知道对方还会继续压你降价的。这是又一个"卡脖子"勾当!

b 闻起来有点酸葡萄气味。你自己觉不觉得? "狐"绝不会这么做,纯粹是"驴"的反应。

c 这个办法好多了。"枭"对付任何阴谋诡计,总是先了解情况。在接下来的讨论中,倒是不妨提提d项所列的理由。

d　你真这么说？未免有点太客气了！像是“羊”。换了“狐”，要是真打算断绝来往，语气一定厉害得多，直斥其为敲诈。请讲老实话，你觉得自己属于哪一种？

62. a　除非迫切需要那批货，否则绝不可这么做。无助的“羊”一遇到对方“卡脖子”便总是束手待毙。（从b、c两项的表现看，你可能总是处在孤立无援的困境中了！）

b　除非迫切需要达到极点时，才不得不这么干。还是“羊”的表现。（不过你这只“羊”不但是孤立无援而且已落入陷阱中了！）

c　这叫白费时间。只有“驴”才有那种闲工夫。

d　显然在出现问题的情况时就该这么干了。“狐”在陷入困境时总要奋斗一番的。

63. a　与阿拉伯人谈判，在任何情况下都不可主动引入正题，而要等待对方提出。应避免表现出急于谈正事的神色，更不可因未能取得进展而表示恼怒。除非是“驴”才会那么干。

b　对了！这是“枭”之异于“驴”的又一例证。

64. a　遇上日本人，这么傻等是“羊”的行事。

b　白白让步于事无补，对方只会更加笃定，静等你再作让步。完全是“羊”气十足的反应。

c　对了。“枭”懂得如何使对方明白其发出的信息。

d　反应太软。这表明你像“驴”一样缺乏耐心。

65. a　你要是把这样的闲聊再持续一分钟，对方要不是你久别重逢的亲戚，就表示买卖大概做不成了。他正在为浪费时间而发愁，不知道该如何才能摆脱你哩！你真是奇笨如“驴”！

b　对了。只有这样的人，才算得上是只“狐”。显然，他早已按下了桌子下面的警报器，只是保安人员没有听见罢了。赶快讲正事。

c　你再耗下去，他只有把你撵走了。赶快按b项行事，否则就是“驴”。

66. a　“驴”要自惹麻烦，这是最快捷的办法。根本不值得这么做！

b　“狐”也有聪明过头的时候！

c　太对了，是“枭”的做法。只是对方可能一并“笑纳”，不见得会还给你50夸克。

67. a　这是“驴”的选择。你不但得不到钱，还使他有了不还钱的借口。

b　还是“驴”的选择。印度司法机关办事拖拉，久已闻名于世。100000英镑何时可以到手，你就安心等待吧。

c　对啦！“枭”要弄清楚情况，“驴”则只会胡冲乱闯。

d 是"狐"的行事办法,但最好在c项之后再采取。

68. a 你大概是打算和其他笨"驴"一同去蹲班房吧?

b 世上还没有人(连"羊"也在其中)能辩得过政客的。即使那政客蠢如你也不行。

c 正确。"枭"明白在这种情况下,最好少抛头露面,不要给支持自己的政界朋友惹麻烦。和政客公开争吵,只能使他为了不丢面子而一意孤行,你则可能要为此付出伤筋动骨的代价。

自我测试成绩判断表

在表中有关栏目内填入自己对每一测试所选答案的分类(请不要自欺欺人!连"狐"也在内)。

然后根据每栏的总结果来衡量个人成绩。

一般而言,如果答案有一半以上属于哪一分类,即表示你的谈判能力属于那一类。

通常,读者的答案多分散于各栏,说明每人身上都多多少少具有"枭"、"狐"、"羊"、"驴"的气质。

问题是,如何作出总的衡量与评价?

要是有一半以上答案属于"羊"、"驴"二栏,则应努力改进自己的谈判态度。只要经过训练(再加上实践),这是可以做到的。

要是有一半以上答案属于"狐"、"枭"二栏,则表明你具有较强的谈判能力。

如果答案近于平均地分布于各栏(这种情况并非罕见),则不对你的每一选择作专门检验就较难得出结论。因为人们作出的每一选择都有自己的理由,而你在作出选择时,也许考虑的问题与释评不尽相同。情况是否如此呢?

注:切不可为测试结果不理想而心存焦虑。因为这些测试并非如其应该做到的那样,能对一个人的谈判倾向作出科学的评价。其主要目的只在于促使人们对自己所作的选择加以思考,思考,再思考。

自我测试题成绩判断表

(n/a代表不接受释评看法)

自我测试	驴	羊	狐	枭
1	对	对	错	错
2	c	b	–	a
3	–	d	a	b
4	a	c	–	b
5	b	c	a	–

续表

自我测试	驴	羊	狐	枭
6	b	a	c(?)	c(?)
7	c	a	b	–
8	–	b	a	
9	b	c	a	–
10	c	a	b/d	–
11	a/b/c	–	–	d
12	c	a	b	d
13	–	b/c	–	a
14	b	–	–	a
15	b	a/c	–	d
16	b	a/c	b	d
17	b	–	a?	a?
18	b	a/b	c	d
19	a	b	c/d	e
20	d	a/b	c	d
21	d	a/b	c	–
22	–	b	a/c	–
23	–	c	a/b	–
24	a	b	c	–
25	a/e	d	b/c	–
26	–	a/b	c	–
27	c	d/e/f	a/b	–
28	b	c	–	a
29	c	a/d	–	b
30	–	a/c	b	–
31	c	–	a	b/d
32	–	a/b	c	–
33	b	–	a	–
34	c	a/b	–	–
35	a/b/c	–	–	d
36	–	a	b	–
37	a	–	c	d
38		a/b	–	–

续表

自我测试	驴	羊	狐	枭
39	b/c	–	–	a
40	–	a/b	b	c
41	c	a	–	–
42	d	b	a/c	–
43	b	–	a	c
44	–	c	b	a
45	b	–	a	c
46	c	b	a	–
47	n/a	n/a	n/a	–
48	a	c/d	b	–
49	–	a/b	c	–
50	b	a	c	–
51	–	a/c	b	–
52	a	b/d	c	–
53	c	–	a	– b
54	–	c	a	b
55	a	b	c	–
56	n/a	n/a	n/a	n/a
57	a	b	c	
58	c	b/d	a	
59	b	c	a	n/a
60	–	a/d	c	–
61	b	a	d	–
62	c	a/b	d	–
63	a	–	–	b
64	d	a/b	–	c
65	a/c	–	b	–
66	a	–	b	c
67	a/b	–	d	c
68	a	b	–	c

附录三　谈判“情景”模拟

“情景”：

每日牛奶公司拥有几处奶牛场，以瓶装牛奶向“送上门”公司供货。该公司在布里斯托尔东区拥有众多订户。每日牛奶公司的另一客户为“送上门”公司的竞争对手瓦尔克兄弟公司。

鲜奶农场也想把产品打入布里斯托尔市场，并已与“送上门”公司接触，其所报奶价每瓶比每日牛奶公司现行供货价便宜3便士。该农场目前在该市东郊若干村庄已有少数零散订户。

“送上门”公司一方面觉得农场的奶价比较便宜，另一方面又怕农场以直接向用户供奶的方式与自己竞争，所以正在考虑是否与之签约。

鲜奶农场的弱点是：场址距市区较远，位于该市北边21英里处。如不在市区附近新建冷藏装瓶厂则直接向用户供奶一时还难以做到。

每日牛奶公司在该市有几所转运站，“送上门”公司可就近从转运站提货。转运站都是凌晨4时开门，能保证“送上门”公司在上午7时以前将鲜奶送到订户门口。要是零星买奶的人多，公司的汽车即使再拉一趟也不会误事。这是向鲜奶农场订货所做不到的。因为距离毕竟有21英里之遥。

但鲜奶农场较低的奶价可使“送上门”公司每月增加收入3000英镑。

“情景”提问：

1. “送上门”公司如想更换供应商，其弱点何在？

2. 该公司与每日牛奶公司进行谈判时应采取何种态度？

3. 该公司与鲜奶农场进行谈判时应采取何种态度？

4. 每日牛奶公司在与“送上门”公司谈判新供应合同时应如何维护自身利益？

5. 每日牛奶公司如打算像鲜奶农场一样降价，该如何向“送上门”公司解释己方以前所要的较高价格？

“情景”提问释评：

1. “送上门”公司如想更换供应商，其弱点何在？

谈判中存在弱点是在商业上求生存的潜在威胁。每个企业总是会遇到竞争压力的，作为谈判者必须在决定谈判方针之前找出己方的弱点所在，要使所定方针避开该弱点，或不使弱点变得对己方更为不利。

"送上门"公司已经意识到如不与鲜奶农场签约，将面临农场向订户直接供奶的竞争。

但他应考虑，如果与鲜奶农场签约，则自己的竞争对手瓦尔克兄弟公司有可能也按相同条件与每日牛奶公司达成协议。这样一来，自己从农场低价牛奶中能得到的好处将化为乌有。因为瓦尔克兄弟公司要想挖走自己的订户具有相当优越的条件，像每日牛奶在市区的三处转运站就是自己需驱车 21 英里到农场去提货所比不了的。

还有另一种可能。每日牛奶公司如不愿坐视自己的市份额被人抢走（比方"送上门"公司甚至连瓦尔克兄弟公司都弃之而去改由鲜奶农场供货），也有可能利用市内转运站的优势投入向订户直接供奶的行列。

而鲜奶农场一旦把每日牛奶从"送上门"公司身边挤走，他就有可能精确掌握布里斯托尔市每日对鲜奶的需求量，从而决定在市内投资兴建冷藏装瓶厂直接打入这个市场。要是农场与瓦尔克兄弟公司也签订了供奶合同，则上述可能性将变得更大。

鲜奶农场的奶价每升已比每日牛奶公司低了 3 便士，如果他想挤垮其他供奶商，则再次降低奶价也并非没有可能。所以，"送上门"公司在更换供应商问题上的弱点是：摸不清鲜奶农场的意图（其中也包括把每日牛奶挤出市场后，他会不会把奶价再抬起来？）。

由于情况变化而产生的多种可能性使"送上门"公司陷入了进退两难的境地。然而，有了弱点也用不着惊慌。只要第一步能找准弱点所在，接下来就可以想应付之策了。何况，"送上门"公司固然有弱点，但这不等于说每日牛奶、鲜奶农场和瓦尔克兄弟等公司就没有弱点了。"送上门"公司将如何决策，他们也同样摸不清。

2．"送上门"公司与每日牛奶公司进行谈判时应采取何种态度？

每升牛奶的价格必将成为双方谈判的主要问题。"送上门"公司如能叫每日牛奶公司将每升奶价下调 3 个便士，从而每月减少支出 3000 英镑，则在与瓦尔克兄弟公司竞争时便能多些把握。因为即使瓦尔克兄弟公司也能从鲜奶农场得到同样的低价供奶，这笔钱也能为自己保持市场份额派上用场。

因此，每日牛奶公司在新合同的谈判中势将不可避免地遇上要求降低奶价的压力。而且独家供奶的条款也可能受到挑战。"送上门"公司当然希望在选择供货人上多些弹性，其中就包括向每日牛奶和鲜奶农场两家同时订奶的可能。两个供奶商相互竞争，对他只有好处。当然这有赖于其谈判代表在谈判中保持坚定的决心。

“送上门”公司还可要求：

——有利的付款条件；

——退货保证；

——联合促销；

——为公司增添送奶设备提供投资(例如购置送奶车之类)。

“送上门”公司也许想和每日牛奶公司签一个排他性合同，不让其向瓦尔克兄弟公司供奶。但这要慎重考虑，因为这样一来有可能促使瓦尔克兄弟去与鲜奶农场联合，独享那起码每升3便士的优惠。那时，即使自己借每日牛奶公司的三处转运站可得到提早送奶及一日多次提货的便利，仍将面临极为严峻的竞争。不过反过来想，上述种种方便既然只为每日牛奶公司一家所独有，则订立排他性合同也有可能使自己从瓦尔克兄弟处抢到更多的市场份额。

再说一句，对潜在的弱点完全用不着惊慌，更不必向人屈膝了。

3. “送上门”公司与鲜奶农场进行谈判时应采取何种态度？

如果鲜奶农场首先提出每升让价3便士，则“送上门”公司应压其作出更多让步——切记绝不可接受第一次出价！

该公司还应考虑鲜奶农场对价格问题有多大的决心。他既然想进入供奶市场，就有可能与每日牛奶展开一场杀价战，“送上门”公司应保留选择的弹性，使自己不论两方的竞争结果如何，都能从中得利。

因此，“送上门”公司应从鲜奶农场得到承诺，在可预见的一段时期内不得提价。要是能争取在供奶合同中列入今后任何价格变动都只能向下调的条款则更妙。

还应尝试建立一个以市场平均数为基础的定价公式，只要出现供货的竞争压力就自动将价格下调。

同时应使合同不是排他性的，以保留自己向其他奶场进货的权利，不承诺在一定期间内必须向对方进货的最低限额。还要取得对方承诺不在布里斯托尔开展直销业务。

要求对方在市内建设装瓶厂的问题应该在谈判中提出，并取得其向该项目投资的初步承诺。要是得不到此项承诺，而公司与每日牛奶公司的谈判又进展顺利时，则正可以此为借口回绝对方的提议。

尽管“送上门”公司在与鲜奶农场谈判时存在着弱点，但还是有不少办法可以维护本身的利益。

4. 每日牛奶公司在与“送上门”公司谈判新供应合同时应如何维护本身利益？

显然,来自鲜奶农场的竞争威胁是严重的。每升降价3便士对每日牛奶公司的客户是不小的诱惑(以“送上门”公司为例,每月即可减少支出3000英镑)。如果每日牛奶也像鲜奶农场一样降价(这种降价竞争今后还将源源而来),则其收入的损失等于客户减少的支出——这是一宗典型的此增彼减其和为零的交易。

由于不掌握每日牛奶公司的成本详情,人们无法推测该公司回应鲜奶农场的削价竞争能有多大余地。但是有一点可以肯定,“农场”既然展开了削价战,则谈判对方必然要压其降价(至于降价的好处是落到消费者身上,还是只为“送上门”公司独吞,则是个没有答案的问题)。

每日牛奶公司谈判地位的强弱取决于“送上门”公司野心的大小。每日牛奶当然希望能与对方签一个为期至少三年,最好五年的独家供货合同。至于为此是否应向对方让步,承诺不向其他公司供奶(只与一家公司续约),则应慎重考虑这样做的得与失,要看对方愿以什么作为回报。

在价格问题上可以同意参照过去的行业平均水平确定或设法拖延暂时不作决定。绝不可同意签订非排他性的供货协议,并应坚持在合同中规定每年必须购奶的最低限额以堵塞合同期内鲜奶农场或其他新冒出的农场乘机侵入的可能性。

此外应保留己方向消费者直接供奶的选择权,以便以后能以几个转运站为基础建立自己的供销网,向若干大商店散装供奶。这样,万一出现客户改向鲜奶农场进货的情况,就能及时转向零售市场不致造成损失。

为使对方接受己方条件,应同意为其添置送货车辆提供低息贷款,或是与其联合促销。总之,要想保护本身利益必须达成对双方都有利的协议。

5. 每日牛奶公司如打算像鲜奶农场一样降价,该如何向“送上门”公司解释己方以前所要的较高价格?

这是所有供货商为回应竞争者的降价而不得不随之降价时都会遇到的问题。“送上门”公司肯定要问,既然你现在能同意降价,为什么以前就不能呢?一个月能有3000英镑,三年就是108000英镑呀,这笔钱过去岂不全被你“黑”掉了。你现在的低价还打下埋伏没有?要是鲜奶农场再降价,你还跟着降不降?这些问题每日牛奶公司必须回答。

这使他陷入了被动防御的境地。不降价吧,就会丧失客户,而降价呢,客户又要算过去的老账!这就好比雇员向老板要求增加工资,否则就辞职不干时一样,老板不答应就会留不住人,而一答应又会引起雇员对过去未能得到应有待遇的愤慨。

每日牛奶公司的解释应着重指出鲜奶农场降价是一种想把自己挤出市场的短期行为。他这时不顾血本地降价,一旦阴谋得逞,马上就会把奶价再提上去,不但要恢复到原来的水平,甚至提得更高也说不定。

还应告诉对方，鲜奶农场要把供应点从21英里之外迁来市区，就得新建一处冷藏装瓶厂。这笔投资就是250000英镑，钱从哪里来？每日牛奶公司可以毫不迟疑地向对方说，羊毛出在羊身上，自然要在你身上打主意。而这就意味着奶价必然要涨。

每日牛奶公司更可进一步提醒对方，他与鲜奶农场达成如上交易，简直无异于自掘坟墓，农场一旦把冷藏厂建立起来投入运行，他难保不会开展散装业务，挤垮瓶装牛奶的生意。

另一方面，应向其表明自己绝不会干这种缺德事，只要"送上门"公司还在干，就绝不插足直销市场。

但也要坦白告知，这次降价乃是迫不得已，一旦来自鲜奶农场的降价威胁不复存在，自己的奶价仍将回复原来的"合理"水平。

只有这样合情合理的解释才可以平息对方的愤慨，而不致丧失客户。

附录四　各章演习题解析

第1章

1.

(1)除非该供应商是惟一的供应商而且你又非向他采购不可,否则你对整批货款进行止付将是最明智的举措。因为你这样做,最能逼他出面提出解决方法。事实上,这是商场上最受广泛采用的一种举措。(+15分)

(2)这种做法虽然足以显示你的善意以及实事求是的态度,但他却足以削弱你的谈判力。(-5分)

(3)切忌这么做!倘若有必要妥协,则妥协的意思表示以及妥协的条件应由供应商主动提出,而不应由你提出。(-15分)

2.

(1)他这一类的人向来就想“吃定”像你这样的老实人。他利用时间与空间的巧妙安排来屈辱你——给你紧急通知、不给你议价时间、要你屈尊请教、要你去送飞机。他的主要动机是在创造一个“君临天下”、“皇恩浩荡”的假象,以便占尽你的便宜。你千万不能上他的当(-40分)

(2)几乎完全向他屈服。(-15分)

(3)这样做虽然足以向他表明你并不完全是“呼之即来,挥之即去”的供应商,但是你仍然向他屈服,因为你在一个无法了解实况与澄清疑虑的情况下贸然报价。(-5分)

(4)这是最好的一种处理方式。你既然屈尊请教,这已充分表示你方的诚意。你借着与他手下的人商谈零件规格,不但有助于你开价,而且可趁这个机会了解对方之虚实。你不必急于跟他谈论价格,可令他感到你并不过分热衷于同他进行交易,这样可促使他在未来的谈判中不致期望过高。倘若他对你所提供的零件的需要极为殷切,而你故意不报价,你将令他由台北一路担心到东京,再由东京一路担心到台北!这对削减他的嚣张气焰颇有帮助。(+30分)

第2章

1.

(1)你这样做不但已默认加租有理,而且还表示希望房东“手下留情”。这未免太懦弱了！此种方式之谈判最后可能在10%与20%之间的某一折衷点达成协议,这对你是颇为不利的。(-15分)

(2)固然,有时“攻击是最好的防御”,但是在你预计面临加租的情况下,你不提出具体兼强烈的理由要求减租,这会被人视为草率,而难以站得住脚。不过,这样做的最大好处在于令房东了解你对加租的抗拒力极大。(+5分)

(3)不！千万使不得。这样做,不等于拱手抛弃了你否决加租的权利？能够操之于己的事何必拱手令它变成操之于人？(-30分)

(4)是的,这是最具体、最讲情理与最有效的抗拒方法。你要是能够在房东正式提出加租之前,向他提出整修的要求,这种先下手为强的做法足以令房东产生顾忌而不敢轻易要求加租。(+20分)

2.

房客的感受与见解	房东的感受与见解
(1)房租本来已经太高！	(1)房租已经好久未增加！
(2)百物腾贵,我付不起更多的房租。	(2)百物腾贵,我需要更多的租金收入。
(3)这房子早就需要粉刷与修补。	(3)他把房子搞得一塌糊涂。
(4)有些朋友也租了同类的房了,但是他们所付的租金却比我还少。	(4)有些朋友也租出去同类的房子,但是他们所收的租金却比我还多。
(5)这房子的周围环境愈来愈差,所以租金也该相应减低。	(5)房东应该增收租金,以便拥有足够条件改善周围环境。
(6)我是不养猫狗的好房客。	(6)他的收音机声令我吃不消！
(7)只要他一开口,我立刻缴租！这种房客哪里找？	(7)假如我不开口,你别想他会主动缴租！
(8)搬进这房子这么久,他人一直未来过,真是不通人情！	(8)我待人够体贴,我从未无端侵犯房客的隐私权！

第3章

1.

(1)尽管你有权在不受骚扰的情况下度假,但是以这种方式对待职位代理人并不得当。职位代理人之所以致电于你,可能是因欠缺处理问题之信心而向你请求机宜,也可能是担心问题处理不好而受你责难。这两种原因本来在相当程度之内是可以事先预防的。你在指定职位代理人之际是否确知他能够胜任?是否清楚界定他的职责?是否充分地授权给他,以让他得以尽责?你是否清楚了解职位代理人若未将事情办妥,你是责无旁贷的?你是否了解,光是指责职位代理人未将事情办妥是无补于事的?假如你对上列问题事先未能确切了解并设法解决,这就难怪你的职位代理人会在你休假中来骚扰你。其次,你挂上电话,不理他,这不但令他无所适从,而且可能败坏事情。(-20 分)

(2)假如你度假期间,公司发生了重要而且紧迫的事,你即刻赶回处理是明智的。但是像某地区销售额有明显下降之迹象这样的事,大概不是突然间发生的,也不是能立即改进的。这即是说这件事之处理并不急于一时,何况你还有职位代理人坐镇?因此,你若立即停止休假,赶回公司处理这件事,将属“过分之反应”。(-10 分)

(3)这是最好的一种处理方式。这样做,你不但显示对他的尊重与支持,而且让他有机会独当一面地处理事情。(+20 分)

(4)这种做法不足为训,因为你不但越级指挥,而且侵犯了职位代理人的职权。(-20 分)

2.

(1)这太不近人情!姑且不说你无法向你未婚妻交待,甚至你都无法向自己交待。千万不要怯懦到这个地步!一个不忠于自己的人,实在很难期望他能忠于他的雇主。因此,只要你的老板是明理的人,他都不会支持你这么做。(-40 分)

(2)婚姻是终身大事,一辈子只有这么一次(但愿如此!)。你明明晓得未婚妻的要求是一星期,你却连要求一星期的婚假都开不了口,这未免过分妄自菲薄。你或许认为告假一星期,可能会引起老板之不快。倘若事实确是如此,你应重新考量值不值得为这样的一位老板效力。但是,问题在于:你怎么会认为你之告假一星期可能引起老板之不快?是否因为老板在跟你沟通时面无表情?“面无表情”是否一定代表“内心不快”?许多谈判高手在谈判过程中都以“扑克脸”见人。总之,你的最大弱点在于未经交手就认输。(-30 分)

(3)本来为时一星期的婚假相当合理,而且现下有不少机构都明定婚假时间为一星期。但是当你开口要求一星期的婚假时,你并没有为自己预留让步的余地。倘若老板提议你少告两天假时,你怎么办?(0 分)

(4)这是最理想的答复,因为你为自己预留让步的余地,而且开口要求两星期之婚假照理也不算离谱。一旦老板认为两星期为时过久,则你可尊重他的意思而自行退让。你有很大的机会可以获得一星期甚至更长的婚假。(+20 分)

第4章

1.

(1)他强调价格太高,你则否认他的看法,这样你很容易逼他走投无路。结果,他会进一步维护“价格太高”之见解或坚持减价之立场。只要你不愿意退让,则谈判势将陷入僵局。(-5分)

(2)你暗示他的见解(即价格太高)有理,所以你将令他变得更加强硬。他所提出的意见或建议可能性很难令你接纳。(-10分)

(3)这是最富建设性的一种回应。这不但可以表示你愿意进一步了解他的意见,而且也可以表示你并不盲目地接纳他的任何指使。采取这种回应,可以避免谈判陷入僵局。(+15分)

(4)大错特错!他随便指出价格太高,你就诚惶诚恐地主动提出善后。你这样做未免太作贱自己!何况你根本就不了解他所谓“价格太高”是高到哪一个程度?他有没有其他用意?在你未了解实际情况之前,你又何能善后?你所提出的善后条件又何能获得他的同意?(-30分)

2.

(1)你是相当懦弱的谈判者。(-5分)

(2)你是极度懦弱的谈判者。(-15分)

(3)这是最理想的一种对策。你一方面站稳立场;另一方面又显示你具有弹性。(+10分)

(4)很好,这表示你是坚持原则的人,但是你冒了丧失交易的风险。你最好是先采取(3)然后再采取(4)。(+5分)

第5章

1.

(1)会计人员并不担心你不交货。你不交货反而提供给他不清偿货款的口实!(-10分)

(2)前三批货已积欠半年之久,难道这个教训还不够惨痛吗?千万不要再姑息下去!(-25分)

(3)使用零件的单位对于得不到零件供应最有切肤之痛,因此针对他们下手最有效。采取这个途径,你几乎可以确信使用零件单位会主动地向会计部门施加压力。(+20分)

2.

(1)由于你对赊欠之货款分文未付,所以你的这项要求对该厂最具影响力。

(+5分)

(2)假如该厂并不想跟你对抗,则此种举措甚为有效。但若该厂决定跟你周旋到底,则你的这种举措(付清加工费用之外的赊欠)将使你丧失不少谈判力。(0分)

(3)除非加工费用微不足道,否则这是一项最为脆弱的举措,因为当你付清了全部的账款之后,人家未必再听你的。(-10分)

(4)与(1)具同样之效(+5分)

(5)这种举措最容易导致谈判之破裂,而且最足以挫伤彼此间的长期关系。(-10分)

(6)与(3)具同样之效果。(-10分)

第6章

1.

(1)这是最不明智的一种回应。它含有两种严重的缺陷:第一,在未经讨价还价之前,你即已向对手让步;第二,对手并未表明应调低多少价格,而你却盲目地迁就他,不论你调低价格的幅度有多大,他大概都会认为你削价的程度不够。(-30分)

(2)你这样问他,只会令他装腔作势地夸大其词,而难以获悉事实的真像。(-20分)

(3)你这样提议等于在指责他装腔作势,这对良好的客户关系的维护是极其不利的。尤其是,你可能逼他真的向其他的供应商采购。(-10分)

(4)这等于逼他摊牌,并含有不信任他的意思。倘若他拿不出或不愿意拿出其他供应商的报价单给你看,则这一笔交易肯定会告吹,将来的交易也可能受到不利的影响。(-15分)

(5)这对探索他的动机颇有帮助,而且这样做也可以导致进一步的谈判。价格之贵贱并非买与否的惟一考虑。当你询及到底他希望你怎么做,你可从而获悉他对削价以外的其他要求。你有可能借着满足他削价以外的其他要求而完成交易。你也可以坚持价格不变,但提供其他优惠条件(如付款期限延长、运送服务及售后服务之加强等),以完成交易。(+15分)

2.

(1)冷静的拒绝是对付威胁的一种有效方法。在他提出削价要求之前,他必然会料到你方的初步反应极可能是拒绝接纳。倘若他没有充分的削价理由或是找不到万事可乐的良好替代品,他通常都会在你强硬的立场之下退让。就算他拥有充分的理由要求削价,再加上他已找到万事可乐的良好替代品,他也不敢贸然跟你断绝买卖,因为:①当他自认为有充分理由要求削价,他会设法说服你并令你接纳他的观点;②尽管他已找到良好的替代品,但他无法确信这个替代品是否能像万事可乐那样受顾客所欢迎。基于以上之分析,你不必担心你方的拒绝会产生什么样的后遗症。(+20分)

(2)你这样做是大错特错!你只是看到年销8000万打的大客户一旦跟你断绝买卖,你将蒙受莫大的损失,你却看不到年销8000万打的大客户一旦得不到货品之供应,他的损失会有多大。不要老是长他人志气灭自己之威风!他每年既然可销售8000万打的万事可乐,这表示他的顾客对万事可乐是何等的喜爱。(-40分)

(3)这表示你已默认他要求削价有理,而你只希望他别作大幅度的削价。这与(2)只是五十步与百步之差别。(-30分)

(4)这已暗示你认为削价之要求是值得考虑的。你一开始即采取低姿态,这对往后的谈判是不利的。(-10分)

第7章

1.

(1)在僵局之下,你必须具有足够的耐性以及拥有不急于达成协议的条件,才能等待对手提出新方案。日本人在谈判中表现的持久性耐力是举世闻名的,因此你若想等待他们提出新方案,则你必须具有长期等待的心理准备及实质准备。(+5分)

(2)错了!就算你所采取的让步只是善意的表示,但在谈判对手的眼中,这将成为弱点的暴露。结果,对手将越趋于强硬,僵局之打破也将变得越加困难。(-25分)

(3)是的,当你这么做,对手将会理解你的真意。这有助于加速对手提出新方案或作某一程度之退让。(+20分)

(4)这种举措足以显示你欠缺耐性,这可能令对手变得更加坚持己见。(-15分)

2.

(1)这是对付额外要求的一种方法,但并非最好的方法,因为在你真正了解对方提出额外要求的理由之前,你对收取额外费用的"反要求"有可能过高或过低。倘若该"反要求"过低,则你平白地损失了一笔收入;倘若该"反要求"过高,则谈判协议之达成将因而旷日费时,甚至遥遥无期。(+5分)

(2)糟透了!你中了对方的圈套。有些谈判对手会在一切条件谈妥之后,对你再咬一口,这是利用你不想"功亏一篑"或对进一步谈判感到倦息的心理而采取

的一种策略。你千万不要姑息他。假如在这一次谈判中你姑息他,则在未来的谈判中他势必得寸进尺(-20分)

(3)这是最好的一种举措。你先设法了解他的额外要求的理由以及该额外要求的重要性,再决定进一步之对策,这样会较稳妥。你若先采取(3),然后再采取(1),则其效果显然会比单独采取(1)更佳。(+15分)

第8章

1.

(1)有些人认为我过分专注于工作,所以有点接近工作狂,也有些人认为我是完美主义者,所以对自己及属下之工作要求过于严格。(答复之技巧在于:指出无伤大雅的小缺点或是将优点改用缺点的形式说出)

(2)我的适应能力及学习能力颇过得去。我相信一过试用期(或训练期),我即能对公司产生真正的贡献。

(3)我前一份工作的顶头上司是位干劲十足、能力很强的人。我从他那儿学到许多的东西,我也很尊敬他。当然,跟一般人一样,他有优点,也有缺点。不过,当他不在场的时候诉说他的缺点,我觉得对他并不公平。

(4)我对自己工作绩效之要求通常要比公司方面对我的要求更加严谨,所以我希望5年后公司能根据我的表现与能力让我承担较重要的工作。当然,我会尽量辅弼我的上司,让他有更理想的工作表现。当然我也希望能因而担当他所留下来的职务。

(5)我并不把这份工作当做一种普通的职业看待,而是将它视为一种事业。我准备将我的时间与精力毫无保留地投资到这种事业上。当然,如果有一天这种事业再无发展的余地,则继续留任在公司内不但不利于公司,也不利于我自己。我想在这个情况下,我将离开公司。

2.

(1)你虽然实话实说,但说得并不精彩。从他的立场来看,你太欠缺弹性,而且你当面拒绝了一笔交易。(-5分)

(2)你不应该轻易地相信他的预算只有11000元。他很可能以这样的数字(自己创造的数字)作借口,对你进行还价。固然你可运用公司赋予你的特权为他提供特价优待,但是在与他交手之初,你即作退让(巨幅的退让!),这很可能令他狮子开大口而不断地进行杀价。就算你愿意给他特价优待,也需要经过相当地折腾才提供给他。这样,你才有机会以较高价格成交,同时,就算最后你不得不退让,他才会珍惜这个来之不易的退让。(-15分)

(3)这样做,你不但可以避免(1)与(2)之缺失,而且可以很微妙地站稳自己的

立场(即表明定价 12500 元的影印机是一分钱一分货,价钱是没有谈论余地的)。(+10 分)

第 9 章

1.

美玉所面对的是店员的一种计谋。这种计谋是店员自己先故意犯错,借着顾客“将错就错”的侥幸心理取得顾客购买之承诺,然后再意外地或戏剧性地发现错误,以令顾客在不愿食言或略含罪恶感的心理状态下完成交易。美玉要是明智的话,她应毫不犹豫地掉头就走!

2.

(1)你虽然非常坦白,但是你却未能为“未符合应征条件却敢来应征”提出理由为自己辩护。对一个非常强调学历的机构来说,你的坦白宣称即成为拒绝你的依据。这是不明智的答复。(-20 分)

(2)假如你以这种方式在面谈时过了关,而且进了这家关系企业后你的表现确实斐然,公司方面可能对你学历不合要求这件事睁一只眼,闭一只眼,但是,你却冒一个不值得你承担的风险——人格之完整受到怀疑。(-25 分)

(3)你的未来求学计划可能打动雇主的心,也可能被视为开出一张难以兑换的支票。作这种答复之前,你必须肯定两件事:第一,你自己确实有意利用业余时间完成大学教育;第二,雇主方面不反对员工利用业余时间完成大学教育。(+5 分)

(4)你以自己的观点解释“受过完整的大学教育”之真正涵义。一方面你很坦白地指出你未接受正规的大学教育,另一方面你很自信地指出,你的资格是符合申请条件的。这种答复颇能显示你的诚挚与机智。(+20 分)

第 10 章

1.

(1)固然你有许多方式订出价码,但是你若能将一档“演出”有关的情况列入记价之考虑,则将使你开出的价码更合理,也更容易令人接纳。因此,先问明演唱地点、观众人数、出场时间与次数等细节是明智的举措。(+10 分)

(2)你只考虑自己的身价,而不考虑市场的实际状况。根据这种方式开出的价码可能偏高,也可能偏低。这种开价方式的最大缺点在于显示你不为对方做任何设想、欠缺弹性与以我为中心。(-10 分)

(3)千万不要这么做,以免被视为猴急。假如你是一位颇受欢迎的歌星,你会忙于到处演唱,该娱乐机构未再与你联系的这件“小事”,你自然会忘记,或甚至不

当一回事(尽管你对这件事耿耿于怀,尽管对你来说这是一件大事,你都应该采取欲擒故纵的态度)。(-15 分)

(4)价码开出后,接不接纳或要不要与你讨价还价,这都有待对方采取主动。你这样做是对的。(+10 分)

(5)假如这么容易就让步,对方甚至会认为每天付两万五千元之酬劳都嫌多,这就是说对方对你的信心将产生动摇。(-20 分)

(6)这种对策比(5)稍好,但对方对你的信心仍将动摇。(-10 分)

(7)采取这种对策含某一程度的风险,因为你可能因而失去这一档“演出”。但这种对策的最大好处在于强调“一分钱一分货”的观念,亦即巧妙地指出价码是无伸缩余地的。(+5 分)

2.

(1)假如你确信这是毫无根据的谣言,而且你的心理并不因而失去平衡,则“置之不理”未尝不是一种可以考虑的对策。但若你因这突发事件而耿耿于怀,则显然你非采取某些行动不可。(-10 分)

(2)不露声色地先向少数知己进行查证工作是最为明智的一种作为。查证后如发现这纯属谣言,则以后你对传播这种谣言给你的人当加小心提防,因为他可能就是这个谣言的制造者。假如查证后发现这可能并非谣言,则你应进而构思对策。(+10 分)

(3)、(4)、(5)均属过火之反应。假如传播谣言者目的是在陷害你,而你却采用这三种反应中的任何一种或几种,你岂不是刚好中了人家的圈套?(-30 分)

参考书目

1.[美]荷伯·科恩:《人生与谈判》,旅游教育出版社 1989 年 1 月版
2.[英]盖温·肯尼迪:《谈判的真理》(第三版),中国宇航出版社 2003 年 10 月版
3.[美]罗伊·列维奇、大卫·桑德斯、约翰·明顿:《谈判实务》(第二版),人民邮电出版社 2004 年 1 月版
4.[美]迈克尔·唐纳逊、米尼·唐纳逊:《如何进行商务谈判》,企业管理出版社 2000 年 6 月版
5.[美]凯尔·安德森:《谈判商务高手》,广东经济出版社 1998 年 9 月版
6.[美]杰拉德·尼尔伦伯格:《谈判的艺术》,中国书籍出版社 1999 年 7 月版
7.[加]杰夫瑞·鲍切尔:《致胜奇谋》,西南财经大学出版社 1999 年 5 月版
8.[美]弗兰克·L.阿库夫:《国际商务谈判》,上海人民出版社 1995 年 10 月版
9.[美]史蒂夫·科恩:《经理人谈判技巧》,海南出版社 2003 年 10 月版
10.邓东滨:《陷阱与对策》,海峡文化出版社 1989 年 1 月版
11.王海云等:《商务谈判》,北京航空航天大学出版社 2003 年 3 月版
12.张华容:《商务谈判理论与实务》,湖南人民出版社 2000 年 12 月版
13.苏伟伦:《百分百谈判大师》,中国纺织出版社 2001 年 5 月版
14.丁建忠:《走出谈判误区》,中信出版社 2000 年 5 月版
15.冯德连、管州:《谈判就这几招》,河南人民出版社 2000 年 10 月版
16.曾振华、江波、邓虹:《谈判心理战》,暨南大学出版社 2002 年 10 月版
17.张蓝:《MBA 谈判手册》,中国商业出版社 2002 年 1 月版
18.MBA 核心课程组:《谈判与沟通》,九州出版社 2002 年 1 月版
19.许晓明:《经济谈判》,复旦大学出版社 1998 年 12 月版
20.杰勒德:《哈佛谈判学》,西南财经大学出版社 1998 年 2 月版
21.李经康:《请坐好商量》,汕头大学出版社 2003 年 8 月版
22.孙庆和、张福春:《实用商务谈判大全》,企业管理出版社 2000 年 1 月版
23.刘园:《国际商务谈判》,对外经济贸易大学出版社 1999 年 5 月版
24.戴尔·卡耐基课题组:《突破谈判的瓶颈》,蓝天出版社 2002 年 11 月版

图书在版编目（CIP）数据

商务谈判／何伟祥编著．—杭州：浙江大学出版社，2004.8（2014.4 重印）
高职高专规划教材．市场营销专业系列教材
ISBN 978-7-308-03858-4

Ⅰ．商… Ⅱ．何… Ⅲ．贸易谈判—高等学校：技术学校—教材 Ⅳ．F715.4

中国版本图书馆 CIP 数据核字（2004）第 089344 号

商务谈判
何伟祥　编著

丛书策划　李海燕
责任编辑　朱　玲
封面设计　张作梅
出版发行　浙江大学出版社
（杭州市天目山路 148 号　邮政编码 310007）
（网址：http://www.zjupress.com）
排　　版　杭州中大图文设计有限公司
印　　刷　浙江万盛达实业有限公司
开　　本　787mm×960mm　1/16
印　　张　19.5
字　　数　340 千
版 印 次　2004 年 8 月第 1 版　2014 年 4 月第 12 次印刷
书　　号　ISBN 978-7-308-03858-4
定　　价　25.00 元

浙江大学出版社发行部联系方式：0571－88925591；http://zjdxcbs.tmall.com